저자 김호찬 수필가

저자 부부

회갑 때의 어머니

장인·장모님

대학원 야외 세미나에서 트로피 받다

첫째 아들 진욱(왼쪽)·둘째 아들 진용(오른쪽)·셋째 아들 진서(가운데)

갈매기의 꿈

김호찬 자서전

갈매기의 꿈

문학신문 출판국

자서전을 펴내며

　산수를 맞아 살아온 날들을 뒤돌아보는 자서전을 내게 되었다. 내가 살아온 80년의 세월을 뒤돌아보면 기쁜 일보다 슬픈 일들이 더 많았던 세월이라는 표현이 맞을 것 같다.
　1939년 일제 강점기 때 태어난 나는 1945년 조국의 광복을 맞았으나, 1950년 동족상잔의 육이오 전쟁이 일어났다. 휴전된 후 폐허가 된 국토 위에서 온 국민은 배고픔을 달래며 전후 복구에 온 힘을 다해야 했던 시절과 4·19와 5·16 등 역사의 격동기를 겪으며, 오늘보다는 내일은 나을 것이라는 꿈을 안고 옆 돌아볼 틈도 없이 앞만 보고 달리면서 가난만은 이겨 내야 한다는 신념으로 크고 작은 꿈을 현실로 만들며 80년 세월을 살아왔다.

　상장법인의 임원으로 취업하면서 내 생활이 바뀌었다.
　망망대해를 자유롭게 나는 갈매기처럼 나의 꿈을 향해 힘차게 날개를 펴고 날아올랐다.
　1975년에 『소득세법 사례』를 시작으로 세무에 관한 전문 서적 3권에 이어 수필집 9권을 냈다. 직장을 가지고 삶을 살아가면서 저서를 12권이나 출간했다는 것은 큰 족적으로 기록될 일이었다.

이 자서전은 살아온 일들을 하나하나 기록하면서, 하고 싶은 말과 주장하고 싶은 생각들을 정리하여 함께 엮은 책으로, 힘난하다는 세상을 살아가야 할 세 아들에게 세상사는 방법을 일러주는 부모의 마음을 담았다.

세상살이가 그렇게 만만하고 쉬운 것이 아니며, 하고 싶다는 생각만으로는 아무것도 얻을 수 없으므로 현실이 아무리 어렵더라도 내일을 향한 꿈을 가지고 노력하면 그 꿈은 반드시 이루어진다는 것을 말하려는 것이다.

이 책에 기록된 이야기들은 꿈을 가지고 그 꿈을 향하여 전진하라는 격려의 말이다.

이 책을 읽는 분들에게, 어떤 환경이든 어떤 어려움이 있더라도 절망하거나 포기하지 말고, 마음에 품은 꿈을 향해 창공을 나는 갈매기처럼 힘찬 날갯짓이 필요하다고 말씀드리고 싶다.

항상 내 옆에서 힘이 되어 준 아내에게 고마운 마음을 전한다.

2018년 7월에 김호찬

차례

자서전을 펴내며/ 8

제1부 부모님

조부모님/ 14 • 외조모님과 종조부님/ 19 • 아버지/ 22 •
가슴 눈물이 많았던 아버지/ 25 •
책임을 다하신 아버지/ 29 • 사위로서의 아버지/ 35 •
아버지의 자식 사랑 방법/ 39 •
공부는 잘하기를 바라신 아버지 46 •
아버지의 손자 사랑/ 48 • 끝이 없는 아버지의 사랑/ 51 •
아버지와의 이별/ 56 • 진하디진한 아버지의 사랑/ 61 •
바르게 가르치신 어머니/ 65 • 내가 서너 살 때의 어머니/ 68 •
매 맞은 다리를 주물러 주시던 어머니/ 72 •
자식의 잘못은 잊어버린다/ 76 • 가난을 원망하시던 어머니/ 80 •
학비 때문에 국회의원을 찾아가신 어머니 83 •
어머니와의 견해 차이/ 86 • 천주교에 입교하신 어머니/ 89 •

제2부 어린 시절과 초등학교 시절

이삭줍기/ 94 • 깡통방울 소리와 허수아비/ 98 • 소꿉친구/ 101 •
어린 날의 재미있던 놀이들/ 105 • 배고픔을 달래 주던 개떡/ 112 •
나의 꿈/ 115 • 밀 서리와 콩 서리/ 119 • 엿치기/ 123 •
땔감나무를 지고/ 127 • 쇠죽솥에서 손발 닦기/ 131 •
똥볼 선생님/ 133 •

제3부 중·고등학교 시절

중학교 시절/ 138 • 화물차 몰래 타기/ 143 •
공부의 길이 열리다/ 147 • 배가 고파 공부가 안되던 시절/ 151 •

제4부 대학 시절과 군대 시절

상과대학에 입학하다/ 158 • 대학 시절의 여자 친구/ 161 •
친구야 옛날 그때로 돌아가자/ 164 • 군 생활/ 169 •
군인의 인내심/ 172 • 명령은 반드시 복종해야 한다/ 176 •
군대 생활 중 받은 사랑의 편지/ 180 •

제5부 나와 엘리사벳과 세 아들

장남인 나의 결혼관/ 186 • 장모님과 신부에게 한 약속/ 191 •
첫 문패/ 195 • 엘리는 나의 사랑/ 200 •
사랑하는 세 아들/ 205 • 엘리의 무거운 짐/ 211 •
장남의 무거운 짐/ 215 •

제6부 사회생활

공직자 생활/ 222 • 회사 생활/ 227 •
세무사 개업/ 232 •

제7부 신앙생활

성모님께 처음 드린 기도/ 238 •
하느님의 제자가 되다/ 243 •
신앙인으로서의 삶/ 248 •

제8부 형제자매들

초등학교 시절의 윤찬이/ 254 • 공부는 싫어한 윤찬이/ 258 •
외항선 선원이 된 윤찬이/ 261 • 70대 노인이 된 윤찬이/ 266 •
윤찬이가 하늘나라로/ 269 • 명규와 성규/ 272•
막냇동생 동규/ 276 • 두 여동생/ 279 •
형제들과 집안일을 함께하다/ 283 •

제9부 노년과 건강 문제

아파 봐야 아는 것/ 288 • 조직검사 통보/ 294 •
죽고 사는 것/ 298 • 죽음을 앞에 두고/ 302 •
내 속의 미움을 접고/ 306 •

제10부 쓰고 싶은 책을 쓰다

책을 쓰는 기쁨/ 310 •
내가 쓴 전문 서적/ 313 •

저자의 연보와 가계도

저자의 연보/ 320 •
가계도/ 322 •

제1부
부모님

조부모님

   나는 한국에서 태어나 두 살이 되었을 때 어머니와 같이 아버지가 계시는 일본 북해도로 갔다. 그때는 아버지께서 돈을 버시겠다고 만주 지방과 중국 지방을 혼자 다니시다가 일본 북해도로 건너가 탄광 일을 하게 되어 어머니께서 두 살이 된 나를 등에 업고 일본으로 가게 되었다고 들었다.

   증조할아버지께서 근검절약으로 돈을 모아 논밭을 많이 사들여 큰 부자가 되어 동네 바로 뒤 공동 우물 위에 있는 논들과 동네 바로 앞에 있는 좋은 논들을 많이 소유하고 있었는데 할아버지의 허랑방탕 때문에 그 많은 논밭을 잃고 말았다. 결국, 아버지께서 이십 대 후반에 이르렀을 때는 손수 돈을 벌지 않으면 할아버지 할머니의 생계도 막막할 정도였다고 아버지께 들었다.

   할아버지께서는 글을 많이 읽어 한학에 조예가 깊으시고 성격이 대범하여 일제 강점기 때 일본 사람들도 할아버지께는 꼼짝 못 할 정도였다고 한다. 할아버지께서 동네 구장(이장) 일을 보실 때 쌀농사나 보리농사를 지어 일정률의 곡식을 일본 정부에 바치는데 이를 공출이라고 하였다. 우리 동네는 애초 부과된 쌀이나 보리를 반도 바치지 않았는데도 우리 할아버지의 배짱과 성품에 겁이 나서 일본 사람 면서기가 다 받아가지 못한 일이 여러 번 있었다고 하였다.

할아버지는 동네 집회실에 모여 부자 어른들과 투전 마작과 같은 놀음을 즐겨 하여 어떤 때는 하룻밤에 논 몇 마지기를 잃는 경우가 많았으므로 자연히 돈의 지출이 늘어나 가세가 급격히 기울었다. 할아버지 평생에 돈을 벌어 본 적이 없었으므로 증조할아버지께서 키우고 지켰던 그 많은 재산을 보전하지 못하셨다. 그 결과로 자식들인 백부님과 아버지, 삼촌들은 모두 고생을 하게 되었다고 한다.

할아버지께서는 아주 남자답고 인물이 준수하셨는데, 할아버지 인물을 똑 닮은 자식은 없고 비슷하게나마 닮은 자식은 백부님과 아버지뿐이라고 했다. 이처럼 할아버지는 호탕하고 대범한 성격과 빼어난 인물로는 감히 남이 따라오지 못할 정도였시만, 승조할아버지께서 물려 준 그 많은 전답을 보전하지 못하고 노년에는 생활비를 걱정할 정도가 되었으니 가정경제의 운용에는 많은 결점을 가진 어른이었다.

1945년 8월 15일 조국이 광복되어 그해 10월경에 부산으로 오는 연락선을 타고 우리 식구는 한국의 고향으로 왔다. 그때 할아버지께서는 이미 돌아가시고, 할머니와 막내 화목 삼촌 내외분이 옛날보다 작은 집에서 살고 계셨다. 막내 숙모님은 막 시집온 17살 정도 되는 새색시였다.

할머니께서는 젊었을 때 많은 여인 가운데에서도 빼어난 미인이었다고들 동네 어른들이 하시는 얘기를 들었다. 마음씨는 매우 여린 편이었고, 손자들이나 아이들에게 큰 소리로 나무라거나 때린다든지 아이들이 싫어하는 심부름 같은 것은 별로 시키지 않았다.

우리 식구가 일본에서 돌아와 할머니와 삼촌 내외와 함께 몇 달 정도 살다가 우리 동네에 새집을 지어 삼촌 내외를 분가시키자 할머니께서는 막내아들 집으로 가겠다고 하셨다. 왜 할머니께서 삼촌네 집으로 가시려고 했는지는 구체적으로 잘 모르겠으나 아마 그동안 같이 살았던 막내아들과 정이 들었고, 막내며느리가 편하기 때문이라 생각했다.

그 뒤 삼촌 댁에서는 사촌 동생 광찬, 광오 등이 태어났고, 우리 집은 일본에서 온 나와 동생 윤찬이 아래로 복남이, 명규, 옥남이, 성규, 동규 다섯 명이 더 태어났다. 삼촌네 집에 거처하고 계신 할머니께서는 우리 형제들보다는 삼촌네 아들인 사촌들을 훨씬 좋아하셨고, 똑같이 잘못하여도 우리만 나무라는 듯하여 그때는 매우 섭섭하기도 하였다.

그 후 작은집이 숙모님 친정이 있는 김해 화목동으로 이사하게 되었다. 그 무렵 막내 숙모님과 할머니의 의견 대립이 있었고, 할머니께서 다시 우리 집으로 오셨다. 동네 어른들과 친척 어른들은 할머니께서 조금 떨어져 살고 계시는 백부님 다음인 장손에게 오신 것은 잘된 일이라 했고, 나도 어린 마음에 전에 삼촌네 집에 계실 때 나를 별로 좋아하지 않던 할머니지만, 우리 집에 오신 것을 기뻐하면서 할머니께 잘해 드리겠다고 마음먹었었다. 아들 중에서도 막내아들을 좋아하시고, 막내아들의 자식들을 훨씬 예뻐하셨지만, 나중에 할머니께서 연세가 더 드시면 짐이 될까 해서 시어머니를 내보내는 숙모가 마땅치 않았다. 이제 본인의 의사와 관계없이 막내며느리에게 떠밀려 우리 집으로 오신 할머니가 너무나 불쌍하게 보이면서 동정이 내 마음속 깊이 배겨 슬프기도 하였다.

할머니 방은 아래채 사랑방이었고, 나와 같이 사용하였다. 내가 저녁에 숙제하려고 호롱불을 켜놓고 30분 정도 공부를 하고 있으면 "찬아, 기름 닳는다. 빨리 불 끄고 자라."고 하시며 손자의 공부는 뒷전이었다. 그 당시 석유가 귀한 시절이라 그저 그 비싼 석유 닳는 것만 안타까워하시던 할머니의 말씀을 지금 생각해 보니 이해가 된다. 물자가 너무 귀한 시절이 아닌가. 그 당시 석유가 워낙 비쌌고, 할머니의 간곡한 부탁이 밤마다 있었기에 숙제는 학교에서 쉬는 시간이나 수업이 끝난 후 한 시간쯤 학교에 남아서 다 끝내고 돌아왔다. 밤에 석유에 불을 붙이지 않고 그냥 자는 쪽으로 하여 할머니의 마음을 편안히 해 드렸다.

성품이 워낙 착하고 어질었던 할머니! 젊어서는 굉장히 미인이셨던 할머니! 그런 할머니가 돈을 벌 줄도, 돈을 유지관리도 못 하면서 노름으로 돈을 탕진하는 할아버지를 만나 할아버지의 큰 소리에 대꾸 한번 못 하시고 평생 속을 상해가며 남편 수발을 해 오신 것을 생각하니 할머니에게 좀 더 다정하게 효성을 다하지 못한 것도, 친할머니보다 외할머니를 자주 찾아뵌 것도 죄송하게 생각된다. 자식을 낳아 키워 보면 막내가 항상 부모 눈에 아른거리는 법인데 그 이치를 이해하지 못하고 막냇삼촌의 아들인 사촌 동생들에게만 잘해 주시는 것 같아 그 당시 할머니께 섭섭하게 해 드린 것도 죄송하다. 삼촌 댁에서 우리 집으로 오시면서 얼마나 속이 상하셨을까. 그 마음을 생각하지 못하고 큰손자로서 할 일을 다 못한 것을 엎드려 사죄드린다.

할머니에 대한 잘못이 왜 이제야 느껴지는지 후회도 하고 울어도 보지만, 무슨 소용이 있겠는가. 머리에 서리가 하얗게 앉은 후에야 철이 들고 이제야 사람이 되나 싶다.

세상의 손자들에게 말하고 싶다. 할아버지, 할머니께 나와 같은 불효와 우를 범하지 말라고……

외조모님과 종조부님

　우리 집에서 얼마 멀지 않은 거리에 외가가 있었다. 외할머니는 성격이 깔끔하셔서 우리가 마루에 올랐을 때 흙이나 먼지 같은 것이 조금만 묻어도 크게 야단을 치셨다. 외할아버지께서 돌아가시고 난 후 외할머니 혼자 살고 계셨으므로 많이 외로우셨는지 외할머니 친구분들이나 내가 방문하면 무척이나 반가워하셨다.
　농사를 손수 짓지 못해서 동네 사람들에게 소작을 주어 양곡을 조금 받아 식량으로 쓰고, 남은 것은 장에 내다 팔아서 반찬이나 다른 생활필수품을 사셨다. 땔나무도 돈으로 사야 하므로 아버지 몰래 나무 한 짐 해 드리면 무척이나 기뻐하셨고, 구슬치기해서 딴 돈으로 조개 몇 마리를 외할머니 생신 때 사드렸더니 나를 너무나 기특하게 생각하셨다. 그 일을 온 동네 친구분들께 자랑하시던 모습이 지금도 눈에 선하다.
　가을이 되면 작년에 덮어 놓았던 지붕의 이엉을 벗겨 내고

새 짚으로 엮은 이엉을 바꾸어 덮어야 한다. 이때 필요한 것은 이엉뿐만 아니라 많은 새끼도 필요하게 되어, 내가 동네 친구들을 데리고 와 새끼줄을 꼬아 드렸더니 크게 칭찬하시고 기뻐하시며 간식으로 홍시를 주시면서 새끼 꼬아 드린 일을 고맙게 여기셨다. 그래서인지 내가 외할머니 댁에 있는 감나무에 올라가 홍시를 따 먹으면 야단을 치시지 않았으나 친손자나 다른 아이들이 따 먹으면 야단을 치셨다.

외로우신 외할머니께서는 딸과 사위인 우리 부모님께서 자주 들리지 않음을 섭섭하게 여겼다. 내가 결혼하여 서울에 살고 있을 때 우리 집에 오셔서 여러 날 묵으시다가 고향으로 가시곤 했는데, 우리 집에 계시는 동안 아내 엘리사벳이 마음을 다해 모셨다.

종조부께서는 오 형제를 두셨다. 큰당숙께서는 딸 하나를 두시고 일찍 돌아가시고, 그 손녀는 할머니가 키웠으며, 둘째 아들은 일본에서 사업을 꽤 크게 하다 돌아가셨고, 당숙모님이 한국에 오시기도 하였으나 얼마 전 돌아가시고 소식이 끊겼다. 그 아들인 재종들은 일본에 귀화하여 우리말도 모르는 완전한 일본인이 되었다. 그 아래 당숙들은 두 분이 국내에 사셨고, 막내 당숙은 해방 후 국방경비대에 입대하여 육이오 전쟁 때 전사하셨다. 종조부님께서는 내가 중학교 다닐 무렵 돌아가셨다. 살아 계실 때 할아버지 선산 옆에 앉으시면 "여기 형님 옆에 있는 이 자리가 내 자리다."라며 유언처럼 말씀하시곤 했다. 돌아가신 후 그 자리에 산소를 썼다. 종조모님께서는 종조부님 돌아가신 후 오래 사시다가 구십이 넘어 돌아가셨다.

종조모님과 외할머니께서는 비슷한 연세여서 허물없이 예기도 나누며 친구같이 지냈다. 내가 외할머니 댁에 갔을 때 할머니들끼리 나누는 외설 얘기들을 들을 때도 있었다. 그럴 때 나 혼자서 얼마나 웃었는지 모른다.

아버지

내가 두 살부터 일곱 살까지는 일본 북해도에서 살았다. 아버지께서 어려운 집안을 일으키려고 돈을 벌기 위해 북해도 탄광에서 일하셨기 때문이다. 해방이 되어 한국으로 돌아왔을 때 우리 집 재산은 적산(일본인 소유) 논 열 마지기와 밭 여섯 마지기, 조그만 선산뿐이었다. 얼마 후 막내 숙부님 식구는 분가하셨다. 그때 논 세 마지기를 떼어 주고, 아버지는 나머지 논밭으로 농사를 지어 집안을 꾸려야 했다. 우리 집은 식구가 많을 때는 부모님과 우리 칠 남매, 할머니 해서 모두 열 명이었다. 농부인 아버지의 수입원인 그 땅에서 나는 소출로는 열 식구가 먹고살기에 태부족이었다.

그러나 집안이 조상 때부터 어려웠던 것은 아니었다. 증조부께서 근검절약 정신으로 돈을 모아 동네 앞 논과 동네 바로 뒤 논 등 오십 마지기 이상을 소유했고, 가을에 풋나무 땔감을 마련할 수 있는 넓은 임야도 보유하고 있어서 동네에서 부러워하는 부농으로 아버지께서 어릴 때는 머슴이 셋이나 되었다고 한다.

증조부께서 당신의 아버지 되시는 고조부님을 진주 가까운 이반성에서 여의고, 어머니이신 고조모님과 함께 지금의 고향 김해 진례로 옮겨 살게 되었다. 증조부께서는 매우 성실하신 데다 부지런하시고 어머니에게 효를 다하는 분으로 고조모님이 돌아가시자 동네 앞산을 사서 모시고, 또 그 옆 산을 사서 우리 집안의 선산으로 마련하셨다. 그러나 할아버지께서 당신의 부모님과 할머님 산소가 있는 앞산만 남겨 두고 나머지 산을 이웃 동네 어떤 문중에 팔았다고 한다. 그뿐만 아니라 투전놀이와 도박 등으로 증조부님께서 모으신 재산을 조금도 보전하지 못하고 다 잃게 되었다.

한평생 한량으로 지내셨던 할아버지 때문에 부잣집이 빈곤해지자 아버지께서는 젊어서부터 만주로 일본으로 다니시면서 고생고생으로 돈을 버셨다. 버시는 돈 거의 전부를 부모님의 생활비로 송금해야 하니 저축의 여력이 없음에도 자신의 장래를 걱정하지 않고 낳아 주고 길러 주신 부모님께 효를 다하려 하셨다.

아버지께서는 책임감이 강하셨다. 일곱 마지기 논과 여섯 마지기 밭에서 나오는 소출로는 열 식구가 먹고살기 어려우므로 남의 논을 빌려 보리농사를 많이 지어 식구들을 배불리 먹게 해 주셨고, 그런 중에도 논을 사기 위해 한두 푼씩 저축을 하셨다. 가을 농사일이 끝나면 겨우내 1년 동안 쓸 땔감을 준비하시며, 가장의 책임을 다하려고 잠시도 쉬지 않고 일하셨다.

또한 경제적으로 어려운 가정을 이끌어야 하는 가장의 책임감 때문에 항상 일에 쫓기며 살아서인지 성격이 급하고 직선적이라 불같이 화를 내시며 야단을 치시고 매를 들기도 하는 자식들에게 엄격한 아버지였다. 그러나 속마음은 다정다감하시고, 여리고 눈물이 많은 분이라 매로 때린 것을 마음 아파하셨다.

이웃이나 일가친척이 어려움을 당하면 앞장서서 돕는 분이시지만, 당신 노력의 대가가 아닌 남의 것을 탐내지 않았으며, 돈을 빌리면 약속을 지켜 갚았다. 어떤 경우에도 속일 줄 모르는 정직한 분이라 고향 마을에서는 믿을 수 있는 분으로 알려졌다.

그리고 모든 일을 합리적으로 판단하셨다. 가까운 친인척일지라도 여러 정황과 이치에 맞게 판단하시고, 강자와 약자의 대결에서는 강자가 양보해야 한다고 늘 말씀하셨다.

가슴 눈물이 많았던 아버지

　슬픈 일을 당하였을 때나 기쁜 일을 당하였을 때 우리는 눈물을 흘리게 된다. 슬픔이 깊을 때나 너무나 그리워했던 기쁨이 닥쳤을 때 흐르는 눈물이나 감격이나 감동에 차서 자기도 모르게 줄줄 흘리는 눈물을 가슴 눈물이라 한다면, 그보다 슬픔이나 기쁨이 훨씬 얕을 때 흘리는 눈물은 보통 눈물이라 하겠다.

　칠 남매의 장남인 나는 아버지에게 잘 보이고 싶고, 칭찬받고 싶고, 자랑거리가 되고 싶은 마음은 항상 가지고 있었다. 공부를 잘하여 우등상을 바치고 싶었고, 학교에 빠짐없이 다니고 지각 조퇴가 없어 개근상을 바치고도 싶었고, 운동회 땐 일등을 하여 부상으로 받는 노트나 연필 등을 바치고 싶었고, 겨울 산에 나무하러 가서는 잔뜩 한 짐을 해서 칭찬을 듣고 싶었고, 고동을 끼고 논매는 일이나 호미로 밭매는 일에서도 우리 또래 아이들 중에서는 가장 잘한다고 칭찬을 듣고 싶었고, 익은 벼나 보릿단을 짊어지고 동네 타작마당에 옮기는 일이나 벼를 훑는 일, 도리깨로 보리타작하는 일도 동네 어느 아이보다 잘하여 칭찬을 듣고 싶었다. 그래서 아버지 가슴속에 감동과 만족을 드려 가슴 눈물이 고이게 하고 싶었다.

  그리고는 열심히 노력했다. 그러나 공부는 나보다 세 살이나 위인 규연이가 우리 반의 반장(급장)을 하면서 공부도 항상 반에서 일등을 하였으므로 그 일등은 쟁취할 수 없는 고지가 되어 버렸고, 오직 이등 한 자리를 몇몇 친구들이 쟁취하겠다고 시험 때만 되면 선의의 경쟁을 하였으므로 일등을 하여 아버지에게 감동을 드려 가슴 눈물을 기대하기란 부자가 천국에 가는 것과 같은 어려움이 있어 기대 이상의 일이라 바라지 않는 것이 옳은 일이었다. 그래서 공부를 제외한 다른 일들을 열심히 하여 아버지 마음에 쏙 들게 해서 아버지 가슴속에 감동을 불어 넣기로 하였다. 그중 가을 운동회에서 일등상을 타 아버지께 바쳐 감동과 눈물이 뒤섞인 가슴 눈물이 흐르게 하고 싶어도 나의 운동신경이 달음박질에는 매우 둔하여 불가능한 일이었고, 개근상을 타려고 해도 모심기나 보리타작 등의 농가 일이 바쁠 때는 집안일을 거들어야 해서 학교에 나갈 수 없는 형편이었으므로 이것도 불가능한 일이었다.

  농촌 일 중 모내기, 밭에 씨 뿌리기, 논매기, 밭매기, 볏단이나 보릿단 짐 지기, 타작, 소 돌보기, 쇠꼴 자르기 등의 농촌 일을 열심히 한다고 하였으나 아버지 마음속에는 보통 다른 아이들도 다 하는 일이라고 생각하셔서 특별히 아버지에게 감동을 드릴만 한 일이 아니었다.

내가 고등학교 진학 때 부산 외삼촌께서 하숙비를 부담할 터이니 찬이를 상업고등학교에 진학시키도록 하자는 말씀에 아버지께서 동의하셔서 나는 경남상업고등학교에 입학하여 졸업하고, 상과대학에 진학하게 되었다. 그때 아버지께서 논 일부를 팔아서 대학 등록금을 장만해 주시고는 나머지 일곱 번의 등록금 걱정을 하시면서 집안의 형편이 어려우니 어쨌든, 네가 해결해 보도록 하라는 말씀을 솔직히 하시지 못하고 동대신동 시장에서 외가로 오는 자동차도로 갓길을 같이 걸으면서 "찬아! 너는 부모를 잘못 만나 정말 고생이 많구나! 이 말씀을 하시고는 다른 말씀은 없었지만, 그 뒷말을 하자면 "학생은 공부만 열심히 하면 되는 것을 너는 부모를 잘못 만나 앞으로 일곱 번이나 남은 등록금 걱정을 하도록 하는구나. 아버지로서 그 무능함을 너에게 보이는 것이 참으로 부끄럽고 미안하구나."하는 말씀이었다. 아버지의 한마디 말씀은 진한 감동과 눈물이 뒤섞인 가슴 눈물을 흘리시면서 하시는 진정한 사랑의 눈물이요 사랑의 말씀이었다. 나는 아버지의 말씀이 떨어지기도 전에 나는 숨구멍이 막히면서 와락! 눈물이 쏟아져서 다음 말을 잇지 못했다.

목숨같이 귀하게 여기던 논 세 마지기를 팔아서 대학등록금을 마련하여 주시고는 앞으로 남은 일곱 번의 등록금을 걱정하시면서 자식에게 미안한 마음으로 그 어렵게 나오는 가슴 눈물과 함께 하신 말씀은 지금도 이 자식은 잊을 수가 없다. 나의 등록을 위하여 논을 파시는 결단은 나에 대한 사랑 표시의 극치요, 어머니나 내 동생들에 대한 생계는 잠깐 접고 행한 용단이었고, 그 용단에는 진정한 가슴 눈물이 함께 고여 있었기에 지금뿐만 아니라 내 생을 다할 때까지 잊을 수가 없다. 진정한 감동과 용단이 깃든 사랑의 극치를 이루는 아버지의 가슴 눈물에 나는 고개 숙여 감사드리며 아버지를 그리워하게 된다.

책임을 다하신 아버지

　책임감이란 책임을 중하게 여기는 마음이라 할 수 있으며, 책임이란 마땅히 맡아서 해야 할 임무나 의무이다.
　한 가정의 가장의 책임 중 가족이 먹을 식량을 공급하는 일은 매우 기초적이고 필수적인 가장의 첫 번째 책임이므로 농토의 부족이나 가뭄, 장마 등으로 흉년이 들었을 때는 가장은 이를 해결해야 할 일차적 책임이 있으므로 농사가 많은 집에서 식량을 장리로 빌리거나 하여 우선 부양가족의 배고픔을 면하게 하고, 가을 농사를 지어서는 빌린 곡식 양의 반만큼을 이자로 해서 갚았다. 농토의 부족으로 농사일이 적어 장리를 갚을 능력이 없는 경우에는 한겨울 삼사 개월 동안 건설현장에 가서 막노동을 하거나 아니면 땔나무를 하여 돈을 벌어 그 돈으로 장리 곡식을 갚기도 한다.
　아버지께서는 가족이 살아가야 할 기초 필수 요건인 식량 문제의 해결에서는 그 어느 아버지보다도 책임감이 강하셔서 식량이 항상 남았었지 부족한 경우는 없었다.

내가 어릴 때 일본 북해도에서 살았을 때 아버지께서는 목숨이 위험하기는 하나 그 대신 월급은 비교적 많은 탄광 일을 하셨기 때문에 가족의 식량에 대하여는 부족함이 없었다. 해방 후 귀국해서는 동생들이 태어나서 내 형제자매가 나를 포함하여 일곱 명 할머니 한 분, 아버지 어머니 모두 합쳐 열 명이나 되었으나 아버지가 가지신 논 일곱 마지기에서 나온 쌀과 뒷등에 있는 밭 여섯 마지기에서 수확한 보리로는 우리 식구들이 먹어야 할 양식에는 태부족이므로 아버지께서는 논이 넉넉하여 논에 보리를 심지 않은 논을 빌려 보리농사를 지어서는 부족한 식량을 보충하셨다. 이렇게 아버지께서 식구들의 부양에 가장 기본적이면서 중요한 식량 문제를 해결하시는 모습에서 나는 많은 감명을 받았으며, 최소한 식구들의 식량 문제를 비롯한 필수적이고 기초적 부양 문제는 책임지고 해결해야 하는 것이 가장의 기본적 임무임을 어릴 때부터 보고 배웠다.

둘째는 가족이 생활하는 데 꼭 필요한 책임은 땔감의 보급이라 할 수 있다. 책임감이 투철한 아버지께서는 우리 식구들이 살아가는 데 필수요건으로는 식량 다음으로 땔감을 중히 여기셨다. 집 뒤쪽에는 나무를 잘라 쪼갠 화목 장작이 가득 재워져 있었고, 앞마당에는 제법 멀리 있는 큰 산에서 베어 온 풋나무가 마당을 꽉 메우며 쌓여 있었다. 그런데도 내가 초등학교 시절 방학 때는 시례 뒷산, 도강 뒷산, 평지마을 뒷산 등 먼 산으로 도시락을 들고 다니면서 풋나무를 하여 그것으로 쇠죽을 끓이거나 밥을 지었었다. 그러다 보니 다음 가을이 되어도 지난해 베어 놓은 풋나무는 아직도 많이 남아 있었고, 집 뒤편에 쌓아 놓은 장작은 하나도 때지 않았다. 그만큼 아버지께서는 땔감에 대한 준비성과 책임감이 너무나 강했다.

셋째로 가장의 책임 중 하나는 식구들이 거주하여야 할 집과 의복에 대한 책임이라 하겠다. 우리 식구들이 편히 쉬고 잠자는 집은 그 규모가 작아서 조금 문제였지 큰 문제가 되지는 않았다. 광복이 되어 연락선을 타고 부산항에 내려 김해 고향으로 와 보니 할아버지께서 살아계실 때 사시던 집은 그대로 있어서 그 집에 들어가 살게 되었다. 이 집마저도 없었다면 우리 식구들은 어디서 살게 되었을까를 생각하니 가슴만 답답해 온다.
내가 어릴 때는 각 가정에서 목화나 삼으로 짠 베로 만든 옷만 입었었고, 중학교 이상 진학했을 때는 교복을 입었었다. 옛날 농촌에서 큰 부자가 아닌 한 모직이나 편직으로 옷을 입는 사람은 없었고, 내가 입었던 의복 정도라도 아버지 어머니께서 최선을 다하여 가족을 위하였다고 생각한다.

넷째로 위에서 말한 가장의 세 가지 책임 외에 가장의 책임 중 더욱 중요한 것은 자식의 교육과 건강의 돌봄이다. 아버지께서는 내가 중학교 입학원서를 살 때나 고등학교 진학에 대하여 아버지의 의견을 들으려 해도 아버지께서는 집안 형편이 여의치 않으니 진학은 그만두라는 말씀만 하셨고, 어머니나 삼촌께서는 진학하도록 하자는 말씀을 하셔서 어린 나의 마음대로 결단할 수 없는 처지였다. 중학교 진학 때는 화목 삼촌께서 "진영 중학교에 입학원서를 쓰라."는 용기 섞인 조언을 해 주셔서 입학하게 되었고, 고등학교는 부산 외삼촌께서 하숙은 책임질 터이니 아버지는 수업료만 책임지는 조건으로 부산에 있는 상업고등학교에 진학하게 되었다. 나중에 대학은 같이 하숙하던 윤일식 형님의 권유로 상과대학에 입학시험을 치게 되었다.

여기에서 결론적으로 말하자면 아버지 앞에 중학교 입학시험 합격통지서를 내놓았을 때 입학금을 주신 분은 아버지셨고, 고등학교 입학시험에 합격하여 입학금과 수업료를 내주신 분도 역시 아버지였었다. 물론 고등학교 3년 동안 하숙비를 받지 않고 거저 밥 먹여 주고, 약 2년 동안 잠재워 주신 외삼촌의 공도 크시지만, 그렇다고 아버지의 의지가 전혀 없었다면 중학교나 고등학교 입학금을 내주셨을까? 그 당시 아버지께서 주신 중학교 입학금과 책 대금은 논을 세 마지기 정도 사려고 저축한 돈이라는 말을 그 뒤에 들었을 때 농촌에서는 상당히 큰돈이라 생각된다. 그러므로 아버지의 판단으로는 대학이나 대학원까지 다녀서 박사가 되지 않을 바엔 시골에서 저축하여 논을 사 모아 농사를 짓는 것도 앞으로 잘살 수 있는 길이라고 판단하신 것으로 삼촌이나 외삼촌의 판단과 다를 뿐이지 자식을 위하여 교육에 소홀했다고 생각하지는 않는다.

또한, 자식의 건강 문제 중 내가 초등학교 중학교 시절에는 건강상 별문제가 없었으나 고등학교 시절 외숙모님이 장티푸스를 앓는(약 6개월) 동안 도시락의 부실이나 불 지참으로 나의 건강이 영양실조로 매우 악화되어 학교에서 두 번이나 조퇴 후 차에 실려 집으로 일찍 돌아온 적이 있었다. 그때도 고향에 계신 아버지께서는 자식의 건강이 나빠졌는지를 전혀 모르고 계셨으므로 자식의 건강에 대하여 소홀히 했다고 할 수는 없는 일이다.

다섯째는 가장은 부모에게 효를 다 하고, 형제간에 우애롭게 지내야 하고, 이웃을 사랑해야 한다.
아버지의 효성은 내가 아는 대로는 매우 지극하다고 생각한다. 아버지께서 어렸을 때 잘살던 살림이 나중에는 너무 많이 줄게 되어 아버지께서 홀로 일본으로 건너가 탄광에서 일하시며 받은 월급을 본가의 생활비와 할아버지 용돈으로 송금해 드리면서 부모에게 효를 다 하여 효자 소리를 들었다고 했다.

아버지 어릴 때는 집안이 매우 잘살았다. 그러나 윗동네에 사시는 아버지의 누님 되시는 고모님은 매우 못살아서 명절에도 음식을 많이 장만하지 못했다. 그때 어렸지만, 아버지께서는 집에서 음식을 챙겨 누나에게 밤에 몰래 갖다 드리곤 했다는 이야기를 고모님으로부터 들었다. 이로 볼 때 우애의 정도 깊은 분이라고 생각한다.

아버지 성격은 급하기도 하면서 한편으로는 매우 여리어서 불의에 참지 못하고, 경제적으로나 건강상 약한 자의 편이 되어 항상 강한 자와 겨루는 성격이다. 동네 어른들께서 싸우실 때도 객관적으로 판단하여 말로서 해결해 주시고, 금전 거래에 있어 보증을 많이 서는 분이라 때로는 손해 보는 일이 생기기도 하였다. 그래서 우리 동네 어른들께서도 아버지께서 하시는 일이나 판단에는 이의가 없었다. 싸움을 말릴 때는 항상 약자의 편에서 판단하려 하고 금전적 사건에는 항상 아버지께서 조금 손해 보는 쪽으로 일을 해결하려 하는 마음을 지니셨고, 크리스천은 아니나 태어날 때부터 이웃을 사랑하시는 예수님의 말씀과 같이 행동하셨다.

사위로서의 아버지

　외할머니께서 보시는 아버지는 사위로서의 점수도 빵점이고, 이웃 사람으로서의 점수도 그리 좋지 않은 편이었다. 외할머니의 사위에 대한 이런 태도에는 여러 가지 이유가 있다고 본다.

　아버지께서는 혼자 계시는 외할머니께 부드러운 말씀으로 노인이 좋아하시는 말이나 행동을 하실 줄 모르셨다. 상냥하고 자상한 성격을 가지신 아버지였다면 혼자 지내시는 외할머니의 외로움을 위로하고 집안일 등을 보살펴 주셨을 것이고, 외할머니께서는 사위를 동네 어른들에게 많이 자랑하고 다녔을 것이다. 그러나 아버지의 성격 자체가 무뚝뚝하여 애교가 섞인 말이나 행동을 하지 못하는 성격이라 평소 외할머니와 대화를 할 때도 상냥하지 못해서 외할머니 입장에서는 항상 불만이었지만, 아버지께서는 이러한 외할머니의 바람대로 하려고 노력조차 하지 않으셨던 것 같다.

외할머니께서는 논 서너 마지기 정도를 소유하여 농사를 지어 생활하셨지만, 외할머니의 농사일을 거들거나 도와주는 일가친척이나 동네 사람들은 아무도 없었다. 이러한 처지의 외할머니 농사일을 조금이라도 도와드리는 아버지였다면, 동네 사람들 보기에도 좋고, 외할머니께서도 무척 좋아하셨을 것이다. 아버지께서는 우리 일이 많아 바쁘다는 마음에서 외할머니 농사일은 조금도 도와드리지 않았고, 농사일뿐만 아니라 마당 한번 쓸어 드린 일도 없고, 추운 겨울에 군불 한번 때어 드린 일이 없다.

외할머니 댁은 일꾼이 없어 나무를 사서 군불을 때고 있었으므로 땔나무가 필요하였는데도 아버지는 그 땔나무를 한 짐도 해 드리지 않았다. 만약 종종 땔나무 한 짐 정도 해 드렸다면 외할머니와 아버지 사이는 매우 가까워졌을 것이다.

아버지께서는 농촌 일을 하시다 보니 신발에는 항상 먼지가 있게 마련인데 외할머니 댁에 오셔서 신발을 벗고 마루에 오를 때 흙먼지 등을 걸레에 닦은 후 올라오시면 그 흙먼지가 마루에 떨어지지 않을 텐데 신발을 벗자마자 바로 마루에 오르므로 마루에 흙먼지가 묻게 된다. 외할머니는 성격이 깔끔하셔서 마루든 방이든 항상 깨끗하게 청소를 하고 사시는 분이라 아버지의 이러한 행동이 마음에 들지 않아 아버지께 한마디 하게 되고, 아버지께서는 대충대충 살지 않고 너무 까다롭게 사시면서 당신에게 나무라는 말씀들이 못마땅하여 두 분의 사이에는 벽이 생기기도 했다.

아버지께서는 명절에 외할머니께 용돈을 드리지 않으셨다. 아버지께서 설날이나 추석의 명절에 할머니나 외할머니께 용돈을 드리지 않은 것은 할머니들을 업신여기거나 무시하여서가 아니고 용돈을 드리는 교육이 되어 있지 않았기 때문이라고 생각한다. 옛날 시골에선 설날이나 추석이 닥쳐도 새해 인사나 한가위 인사로 큰절을 하면서 웃어른에 대한 감사의 인사를 하는 것은 보았어도 부잣집이 아니고서는 용돈을 드리는 것은 보지 못하였기에 할머니나 외할머니께 용돈을 드리지 않은 것이라 생각한다.

저녁을 먹은 후에는 동네 어른들이 누구네 집에 모여 이런저런 세상 이야기를 나누곤 하는 것이 그 당시 동네 어른들의 일반적인 모습이었으나 아버지와 외할머니께서 저녁 식사 후 마루에 앉아서 정담을 나누는 모습을 본 일이 없다.

이처럼 아버지께서 외할머니에 대하여 부드러운 말씀으로 노인을 위로하거나 외할머니 댁의 농사일이나 땔나무를 손수 해 드리지는 않았으나 가끔은 외할머니의 외로운 마음을 달래드리기도 하고, 외할머니께서 편찮을 때는 즉시 조치하여 건강을 돌보시면서 완전한 효도는 아니지만, 그 나름대로 최선을 다하여 효성을 보여 준 점에 대하여는 아버지에게 매우 따뜻한 정을 느끼게 된다.

아버지께서는 별로 할 일이나 할 말씀이 없어도 정기적으로 외할머니를 찾아뵙고 안부를 물어보시고 잠깐이나마 외할머니의 친구가 되어 드리곤 하시면서 어머니께서 외할머니 댁에 자주 들리지도 않고 돌보지도 않는 편이라 이때도 아버지께서는 어머니를 많이 탓하고 나무라곤 하였다.

　아버지께서는 외할머니에 대한 잔정은 없어도 혼자 사시는 분에 대한 염려와 관심과 배려심을 마음속에 깊이 간직하고 외할머니에 대한 효성을 다 하시려고 노력하셨다.

아버지의 자식 사랑 방법

1. 부뚜질

내가 초등학교에 다니던 때는 보리, 콩, 밀, 팥 등 주로 여름철에 밭에서 수확하는 곡식 종류를 밭에서 타작마당까지 지게나 수레로 운반하여 타작마당에 얇게 깔고는 도리깨로 두들겨 타작하여 볏짚이나 대나무로 만든 소쿠리에 타작한 곡식과 껍질 등을 담아 부뚜질을 하여 부뚜질(풍석질) 바람에 의해 곡식을 선별하게 된다.

부뚜질을 할 때는 부뚜질하는 자, 갈퀴 잡는 자, 소쿠리에 타작한 곡식을 넣어 갈퀴 위에 떨어뜨리는 사람을 합쳐 반드시 세 사람이 필요했다. 힘을 제일 많이 쓰는 쪽은 부뚜질하는 사람이므로 이는 아버지의 몫이고, 그다음 힘을 많이 쓰는 쪽은 소쿠리에 타작한 곡식을 담아 갈퀴 위에서 천천히 떨어뜨리는 쪽이므로 이는 어머니께서 담당하시게 된다. 제일 힘이 적게 드는 갈퀴를 잡는 일은 내 몫이다. 갈퀴를 잡는 사람은 항상 같은 높이에서 같은 방향으로 고정하여 잡고 있으면 된다. 그런데 부뚜질 도중에 갑자기 학교에서 친구들과 놀던 생각이 나고, 공부하면서 서로가 정답이라고 다투던 생각도 나고, 어머니에게 야단 듣던 생각도 나고, 동생들이 놀리던 생각도 난다. 이런 잡생각을 하는 동안에 나도 모르게 잡고 있던 갈퀴가 움직여서 곡식 알맹이와 깍지나 까끄라기가 같이 내려가게 되어 지금 막 내려온 곡식들을 다시 소쿠리에 담아 다시 부뚜질을 해야 한다. 이때 아버지께서 내가 피할 겨를도 없이 몇 대의 매를 나의 몸에 내리치신다. 나는 더 맞을 것 같아 도망질한다. 아버지와 어머니께서는 이미 도망간 놈은 온종일 찾아봐도 찾을 수 없다는 것을 아시니까 동네 사람의 협조를 얻어 그날 부뚜질 일을 마치게 된다.

그런데 나는 해가 지고 어두워지자 무서워서 숨어 있던 산에서 동네로 내려와야겠는데 아버지께 들키면 매를 맞을 게 뻔하므로 동네로 쉽게 들어갈 수 없었다. 조금 더 산에서 기다리다 외할머니 댁으로 갔다. 외할머니께서 자초지종을 얘기해 보라고 하여 낮의 부뚜질 할 때 일을 말씀드렸더니 외할머니께서 아이들이 다른 생각을 할 수도 있지 그만한 일로 아이를 때리다니 정말 그럴 수는 없다고 내 편을 들어 주시면서 식사를 차려 주셨다. 그날 밤 점점 어두워지는데 내가 집으로 오지 않으니까 어머니께서 외할머니 댁으로 오셨다. 어머니께서는 아버지 성격이 급해서 그런 것이지 네가 미워서 때렸겠느냐. 이제는 아버지 성질이 다 풀려서 때리지 않는다고 집으로 가자고 하셔서 집으로 돌아가 쥐 죽은 듯 조용히 잠이 들었다. 그다음 날 아침 일찍 일어나 소나 닭 등 짐승들에게 먹이를 주고는 아버지를 보았으나 아버지는 아무 말씀도 하지 않으셨다. 아버지께서는 나에게 맡긴 일 자체의 부진에서 화가 난 것이지 나에 대한 미움은 조금도 없음을 느꼈고 오히려 어린아이가 할 수 없는 일을 시키신 자신을 되돌아보시는 듯했다.

2. 논매기할 때

모내기 후 모가 어느 정도 자라면 논의 잡초를 제거하고 논흙을 뒤집어 놓아 땅의 영양분이 오직 벼에만 가도록 논매기를 한다. 이때 대나무를 비스듬히 깎은 고동이라는 물건을 손가락에 끼고 논흙을 파 뒤집고 잡초를 뽑는다. 제초제 같은 농약이 없었던 때라 세 번 정도 논매기를 하게 된다. 첫 번째와 두 번째 논매기는 벼가 많이 자라지 않아 논매기할 때 그리 어렵지 않으나 세 번째 논매기는 벼가 많이 자랐을 때라 벼의 잎끝이 얼굴을 찔러 얼굴에 상처가 생기기도 한다. 그 상처는 빨리 낫지도 않아 상당 기간 고통스럽게 했다.

아버지와 같이 세 벌 논매기를 할 때 아버지께서는 한꺼번에 벼 포기를 일곱이나 여덟 포기 정도 잡아서 풀이나 피를 뽑으며 논흙을 긁어 헤치면서 앞으로 나가시는데 아버지처럼 일곱이나 여덟 포기를 잡고 나가게 되면, 초등학교 학생인 내가 아무리 최선을 다해도 숙달된 아버지의 진도에 맞출 수는 없으므로 뒤처지게 마련이다. 한참 뒤에서 논을 매며 따라오는 나를 보시고는 세 포기나 네 포기를 잡고 아버지를 따라오라는 명령을 내렸다. 아무리 포기를 적게 잡아 논을 맨다 하더라도 아버지와 진도를 같이 한다는 것은 매우 피곤하고 부담스러운 일이었다. 그래서 아버지의 속도에 맞추어 논을 매려니 무척이나 힘이 들고 허리도 아프고 하니 아버지와 별도로 나갈 터이니 그렇게 해 주실 수 없느냐고 정식 건의를 드렸더니 아버지께서는 아이들이 무슨 허리가 어떻게 아프다는 건지 이해가 가지 않는다고 혼잣말로 중얼거리시면서 세 포기만 잡아서 천천히 따라가도 나를 나무라지 않았다.

그 당시에는 아버지를 따라 하는 일이 얼마나 고단한 일인데 나를 더 고단하게 감시까지 하시는지 모르겠다고 속으로 투덜거리기도 하였으나 지금 생각해 보면 포기를 적게 잡고 아버지를 따라오라는 말씀은 논매기에 빠지지 않게 하려는 조치이기도 하고, 아버지 바로 옆에서 따라오도록 하여 작업하는 것을 살펴봄으로써 논을 깨끗이 잘 매게 하려는 것이지 결코 자식을 못 믿어서 감시하고 자식을 미워해서가 아님을 깨닫게 되었다.

3. 볏단 지고 옮길 때

우리 동네에서 멀리 떨어진 사방산 밑의 도강에 우리 논 일곱 마지기가 있었다. 가을 벼 타작을 하려고 그 논에 세워 둔 볏단을 아버지와 내가 집으로 옮기는 일을 할 때였다. 아버지께서는 열네 단 정도를 지게에 실었고, 나는 그 반인 일곱 단 정도를 지게에 실었다. 그런데 아버지께서는 도강 논에서 우리 집까지 한 번 쉬고 운반하였고, 나는 두 번을 쉬고 집까지 운반했다. 이 광경을 보신 아버지께서 한 단이나 두 단 정도 적게 지게에 싣고 다니라고 하셨다. 아버지 시키시는 대로 여섯 단을 지고 집으로 한 번 쉬고 왔다. 그러나 그것도 여러 번 반복되니까 두 번 쉬게 되었다. 그 뒤에는 두 번 쉬어도 아버지께서는 아무 말씀도 없었다.

4. 모내기 못줄 잡을 때

해마다 모내기 때만 되면 나는 학교에 가는 것을 쉬었다. 그 날은 동네 사람 열 분 정도가 우리 집에 오셔서 모내기를 거들어 주곤 하였다. 이때 우리 모내기를 해 주시는 분들(대부분 아주머니들)은 품앗이하러 오신 분이나 아버지께서 논갈이나 쓰레질을 해 드린 대가로 우리 집에 모내기로 품앗이하러 오신 분 등 대부분 품앗이 아주머님들이었다. 대개 모내기할 마지기는 한 사람당 한 마지기 정도 되었으므로 매우 조직적이고 능률적으로 일해야 했다. 그러므로 쉬는 시간과 아기 젖 먹이는 시간까지 정확히 지켜야 한다. 못줄을 잡는 이는 아버지와 나 두 사람이었고, 아버지는 앞 논두렁에서 못줄을 잡으면서 일꾼들을 지휘 감독하기도 하셨고, 나는 층계 논 뒤쪽에서 못줄을 정확히 옮기며 못줄의 눈이 잘 보일 수 있게 잘 잡아야 했다. 그런데 내가 못줄을 잡고 있을 때 무자수가 가끔씩 기어 나와 다니기도 하고 거머리가 다리에 붙어 피를 빨아 먹곤 하였다. 무자수가 갑자기 나와 깜짝 놀랐을 때나 거머리가 나의 피를 빨 때 거머리를 논흙으로 떼어 내느라 무척 애를 쓰다가 잡고 있던 못줄이 늘어져 못줄의 눈이 보이지 않게 되면 모심기가 중단된다. 그때 아버지께서 야단을 치신다. 무자수와 거머리, 아버지의 야단치시는 고함 이 모두가 나에게는 공포 대상이었다.

5. 콩밭 맬 때

밭에 심은 콩이 거의 여물 무렵 콩밭의 풀과 잡초를 매느라 한참 정신을 쏟고 있을 때 바로 앞에서 독사가 지나간다. 순간적으로 온몸이 오싹하면서 밭매기가 겁이 난다. 특히 뒷등 밭은 돌이 섞인 밭이라 유독 독사가 많았다. 옛날 덕시 이모가 독사에 물려 병원에서 치료하고 고생하시는 것을 어릴 때 보아서 뱀은 언제나 무섭고 징그러웠다. 아버지께서는 뱀이 그리 겁나지 않으신 모양이다. 내가 놀라면 아버지께서는 무엇이 그리 겁나느냐고 하시면서 태연해하신다. 일부러 태연해하신 걸까? 아니면 원래부터 뱀을 보는 것이 예사가 된 것일까? 아무래도 잘 모르겠다.

6. 사방산에서 나무할 때

광복이 되고 난 후 국가 감시가 소홀한 틈을 타서 우리나라 산의 많은 나무가 화목으로 잘려 나갔다.
　내가 사방산에서 나무를 할 때는 나무 윗부분도 땔감으로 잘려 나가고 그 뿌리까지 땅에서 캐내어 땔감으로 사용할 할 때였다. 그때 사방산에는 까치독사와 같은 맹독성 뱀이 많이 살고 있어 하루에도 여러 번 독사들을 보곤 하였다. 또 여우가 많이 살아 여우 굴이 많이 있어 여우 굴 한쪽에서 불을 때면 그 연기에 못 견디어 여우들이 굴을 뛰쳐나오는 것을 여러 번 보기도 하였고, 사방산에서 소를 먹이고 있을 때 여우들이 자기 집인 굴로 들어가려고 주위를 빙빙 돌고 있기도 했다. 노루가 많아 하루에도 여러 번 노루 떼를 볼 수 있었다. 그리고 사방산에는 오리나무가 많았다. 그 당시에는 이 오리나무 열매를 까만색 염료로 사용하였다. 염료가 귀한 시절 오리나무 열매는 훌륭한 염료가 되었다.

볏단을 옮길 때 어린 아들이 힘들 것을 아셨을 것이고, 모내기 못줄 잡을 때 거머리에게 피를 빨리고, 무자수가 지나가면 어린아이가 놀랄 수 있음을 아버지께서 이해하셨으리라 믿으며, 콩밭 맬 때 나타나는 독사가 무섭고, 사방산에는 독사도 많고 여우와 노루가 많아 아이들에겐 공포의 대상이 된다는 것을 알고 계시면서도 어린 아들이 더 무서워할까 봐 담력을 높이기 위해 태연한 척하시며, 어린 나를 나무란 것이지 아버지의 자식에 대한 사랑이 없어서 그런 것은 아니었다고 어른이 된 후에 아버지를 이해할 수 있었다.

공부는 잘하기를 바라신 아버지

　농번기란 농사일이 매우 바쁜 시기를 말하며, 모낼 때, 논맬 때, 추수할 때, 보리 파종 때가 이에 속한다.
　모심기는 모내기라고도 하며 볏모를 못자리에서 무논으로 옮겨 심는 일이며, 동네 아주머니들과 품앗이하여 많은 인원이 모여 모를 옮겨 심게 된다. 모내기 때는 농촌에서 무척 바쁠 때이므로 "모내기 때는 고양이 손도 빌린다."는 속담이 있을 정도이다. 보리타작은 보릿단을 태질하거나 탈곡기로 훑어 알곡을 떨어내는 일로 이 보리타작은 모심기처럼 많은 인원을 동원하지는 않지만, 어느 정도 인원을 사서 같이 타작 일을 하게 되며, 이때도 초등학교 학생들은 도리깨질을 하거나 그렇지 않으면 어른들의 일을 돕게 된다.
　가을에 익은 벼를 벨 때나 타작을 할 때도 집안 식구 한둘이 하는 것이 아니고 이웃과 품앗이하여 많은 인원이 작업하게 된다. 보리 파종은 논이나 밭에 이랑을 내어 퇴비를 뿌리고 그 이랑에 씨앗을 뿌리는 작업으로 이때도 초등학교 학생들이 농촌 일을 많이 돕는다.

그런 농번기에 학교 가는 것을 자주 쉬게 하면서도 학교에서 학업 성적표를 받아오는 날이면, 아버지께서는 왜 일등을 못 하고 이등을 했느냐 또는 삼등을 했느냐? 조금만 더 잘하지! 하시면서 반 야단을 치시며 나무라신다. 이러한 야단은 매우 이율배반 같았다. 학교를 쉬지 않고 학업에 매일 참여하면서 최선을 다하여도 일등을 못 했다면 두말할 것도 없이 변명할 여지가 없으나 일 년에 거의 한 달 정도로 농번기 때 결석을 해야 하는 형편에서 성적이 일등이 아니라고 학생을 나무란다면 이치에 맞는 말이겠는가? 더욱이나 우리 반의 반장인 나보다 나이가 세 살이나 많은 학생이 있어 아무리 열심히 공부한다 하여도 그 아이를 따라갈 수 없었고, 그 외의 다른 아이들은 농번기라 하여 학교를 결석하는 일은 없었다. 이런 상황에서 농번기마다 학교를 쉬는 나에게 학업성적이 삼 등이라고 나무란다면 그 나무람이 옳은 일인지 판단이 어렵다. 나의 성적표를 보시는 순간 농번기에 결석이 많았다는 사실은 잊은 채 성적표의 성적이나 순위만 보시고는 순간적 욕심이 나신 것임을 느낄 수 있었다.

그리고 결석이 많든 적든 불문하고 자식의 학업성적은 우수해야 좋다는 부모님의 심정은 비록 내 부모만의 바람만이 아니고 우리 모든 부모님들의 바람이나 소원이라고 생각한다.

아버지의 손자 사랑

　아버지께서는 그때로 봐서는 늦은 27세에 같은 동네에서 나고 자란 열 살 아래인 아가씨와 결혼했다. 양가 모두 집안 사정을 너무나 잘 아는 사이였단다.
　본동에서 결혼하였다 하여 택호도 본동이라 하고 동네 어른들은 어머니를 본동댁이라 부르고, 아이들이나 손아랫사람은 아버지를 부를 때 본동어른이라 호칭하였었다. 아버지 세대는 보통 결혼하는 연령이 총각의 경우 십 대 중, 후반이었고, 처녀의 경우는 십 대 후반이었으므로 아버지께서 이십 대 후반에 결혼하셨다는 것은 그때로 봐서는 아주 늦은 나이에 결혼하신 것이다.
　나의 세대는 대학 졸업 후 군 복무 마치고 취직한 후 결혼하는 것이 일반적이므로 20대에 결혼하는 예는 별로 많지 않고, 삼십 대 초반에 결혼하는 예가 많았다. 그런데 나의 경우 대학 재학 중에 학보병으로 일 년 육 개월 단기 복무하여 귀휴제대하였고, 대학 4학년 재학 중에 부산시 공무원 공채에 합격하여 부산시에 근무하게 되었으므로 매우 빨리 직장 생활을 하게 되었다. 그 무렵 아버지께서 신장염을 앓으셔서 부산 송도에 있는 장기려 박사가 계시는 복음병원(현 고신의료원)에서 장기간 입원하고 계셨다. 그때 나는 직장을 마치고는 저녁에 아버지를 간호하러 갔다. 그러던 어느 날 "내 친구들은 손자 손녀들과 대화도 하고 재롱도 보고 즐기다가 이 세상을 떠나고 있는데 나는 손자 손녀 하나 못 보고 저세상으로 가게 되었구나." 하시면서 푸념이라 할까 팔자 한탄이라고 할까 어쨌든, 은근히 장남인 나에게 빨리 결혼하여 손자 손녀를 보게 해 달라고 압력을 넣는 것 같아 어깨가 무거워졌다.

아버지께서 그 당시 집안 사정이나 본인 사정으로 늦게 결혼하셔서 자녀를 늦게 보게 되어 손자 손녀도 자동으로 늦어졌음을 새삼 후회하시는 것은, 몸이 불편하시니 얼마 못살 것 같다는 생각을 하시고는 더욱더 손자 손녀 생각이 간절하셨기 때문이다.

그날 밤 나는 아버지에 대한 장남의 효도가 무엇인지를 생각하게 되었다. 아버지께서 손자 손녀를 보지도 못하고 사랑을 나누지도 못하고 이대로 돌아가신다면 그 불효는 누구의 책임이겠는가? 결혼을 늦게 하신 아버지의 탓인가 아니면 그런대로 결혼 여건이 갖추어진 내가 더 좋은 결혼 여건을 만들 생각만 하고, 결혼 시기를 늦춘 아들인 나의 탓인가를 비교 생각해 보았다.

이 문제는 누구에게 물어보아도 아들이 빨리 결혼하지 않아서 손자 손녀를 할아버지께 보여 주지 못한 자식에게 그 책임이 있다고 할 것 같기도 하여 삼십 세가 되지 않았더라도 대학 졸업도 했고, 직장도 있는데 아버지를 위하여 빨리 결혼하여 손자 손녀를 지극히 보고 싶어 하시는 아버지께 바침이 바로 효를 실천하는 것이요 자식으로서 바른 자세가 아니겠는가를 생각하게 되었다.

그래서 아버지 퇴원 후 바로 결혼을 서두르게 되었고, 그 결과 아버지와 어머니께서 좋아하시고 나도 좋아하는 지금의 아내와 결혼하게 되어 그 열매인 진욱이, 진용이, 진서 세 명의 손자를 아버지께 안겨 드렸다.

끝이 없는 아버지의 사랑

78년 가을 어느 날 마땅한 산소 자리로 매입할 산이 있다고 아버지께 소식이 왔다. 그간 고향 가까운 곳에 부모님을 모실만 한 우리 묏자리가 없어서 부탁했더니 마음에 드신 땅을 알아보신 모양이다. 위치는 우리 동네 바로 뒷산이다. 원래 안씨 종산으로 그중 600평만 분할하여 파는데 가격이 적당하여 나도 매입에 동의했다.

몇 개월이 지나 고향에 내려갔을 때 아버지께서는 산소의 경계와 위치 등을 상세히 내게 설명하셨다. 당신이 영면할 유택을 마련하는 것이 기쁘신 듯 흡족한 표정이셨다. 산을 오르내리는 데 젊은 나보다 훨씬 발걸음이 빠르고 가벼운 것으로 보아 매우 만족하신 듯했다.

내가 아버지께 해 드린 일 중에 전답을 사 드리거나 동생들을 취직시켜 독립시키는 일을 했을 때도 기뻐하셨지만, 그때보다 더 표정이 밝고 환하셨다.

그 이듬해에 아버지께서 편찮으시다는 소식이 왔다.

그동안 면사무소 소재지에 있는 경로당을 출입하시면서 친구들에게 약주와 국밥도 사 드리며 여유롭게 세월을 보내신다는 소문이 들릴 때라 고생 끝에 찾아온 아버지의 행복을 바라보며 부디 건강하셔서 오래도록 인생을 즐기시길 빌었는데 편찮으시다는 소식이 들리니 가슴이 무너졌다. 아버지께서 등이 자주 뜨끔거린다고 하셔서 서울로 모시어 서울 서소문에 있는 한일병원에서 진찰을 받도록 하였다. 그 결과는 매우 슬펐다. 폐암이었다. 혹시나 하고 서울 백병원에서 다시 진찰을 받았으나 결과는 마찬가지였고, 의사 선생님께서 아버지께 진찰 결과를 말하려는 것을 내가 사정하여 아버지께 알리지 않도록 했다.

그때부터 뱀탕 등과 영양식 위주로 음식을 드렸으나 병은 호전되지 않아서 시골로 내려가셔서 어머니의 보살핌을 받으시도록 하였다. 그러나 어머니 혼자 간호하기에는 벅차고 며느리는 시아버지를 간호하기에는 불편한 점이 많았으므로 백모님을 모시어 도우시도록 하였다.

병원 처방 약은 없었으므로 몇 가지 소화제를 사서 치료제라고 거짓말을 하고는 끼니마다 드시게 하였다. 병세는 점점 악화되고 있는데도 소화제를 치료제로 아시고는 빠지지 않고 열심히 드시는 모습을 바라보는 식구들은 바깥에 나와 펑펑 울곤한 것이 수십 번이었다. 그 당시 큰아들인 나는 서울 상장회사에 중역으로 재직하고 있었으므로 직접 간호해 드리지는 못했으나 자주 시골로 내려가 뵈옵곤 하였다.

1979년 6월 어느 날(음력 4월 28일) 아버지께서 위독하시다

하여 학교 다니는 아이들 셋을 서울에 남겨 두고는 집사람 엘리사벳과 같이 시골로 내려갔다. 아버지께서는 사랑채에서 위채 큰방으로 옮기셨고, 일가친척과 동네 어른들도 위로차 우리 집에 와 계셨다. 집 안은 슬픔만이 무겁게 깔려 있었다.

숨쉬기조차 괴로운 상태에서 아버지께서 조금 잠을 주무시다가 잠깐 눈을 뜨시고는 무언가 말씀을 하시려고 하였으나 말소리가 나오지 않았다. 눈을 뜨셨을 때 수박즙을 입에 넣어 드리면 삼키셨다. 평소에도 수박을 무척 좋아하셔서인지 수박즙은 목으로 넘어가곤 하였다.

깨어 있을 때 사람들 말을 알아들을 수 있는 시간은 약 오 분 정도이고 그리고는 주무시는 것 같았다. 주무시는 동안은 아무 말도 알아듣지 못하셨다. 그러면서 몇 시간이 지날 무렵, 동네 어른들께 "지금 아버지와 같은 상태가 얼마나 지나야 돌아가시게 됩니까?" 하고 물었다.

동네 어른들께서는 이런 상태로 얼마 가지 않아 돌아가실 수도 있고, 삼일이나 일주일 후에 돌아가실 수도 있다고 하셨다. 만약 삼일이나 일주일 후에 돌아가신다면, 서울 집에 있는 어린 아이들(당시 초등학교 학생)의 식사 문제와 학교 문제, 나의 직장 출근 문제 등이 있어 여러 날 시골에 있으려면 아이들을 도와줄 어른을 부쳐 식사와 학교에 다니는 것을 돌보도록 조치를 하고, 나의 직장에도 정식으로 알리고 휴가를 받아야 했다.

그래서 어머니와 여러 친척들에게 서울에 가서 아이들 문제와 나의 직장 문제 등을 조치하고 다시 오겠다고 말씀드렸다. 그랬더니 아버지께서 언제 운명하실지 모르니까 상경하여 필요한 모든 조치를 하고 내려오라고 하셨다.

그래서 그날 회사 차로 엘리사벳과 같이 상경하게 되었다. 오는 도중 아버지께서 돌아가신다는 것을 알면서도 아무것도 할 수 없다는 것이 안타까워 차에서 엉엉 소리 내어 통곡했다.

그날 떠나기 전에 아버지께 고하였다. 집에 아이들을 그냥 두고 와서 어른을 부쳐 학교에 가는 것과 식사 문제를 해결하고 다시 오겠다고 말씀드렸더니 아버지께서 들으시고는 말소리가 나오지 않으시니까 오른손을 흔들면서 다녀오라는 표현을 하셨다. 아버지께서는 손자들을 사랑하는 마음에서 손자들이 식사를 거르지 않고 잘 먹고, 무사히 학교에 오가고, 편안한 잠을 잘 수 있도록 하려고 이승을 하직하고 저승으로 가는 그 순간에도 고통을 참아가며 서울로 가서 아이들을 돌보라는 의사 표시로 그 무거운 손을 들어 힘들게 흔들었던 것이다.

과연 나라면 그런 생사의 갈림길에서 손자들을 위하여 빨리 상경하라고 손을 흔들 수 있었겠는가를 생각할 때 나는 아버지처럼 할 수 없을 것 같다.

회사 차로 밤새 달려 집에 와서 오 분 정도 되었을까? 얼마 되지 않아 전화벨이 울렸다. 불안한 마음으로 수화기를 들었을 때 아버지께서 운명하셨다고 했다. 대충 아이들을 아는 사람에게 부탁하고 타고 왔던 그 차로 다시 김해로 향하였다. 집에 도착했을 때 아버지는 입을 굳게 다물고 싸늘하게 식어 있었다. 다만 이승의 온갖 고통에서 벗어나신 듯 얼굴은 매우 편안해 보였다.

이승과 저승을 넘나드는 고통 속에서 서울에 있는 손자들을 돌보라는 아버지의 배려는 너무나 크고 가없는 사랑이었다. 아버지께서 이 세상을 떠난 지 사십 년이 되었어도 깊고 찐하고 가없는 아버지의 자식 사랑 손자 사랑이 나의 가슴속 깊이 남아 있어 뜨거운 눈물을 흘리게 한다.

아버지와의 이별

 아버지 장례를 사일장으로 결정하였다.
 상제들의 사주 등을 고려하여 좋은 날들을 뽑아 그중에서 가장 좋은 날을 유족들이 결정하게 되는데, 자식들에게 모두 좋고 돌아가신 분에게도 매우 좋은 날을 택해 사일장으로 결론이 났다.
 돌아가시고 일정 시간이 지나면 입관을 하고 입관이 끝나야 외부 손님의 조문을 받는다. 우리 고향에서는 만 하루가 지나면 입관 예절을 지내는데 삼일장의 경우에는 조문객을 받을 시간이 너무 짧으므로 입관 시간이 단축되기도 한다.
 그때 내 고향에는 장례식장이 없었으므로 본가 큰방에 모시고 다음 날 밤에 입관 예절이 있었다. 막냇삼촌이 주관하셔서 아버지께 수의를 입혀 드리고 절차에 따라 예절이 진행되었다. 아버지께서는 평소처럼 편히 주무시고 계시는 듯한데, 입관 전 몸을 묶는 것을 보니 산 사람들이 너무 냉정하고 인정머리 없어 보였다.

입관예절이 끝나자 손님맞이가 시작되었다.

맏상제(喪制)는 항상 고인을 지키면서 손님이 조문하러 대문에 들어서게 되면 그때부터 호곡하며 조문이 끝날 때까지 그 호곡을 계속해야 한다.

조문객과 큰절을 나눈 뒤 조문객이 몇 가지 사항을 물어보기도 하고 상제를 위로하면 문상이 끝난다. 바쁘신데 오셔서 고맙다는 인사를 상제가 조문객에게 여쭙고 음식을 대접한다.

장례 기간에는 조문객의 사정에 따라 늦은 밤에도 조문할 수 있다. 그래서 상제는 늦은 밤까지 쉴 틈이 없다. 그렇다고 해서 상제가 고단하다거나 피곤하다는 말을 해서는 안 되며, 그런 마음조차 먹으면 안 된다. 상제는 부모님을 돌아가시게 한 죄인의 몸이기 때문이다.

상제는 호곡으로 많이 지치고 잠이 모자라 몸이 많이 상하게 된다. 작은 상제들은 자기 친구들이 조문 왔을 때 같이 호곡하고는 친구들 음식 대접하러 나가기 때문에 많이 쉴 틈이 생기나 맏상제는 고인이 누워계신 방을 떠날 수가 없고 화장실 갈 때도 다른 동생 상제들에게 잠깐 부탁을 해야 한다.

사흘 밤을 돌아가신 아버지 옆에서 지내다 보면 자정부터 새벽 4시 사이에는 동생들이나 사촌들은 잠깐이라도 눈을 붙이며 자지만, 맏상제인 나마저 아버지를 외롭게 할 수 없어 아무리 졸려도 눈을 붙일 수가 없었다.

돌아가신 아버지와 단둘이 있을 때는 나이 많은 사촌 누님이나 숙모님들이 한두 시간 같이 맏상제와 대화하며 시간을 보내

주기도 했으나 어떤 때는 혼자 밤중에 그 방을 지키기도 했다. 그럴 때 무서워지려 하면 아버지와 속으로 자꾸 대화를 했다.

아버지에 대한 고마움과 감사함을 생각하면서 그 은혜에 백분의 일도 갚지 못한 자식으로서 이를 부끄럽게 여기며 후회의 눈물을 흘린다. 그러면 영정 속의 아버지께서 내 이름을 부르시며 "찬아, 너무 그렇게 생각하지 마라." 하시면서 가없는 사랑을 주신다.

엄하고 급한 성격이셨지만, 평소 내 말과 행동에 꾸중만 하시지는 않으셨다. 아버지께서는 내가 고등학교에 다닐 때 부산에 오시면 "찬아! 너는 부모를 잘못 만나 정말 고생이 많구나. 정말 미안하다."고 말씀하기도 하셨다. 그때마다 가슴이 찡하고 속으로 너무나 뜨거운 눈물이 흐르면서 아버지의 무서웠던 인상은 사라지고 속정 깊고 다정다감한 아버지를 느끼며 감동하곤 했다.

나를 공부시키고 결혼시키느라 우리 집 마지막 논을 팔았을 때는 매우 죄송하였지만, 절약하여 모은 돈으로 시골 땅을 사드렸을 때의 기뻐하시던 모습, 면 소재지 경로당에서 아들 자랑하시던 모습, 노년에 친구분들께 술과 음식 대접을 하시면서 고생하고 산 보람을 느끼신다며 환한 미소를 지으시던 모습들을 그려본다.

한평생 노름 등 잡기나 이성 문제로 주위 사람에게 폐를 끼친 적이 없으신 가장으로서 모범을 보이신 아버지시다.

어릴 때 잘못하여 훈계를 받으며 더러 매도 맞았지만, 대학 졸업 후 성인이 되었을 때는 점잖은 말씀으로 타이르시며 나를 측은히 여기시던 아버지.

한밤중 아무도 없는 빈소에서 이렇게 아버지와 영적으로 소통하니 아버지의 주검에 대한 두려움이 어느새 사라졌다.

사일장이 끝난 그 날 밤 동생들과 같이 집에서 출발하여 산소까지 가는 중에 갑자기 동생들에게 의논했다.

옛날에는 짐승들이 산소를 파묘하여 고인의 시신을 해칠까봐 산소 옆에서 시묘를 지내거나 오늘과 같이 밤에 산소를 둘러보는 풍습이 있었으나 요즈음은 사나운 짐승도 없고 하니 그만 집으로 돌아가자고 하여 동생들과 함께 산소 가던 길을 되돌아서 집으로 왔다. 동생들은 영문도 모르고 맏형이 다시 돌아가자고 하니 시키는 대로 할 뿐 이유를 묻지 않았다.

빈소에서 삼 일 밤낮을 함께하며 부자간의 옛날을 생각할 때는 무서움이 없었으나 밤중에 산소 갈 때는 반도 못 갔는데 왜 그리 무서웠는지 지금도 알 수가 없다.

동네 어른들께 여쭈어보니 산 자와 죽은 자는 정을 떼어야 서로가 살 수 있으니 정을 떼는 것이라는 말을 들었다.

그렇다면 내 주검이 자식들에게 무섭게 보이지 않으려면 어떻게 하여야 하나?

언젠가 내가 죽었을 때 자식들이 나의 주검을 어찌 생각할까 하는 노파심에 입관 때에 무서움을 느끼지 않게 하는 몇 가지 방법을 연구하여 보았다.

첫째는 부모님이 계셨기에 내가 이 세상에 태어났고 공부도 하고 결혼을 하여 가정을 꾸려 자식 키우는 재미와 가정을 경영하는 보람과 행복이 있다는 것을 느끼자.

둘째는 부모도 인간이라 장단점이 있음을 이해하고 일단은 부모의 좋은 점만 보도록 하자.

셋째는 평소 자식을 키울 때 야단치던 일은 다 자식인 나를 잘되게 하려고 불가피하게 행해졌다고 부모를 이해하자.

넷째는 이 세상을 살면서 갖가지 행복을 느낄 때 그 공은 부모님에게 갚는 것이 아니고 다시 내 자식에게 갚는 '내리사랑'이지만 그래도 부모에 대한 감사와 고마움을 갖자.

다섯째 부모와의 추억 쌓기가 영영 끝났다고 생각하며 그 추억의 끝남을 슬퍼한다.

여섯째 좀 더 잘해 드릴 걸 하는 아쉬움을 가진다.

나의 일생은 자식이 판단할 것이지만, 내가 앞으로 남은 시간 동안 좋은 추억을 자식에게 심어 주고, 오로지 진실한 사랑을 주도록 더 노력하며, 자식에게 보답이나 대가를 바라지 않는 사랑, 소극적이 아닌 보다 적극적인 사랑, 슬픈 사랑이 아닌 기쁜 사랑, 가식 없는 사랑 등을 자식들에게 심어 준다면, 내가 이 세상을 떠나도 아마 나의 주검에 대한 두려움과 공포는 느끼지 않을 것이라고 생각해 본다.

진하디진한 아버지의 사랑

내가 고향 김해를 떠나 외삼촌 댁이 있는 부산에서 고등학교에 다니고 있을 때 아버지께서 볼일이 있어 부산에 오셨다.

그 당시 외삼촌께서 복막염을 앓으시다 부산 춘해외과에서 수술을 받게 되었고, 병세가 호전되어 다시 시장에 나가시어 장사를 하고 있었으나 경제적으로는 많은 곤란을 겪고 있었다.

당시에는 의료보험제도가 없었으므로 수술비용이 막대하게 지출되었고, 그 비용은 시골 고향에 노후를 위해 사 놓은 전답을 판 돈과 장사 다니면서 저축한 약간의 돈과 빚낸 돈으로 충당하였기에 살림이 쪼들리게 되었고, 거기다 얼마 안 되어 외숙모님께서 장티푸스에 걸려 약 6개월 이상 앓고 있었다.

당시 나는 고등학교 2학년이었고, 공부를 열심히 해야 하는 시기였으나 외삼촌 댁 사정으로 외숙모님 대신 살림을 해야 했다

집안이 가난하게 되어서 삶은 보리쌀을 솥 밑에 깔고 그 위

에 약간의 쌀을 씻어 안치고는 물을 적당히 부어 불을 피워 밥을 지었다.

이때 외사촌들이 어렸으므로 보리쌀이 약간 섞인 밥을 주걱으로 푸고는 다시 가장인 외삼촌께서 돈을 벌러 나가셔야 하므로 아이들 밥과 같이 보리쌀이 약간 섞인 밥을 푸고 나면 나머지 밥은 모두 꽁보리밥만 남게 되고, 이것은 모두 나의 몫이었다. 외숙모님은 장티푸스 환자였으므로 열을 식히는 녹두죽을 시장에서 사 와서 잡수시게 하였다. 그때 나는 한창 먹을 나이인 고등학교 2학년이었고, 공부는 밤 한두 시까지 하여야만 해서 체력을 유지하기 힘든 처지였다. 그러나 꽁보리밥뿐인 도시락은 다른 아이들이 보면 부끄럽고 창피하여 가져가지 못하여 점심은 주로 거르고 지냈다. 그러던 어느 날 학교 수업하다가 심한 어지러움을 느껴 쓰러졌다. 나를 양호실로 옮기는 중에 골마루에 토한 음식물은 모두 보리밥이었다.

양호실에서 두어 시간 누워 있다가 반 아이들이 나를 부축해 주어 집으로 왔다. 이때 담임 선생님인 김동녕 선생님께서 나의 사정을 물어 아시고는 교장 선생님과 의논하셔서 학비 전액 면제를 받게 해 주셨다.

집에 돌아와 누워 있는데 옆집에 사는 새색시가 소고깃국을 끓여 가져오셔서 그것을 먹고는 기운을 차렸고, 그 소고기국밥 한 그릇 때문에 나의 공부는 계속할 수 있었다. 그 새색시 아주머님이 지금 어디에 살아 계시는지…… 만날 수 있다면 그 은혜를 꼭 갚고 싶다.

새색시가 무슨 돈이 있었겠는가? 외상으로 소고기를 사다 국을 끓여 주고는 저녁때 시어머니나 남편에게 얘기하여 외상 고깃값을 갚았지 않았나 생각된다.

이러한 어려운 시기에 아버지께서 부산에 오셔서 자식이 고생하는 것을 보시게 되었다. 그때 아버지께서는 "찬아! 네가 부모를 잘못 만나 고생이 많구나!" 항상 무섭기만 하셨던 아버지께서 탄식의 마음과 자식에 대한 위로의 마음을 한마디 말씀에 쏟아 내셨다. 나는 그 순간 눈물이 왈칵 쏟아졌다. 이때 눈물을 아버지에게는 보이지 않으려고 하였으나 눈물은 펑펑 흘러내렸고, 아버지! 하고 부르며 자꾸만 자꾸만 나는 눈물 속으로 끌려가고 있었다.

아버지께서 나의 생활 모습을 보시고는 부모의 의무를 다하지 못했다는 자책에서 우러난 가슴 아픈 말씀에서 아버지의 진정한 사랑, 티끌 하나 묻지 않은 순수한 사랑 그리고 감동적인 참사랑을 느끼게 되었다.

나에게 아버지는 모범 그 자체였고, 자식의 잘못을 항상 나무라시는 흠결 하나 없으신 깨끗함, 정의로 우리들을 이끄시는 스승 그 자체였다. 자식들의 잘못에 대하여 말씀과 매로 가르치고 나무라셨기에 언제나 무서운 분이셨으나 그때 아버지께서는 당신이 너무 가진 게 없어 자식의 공부 수행에 너무나 많은 고통을 주고 있음을 실감하시고는 가장으로서 자신의 가정운영을 크게 후회하시는 모습이었다.

그날 아버지의 한마디 말씀에 나는 항상 무섭게만 여겼던 아버지께서 이런 말씀도 하실 수 있구나. 하는 생각도 해 보고 아버지의 마음속에 이런 정서도 남아 있었구나 하는 생각도 하면서 그동안 고생을 고생이라 생각하지 않고 오직 고등학교를 졸업해서 은행 등에 취직이라도 하여 동생들 공부도 시키고 논밭도 사 드려서 할아버지 때의 우리 집안의 영광을 재건해야 한다고 굳게 마음속에 새기면서 더는 슬퍼하지 않으려고 참고 견디며 애를 쓰곤 하였다.

항상 무섭기만 하시고 항상 살가운 말씀은 없으시고 지시만 하시던 아버지께서 자식의 고생을 직접 보고 들으시고는 속울음을 울며 "찬아! 네가 부모를 잘못 만나 고생이 많구나."라고 하신 말씀은 아버지의 삶을 뒤돌아보시며 좀 더 잘살아 자식을 고생시키지 않고 공부할 수 있게 하여야 하는데! 하는 후회의 말씀이었고, 고생하는 자식을 위로하는 말씀이기도 하였다.

여기에서 자식에 대한 깊디깊은 사랑, 애련한 사랑, 평소의 무서움은 다 사라진 정겨운 사랑, 절대 엷지 않은 진한 사랑을 느끼며 나의 눈가에는 눈물이 고이고 있었다.

바르게 가르치신 어머니

　내가 어릴 때 동네 아이들과 싸우고는 너무나 억울하여 울면서 어머니에게 하소연했다 "엄마! 내가 잘못이 없는데 개똥이가 나를 때렸어."하고 이르면서 어머니가 개똥이를 혼내 줄 것을 바랐다. 그러나 어머니는 "울음을 뚝 그치고 개똥이한테 가서 내가 잘못했다고 사과하고 오너라." 하고 말씀하시는 것이 아닌가!
　아이들은 누구나 싸우면서 크는 법이며 동네 아이들과 싸움을 하는 것이 흔히들 있는 일이라고 하시며, 개똥이에게 맞고 온 나에게 오히려 사과하고 오라는 어머니가 매우 섭섭하였고, 개똥이와의 싸움에서 아무 잘못도 없는 내가 왜 사과하여야 하는지 이해되지 않았다. 사과한다면 개똥이의 기세가 너무 올라가서 나중에는 오히려 내가 기죽어 지내야 할 것 같아 사과하기는 싫었다. 그러나 어머니의 명령이라 사과하지 않을 수도 없고 해서 하는 수 없이 개똥이를 찾아가 "미안해 내가 잘못했어.

앞으로는 잘 지내자."라고 먼저 사과를 하였다. 사과의 말을 들은 개똥이는 "아니야 오히려 내가 잘못했어. 먼저 사과해 주어 참으로 고맙다. 앞으로는 절대 싸우지 말고 잘 지내자." 하고 나에게 오히려 사과의 말을 했다.

정말 기대하지 않았던 개똥이의 사과 말에 나는 얼굴이 뜨거워짐을 느끼면서 오히려 내가 먼저 사과한 것이 얼마나 다행이고 옳았다는 생각을 하는 한편으로는 개똥이에게 사과하라는 어머니의 말씀을 생각하며, 감동으로 가슴이 뛰고 있었다. 개똥이와는 전보다 훨씬 친하게 지낼 수 있었다.

요즈음은 친구와 싸우고 돌아온 아이들에게 오히려 더 때리고 오라고 하는 엄마도 있고, 자기 아이와 싸운 친구 아이를 찾아가 기를 죽이고 크게 야단치는 엄마도 보인다. 자기 아이에게 먼저 사과하라는 어머니의 자식 사랑이 깊고 반듯한 반면 후자의 어머니는 자기 아들이 싸운 친구를 다시 때리고 와서 속이 후련할지는 모르나 자기 자식의 교육에는 실패한 것이다. 맞은 아이의 어머니와 다시 어른 싸움이 되니 이웃 간의 불화와 반목만 생길 것이다.

내가 잘못하여 아버지로부터 야단을 심하게 맞거나 회초리로 종아리를 맞을 경우 옆에 있던 어머니께서 더 야단치고 더 혼을 내야 한다며 아버지를 부추겼다. 그때 매를 때리는 아버지보다는 옆에서 더 때리라고 하는 어머니가 나를 낳은 엄마가 맞나 싶었다. 아버지의 야단과 매질이 끝나고 약 두 시간 정도 지났을 때 어머니가 매 맞은 내 종아리를 보시며 "많이 아팠지! 다시는 잘못을 저지르지 말고 부모 말씀 잘 듣도록 하고 시키는 심부름이든 일이든 잘해라."라고 하시며 내 종아리를 손으로 쓰다듬으면서 나를 위로하는 어머니에게서 진하면서 부드럽고 깊은 사랑을 느꼈다.

내가 서너 살 때의 어머니

내가 두 살부터 일곱 살까지 일본 땅 북해도에서 살았다. 아버지께서 가족의 생계를 위해 북해도 탄광에서 돈을 벌기 위해 일하셨기 때문이다.

내가 일본에서 네 살쯤 되었을 때로 기억되는데 그때 깊고 넓게 파 놓은 쓰레기 모으는 구덩이에 빠져 혼자서 울고 있을 때 그 옆을 지나가던 동네 어른 한 분이 나를 건져 내어 집으로 데려다주었다. 그때 어머니께서 나를 꼭 안아 주시며 "야, 이놈아! 혼자서 그곳에 뭘 하러 갔니?" 하시면서 다시 나를 꼭 안아 주시며 이 어린 것이 얼마나 놀랐겠니? 다시는 그곳 근방에는 가지 말라고 하셨다. 나는 그때 어머니를 꼭 안으며 그렇게 하겠노라고 고개를 끄덕였다.

그리고 내가 서너 살 때쯤 어느 날 밤에 자다가 바지에 오줌을 쌌다. 아침에 부모님에게 들킬까 봐 일어나지도 못하고 누워서 시간을 보내려니 매우 축축하여 기분이 나빴다. 이때 어머니께서 "왜 일어나지도 않고 누워 있느냐?" 그래도 나는 오줌 싼 사실이 들통이 날까 봐 일어나지 못하고 있는데, 어머니께서 내가 덮고 자던 이불을 벗기었다. 이때 나는 얼굴이 빨개져서 고함을 질렀다. 오줌을 싼 것이 부끄러워서 지른 고함이었다. 어머니께서 나에게 새 바지를 입히시고는 키를 나의 머리에 씌워 이웃집에 가서 소금을 얻어 오라고 하셨다. 어머니 시키는 대로 키를 쓰고는 이웃집 아주머니에게 가서 소금을 빌려 달라고 하였다.

이때 아주머니께서 밥 푸는 주걱으로 나의 빰을 때렸다. 예상하지 못한 일이라 매우 아프기도 하고 창피스럽기도 하여 울음을 터뜨리며 소금을 얻어 집으로 와서 어머니를 향해 울음을 터뜨렸다. 내가 오줌을 싼 잘못에 대하여는 어머니께 야단을 들어야지 이웃집 아주머니에게 주걱으로 빰을 맞을 이유가 없다고 생각되어 너무나 억울하여 자꾸만 눈물이 흘렀다. 어머니께서는 나를 주걱으로 때린 아주머니를 나무라지 않고, 다시는 자다가 바지에 오줌을 싸지 말라고 하시면서, 더는 야단치지 않았다.

이처럼 주걱으로 빰을 한 대 맞고 울면서 소금을 얻어 온 자식을 조용히 타이르는 것은 자식을 사랑하는 어머니의 진정한 훈계다. 결코 자식을 나무라기 위해 키를 씌워 소금을 얻어 오게 한 것은 아니었다.

여섯 살 때쯤 내가 신장염을 앓았는데 그때 맵고 짠 음식은 일절 먹지 못하도록 의사의 특별지시가 있어 오직 흰죽만 싱거운 간장과 같이 먹고 있었다. 흰죽을 먹은 지 6개월 정도 되었을 때 어느 날 어머니께서 이웃에 놀러 가셨다. 나는 기회가 왔다고 좋아하며 어디 먹을 것이 없는가하고 찾다가 벽장에 있는 사과가 생각났다.

나는 벽장으로 들어가 사과 껍질을 깍지도 않고 껍질째로 먹기 시작하였다. 한 개를 다 먹고 두 개째 조금 먹고 있을 때 어머니께서 돌아오셨다. 내가 방에 없는 것을 보시고는 나의 이름을 불렀다. 그래도 나는 벽장에서 나갈 수가 없었다. 의사 선생님이 먹지 말라는 음식을 먹었기 때문에 나갈 수 없었고, 만약 나간다면 어머니에게 매를 맞을 것이 뻔했기 때문이다. 이런 생각을 하고 있을 때 벽장문이 열리며 어머니가 보였다.

빨리 밖으로 나오라는 추상같은 명령이 떨어졌다. 어머니께서는 내가 다시 붓는다든지 오줌을 누지 못한다든지 하는 부작용이 있을까 봐 매우 걱정하고 있는 중인데 먹지 말라는 음식을 몰래 먹은 것은 나의 건강과 생명에 관한 사건이었기에 과거의 어떤 잘못보다 훨씬 무거운 잘못이었다.

그러나 어머니께서는 애가 얼마나 먹고 싶었으면 벽장에 들어가 사과 먹을 생각을 하였겠는가 하시면서 나를 가엾게 여기시면서도 한편으로 이 일로 해서 부작용이 없었으면 하고 걱정하셨다. 저녁에 아버지께서 오시면 애도 잘못 보고 무엇 하고 있었느냐고 야단 들을 생각 등을 하며 무사하기를 빌면서 나를 위로하였다.

내가 나의 키보다 두 배가량 되는 동네 쓰레기 모으는 구덩이에 빠져 울고 있을 때 동네 어른들의 도움으로 구조되어 어머니 앞에 섰을 때나 밤에 자다가 오줌을 싸 바지를 다 버려서 빨래하는 수고를 끼쳤을 때나 어째서 나무람이 아니고 그렇게 자애로운 사랑의 모정으로 부드럽게 타이르시며 오히려 나를 안심시키려 하시고, 또 어린 내가 신장염으로 고생할 때 벽장에 들어가 사과를 몰래 먹었을 때도 어머니는 반년이 넘도록 흰죽만 먹었으니 얼마나 다른 음식을 먹고 싶었을까? 하고 아이인 나의 처지에서 생각하고 가여워하시며 나의 건강을 걱정하시던 어머니를 생각하니 오늘 따라 어머니가 더 보고 싶어진다.

매 맞은 다리를 주물러 주시던 어머니

　내가 어릴 때는 아버지께 매를 많이 맞았다. 매 맞을 때는 여러 가지 이유가 있었지만, 아버지의 성격이 워낙 급한 편이라 조금이라도 아버지가 바라는 대로 행하지 않으면 말보다는 매가 먼저 날아오는 경우가 많았다.

　내가 초등학교 입학하기 얼마 전부터 매일 아침 개똥 줍기를 했었다. 그때는 벼나 보리 등 곡식을 자라게 할 비료라고는 인분밖에 없었다. 그래서 보리농사를 많이 짓는 우리 집에서는 인분을 늘리기 위하여 개똥을 주워 인분에 섞어 비료로 사용하였으므로 보리농사에 꼭 필요한 개똥을 줍는 일은 매우 중요한 일이었다. 동이 트기 시작할 때쯤 일어나 개똥이 많이 있는 곳(개똥밭)에 빨리 가서 주워야 한다. 우리 동네에 나 말고 개똥을 줍는 할아버지 한 분이 계셨는데 그 할아버지보다 조금만 늦으면 그 할아버지가 먼저 개똥을 다 주워 갔기 때문에 개똥을 하나도 주울 수가 없었다. 그날은 아침부터 아버지께 매 맞는 날이었다.

가을에 보리 파종을 할 때 파종 전에 씨 뿌릴 골에 퇴비를 골고루 넣어야 하는데, 퇴비 주기를 여럿이 할 때는 한두 마지기 정도는 빨리 끝나게 되나 혼자 그 일을 하다 보면 게으름이 나서 싫어지고 자꾸만 쉬게 되어 일의 능률이 오르지 않는다. 그때 아버지에게 걸리면 매를 맞았다.

모심기가 끝나면 무논에 비료를 뿌리게 된다. 논의 넓이가 넓으면 넓을수록 비료 뿌리는 일이 지겨워지고 게으름이 나 빨리 뿌리려고 빠짐없이 골고루 뿌리지 않고 한 걸음 건너서 뿌리게 된다. 이렇게 되면 며칠 후 비료가 닿은 모는 짙은 초록색을 띠며 빨리 자라게 되고, 비료가 닿지 않은 모는 누렇게 되어 잘 자라지 않게 된다. 무논에 비료를 골고루 뿌리지 않아 일어난 결과를 보게 된 아버지께서는 매를 들어 훈육하셨다.

가을에 논의 물을 잘 빠지게 하려고 물길을 내는 것을 물곬 친다고 한다. 이 물곬 칠 때 일정한 간격으로 벼 포기를 뽑아 물길을 내야 한다. 이 일을 빨리하기 위하여 멋대로 큰 간격으로 벼 포기를 뽑아 물길을 내면 물곬 치는 일은 빨리 끝나게 되나 물 빠지는 일은 더디게 되어 물 빠짐이 오래 걸리게 된다. 이때도 아버지의 명령 불복종 또는 불성실 복종으로 매를 맞게 되거나 야단을 듣게 된다.

소 외양간을 청소하라는 명령을 받고 깨끗이 청소한 다음 소가 누울 자리에 볏짚이나 풀 등을 깔아 주어야 하나 청소 자체를 대충하였을 때나 집안일이나 바깥일 무엇 무엇을 하라는 아버지 말씀을 듣고도 깜빡 잊고 아이들과 놀고 왔을 때는 여지없이 매를 맞는 일이 생긴다.

이외에도 아버지께 야단을 듣거나 매 맞은 일은 참으로 많았다.

아버지께 매를 맞아 다리가 부풀어 올랐을 때 어머니께서는 주무시지 않고 따끈한 수건으로 아픈 다리를 감아 주시고, 그 부은 것이 다 가라앉을 때까지 다리를 마사지하시면서 이 어린 아이를 이렇게 심하게 때리면 되느냐고 혼자 중얼중얼하며 때린 아버지를 많이 원망하시면서 어린 나를 위로하셨다.

과연 내 자식이 매를 맞아 다리가 퉁퉁 부었을 때 따뜻한 수건을 대고 매 맞아 부은 다리가 가라앉을 때까지 마사지해 줄 수 있을까를 생각해 본다. 저녁 내내 부은 다리를 마사지하시던 나의 어머니처럼 할 자신은 없다. 나라면 겨우 한 시간이나 반 시간 정도였을 것이다.

어머니의 마사지는 한없는 사랑이 깃들어 있었고, 아버지를 원망하는 듯하나 다음에는 아버지 말씀을 잘 듣고 야단을 듣거나 매 맞는 일이 없도록 하라는 교훈이 섞인 마사지라고 생각한다.

그래서 지금도 어머니가 그립고 어머니의 교훈과 말씀이 그립고 어머니의 사랑이 그리워지니 언제인가는 잘 모르지만, 나도 어머니처럼 사랑을 베푸는 도가니, 사랑을 생산하는 도가니가 될 수 있을까 하고 어머니의 영정을 멍하니 쳐다보곤 한다.

어머니께서 돌아가신 지 이미 10년이 넘었다. 오늘 기일 미사를 올리며 다른 때보다 더 많이 어머니를 생각하게 된다. 어머니께서 살아 계실 때는 어머니는 항상 나와 함께 살아 계신다는 생각만 했지 돌아가신다는 생각은 해 보지도 않았고, 어머니의 고귀한 기상과 인자하신 말씀은 언제나 있을 것으로 생각했다.

아버지의 급하신 성격에 맞추어 한평생을 살아오신 어머니! 만약 내가 아버지와 한평생 살았다면 내가 어른이 되어서는 아버지의 잘못도 지적하고 시정해 달라는 요구도 했을 것 같다. 그러나 어머니께서는 아버지께 하고 싶은 말씀도 심하게 하지 않으시고 저 어른은 성격이 저런 분이라고 이해하시고 한평생을 살아오셨다. 이러했던 어머니는 존경받아 마땅하다 하겠다.

오늘도 어머니를 생각하면서 내가 아버지에게서 매 맞은 곳을 만지기도 하고 쓰다듬기도 하시던 그 손길이 느껴지는데 그 부드러운 목소리는 어디에서도 들려오지 않는다.

자식의 잘못은 잊어버린다

　이미 이 세상을 하직하신 어머니를 돌이켜 생각할 때 자식으로서의 어머니에 대한 효성이 많이 부족하였음을 느끼게 된다.
　나는 장남으로서 어머니께 이렇게 해 주었으면 하고 자주 건의를 드리기도 하였다. 지금 생각해 보니 자식인 내가 어머니께 무엇을 어떻게 해 달라고 건의할 자격이 있었는가를 묻고 싶다. 말씀하지 않았을 뿐이지 여러 가지 할 말이 많으셨을 어머니께 자식인 내가 무엇을 이렇게 저렇게 해 달라고 건의할 수 있었겠는가?

　내가 어린 시절 진례에 있을 때나 부산에서 공부하고 있을 때 어머니께 "몸이 좀 불편하시더라도 이웃에 살고 계시는 외할머님을 자주 찾아뵙도록 하세요." 하고 건의 아닌 요구를 여러 번 했다. 이러한 나의 요구가 마땅한 요구였는지를 생각할 때, 아마도 어머니를 백 프로 이해하지 못하고 어리석은 건의를 하였을지도 모른다는 생각이 든다.

농촌 생활이란 언제나 일 때문에 바쁘고, 한참 농번기에는 밤에도 일을 해야 하는데 그 일을 한 다음 고단한 몸을 이끌고 저녁에 외할머니 댁을 방문할 여력이 정신적으로나 육체적으로 있었겠는가? 그러면 농번기에는 그렇다 치고 농한기인 겨울철에는 혼자 살고 계신 외할머니를 자주 방문하여 말동무도 해 드리고 마루나 방이라도 물걸레로 한 번쯤 훔쳐 주는 일이 불가능한 일이었을까?

살면서 고단하고 심신이 괴로우면 때로는 옆집에 계시는 부모님을 방문하는 일도 소홀할 수 있다. 다만 어머니는 외할머니를 대함에 있어 잔정이 없는 것 같았다. 그러나 자식인 우리 형제에게는 잔정이 없는 것은 아니었다. 그렇게 볼 때 어머니는 자식에게나 외할머니께도 깊은 정과 멀리까지 남아 있을 길이가 긴 정(情)도 분명 가지셨다. 그러나 짧은 정 잔잔한 정은 간지럽고 얇은 정으로 본 것인지 어머니에게는 별로 없으신 것 같았다.

내가 대학까지 공부할 수 있었던 것은 행운의 연결이요 이 행운은 나의 행운이요 어머니 아버지의 행운의 연결이었을 것이다. 그래서 내가 직장인이 되어 돈을 벌게 되면 그동안 고생하신 부모님의 생활 안정을 위하여 제일의 노력을 하리라 생각하였고, 동생들의 앞날을 풀어 나가도록 돕는 일이 곧 부모님의 할 일을 하나하나 해결해 나가는 것이 되기에 취직시킬 동생들은 취직하게 하고, 부모님 농사를 보조할 형제들은 그렇게 하도록 하였다.

또한, 고향에서 농사를 좀 더 많이 짓게 하여 자립이 되도록 하려고 고향에 농토를 사 드리기로 하고 생활비를 아껴서 모은 돈으로 농토를 사 드리고는 인제 이 정도 농토면 농촌에서는 어느 정도 자립할 수 있겠다고 생각했는데, 농토가 이십 마지기 이상 불었는데도 고향의 살림은 만족이 없었고, 가을 결산 결과는 언제나 적자라는 슬픈 소식만 들려왔다. 농사가 불어나고 많아질수록 고향 살림의 적자가 더 많아지는 결과에 나는 동의할 수도 없었고, 그 손익계산을 이해하지 못하였기에 아버지에게 강력히 항의하였고, 이 항의가 어머니에 대한 항의가 되기도 했다.

그때 나는 어머니 아버지에게 더욱 많은 죄를 지었다. 가을 농사 결과는 내가 이해가 안 되는 불만이 되어 바로 부모님에게 불효가 되었고, 따라서 나의 마음은 편하지가 않았다. 이러한 부모님에 대한 많은 죄가 나의 가슴에 쌓이고 쌓여 병이 날 정도로 스트레스가 되고 있는데, 어머니께서는 나의 잘못을 쉽게 잊어버리고 아주 너그럽게 생활하고 계시는 것 같았다.

내가 지금 아버지가 되고 할아버지가 되고 보니 자식들이나 손자들에게 불만이 있어도 나의 불만을 하나하나 표현할 수 없어 가슴에 묻게 되는데, 어머니께서도 나의 잘못을 어머니 가슴에 묻어 버리셨다는 생각을 하게 된다.

내가 어머니께 이렇게 저렇게 해달라고 건의하고 요구한 점에 대하여 어머니께서 쉽게 잊어버리고 묻어 버린 것처럼 요즈음 나도 옛날의 어머니처럼 아랫사람인 자식이나 손자의 잘못을 쉽게 잊으려고 한다. 아랫사람 잘못을 쉽게 잊는 것이 어른이요 윗사람이 취해야 할 태도인 것 같다.

옛날 젊었을 때 어머니께서는 나의 잘못을 잊고 또 잊으려고 일일이 나에게 대꾸하지 않았음을 그때는 알지 못했으나 지금은 그때의 어머니 마음을 알 것 같기도 하고 느낄 것만 같다.
어머니의 자식에 대한 깊은 사랑에 고개 숙여 감사를 드리면서 어머니의 너그러움이 이 자식에게 미치게 되어 저의 마음에 평안을 주고 있습니다. 감사합니다. 어머니!

왼쪽부터 화목 숙모님, 어머니, 백모님, 칠산 숙모님

가난을 원망하시던 어머니

　어머니께서는 열일곱 어린 나이에 열 살 위인 아버지와 결혼하여 나의 형제자매를 열 명을 낳고는 그중 세 명을 잃고 나머지 일곱 명이 자라게 되었다.
　나는 원래 둘째로 태어났으나 내 위의 형이 어릴 때 죽어 칠 남매의 장남이 되었다.
　어머니께서는 많은 자녀를 두었으나 한 명 한 명 모두 촉촉한 사랑을 주었고, 진정한 어머니로서의 의무를 다 함에 있어 최선의 노력을 기울이셨다.
　어머니께서는 목돈이 드는 일이 벌어지게 되면 그때마다 "돈이 원수지!" 하시면서 세상을 원망하는 말씀을 종종 하셨다. 예를 들어 졸업 시즌이 되어 졸업사진 값을 내야 할 때라든지 소풍이나 수학여행을 갈 때, 상급학교 입학 때 교과서대나 교복대, 수업료 등을 내야 할 때 "돈이 원수다" 하시면서 가난을 원망하셨고, 우리 칠 남매를 보고는 "자식이 원수지" 하는 말은 절대로 하시지 않았다. 어려운 형편에서도 부모님들 나름의 최선의 사랑을 베푸시는 모습은 일상생활에서도 종종 느낄 수 있었고, 눈물이 확 쏟아지는 사랑의 말을 하실 때도 있었다.

내가 어린 시절 일본 북해도에서 자랄 때였다. 북해도는 무척 추운 곳이라 다다미방에 난로를 피우고 잤다. 그 난로가 새벽에는 꺼져 방 전체에 냉기가 돌아 어른이나 아이 모두 추위를 느끼는 새벽녘에 일찍 일어나 눈을 치우고 별채에 있는 헛간에 가서 불쏘시개와 석탄을 가져와 난로에 불을 피워 드렸을 때, 어머니께서는 불을 피워 이른 아침에 방 공기가 따뜻하여 좋기는 하나 추위를 무릅쓰고 눈을 치워 가며 불쏘시개와 석탄을 가져와 난로에 불을 피우는 일은 대여섯 살 먹은 어린 아이가 감당하기에는 너무 무리이므로 마음이 찡하여 새벽에 난롯불 피우는 일은 하지 말라고 하셨으나 나는 부모님의 눈치를 보아가며 종종 그 일을 하였었다. 그때마다 불 피우는 일을 그만두라고 하셨지만, 어린 아들이 대견하고 고마워서 속으로 눈물을 흘렸을 것이다. 부모가 자식을 너무나 사랑하였음을 부모가 돌아가신 뒤에 이제야 느끼게 되니 이 어찌 때 놓친 깨달음이 아니겠는가?

이 세상의 어머니들은 다정다감하기에 자식이 아플 때는 자기 목숨을 걸고 자식의 쾌유를 위해 온몸과 마음을 던지게 된다. 그러나 어머니의 자식에 대한 보살핌은 무척이나 부드럽고 적극적이다. 자식이 아파 마음이 괴롭고 잠들지 못할 때는 자식이 편안히 잠들기를 바라면서 하느님께 조용히 진심으로 쾌유의 기도를 드린다. 어머니는 자식을 위한 일이라면 몸과 마음을 아끼지 않는다. 어머니는 자식이 배불리 먹고 잘 자라게 하려고 삼시 세끼 밥과 반찬을 만들고, 모양 좋게 보이고, 추위와 더위에 대항하도록 사철에 따라 맞는 옷을 입혀 주시고, 편한 잠을 자도록 이부자리를 마련해 주시면서 한없이 베푸신다. 가난으로 어려워도 자식에게 베푸는 일을 귀찮아하거나 소홀히 하는 어머니는 없을 것이다.

나의 부모님은 아버지께서는 주로 바깥일을 많이 하셨다. 아버지의 바깥일이란 주로 농사에 관한 일, 면사무소 행정과 관련된 농사일, 수업료 등록금 등의 금전 마련, 은행융자 등 금전 차입과 상환에 관한 사항 등 가정을 영위하기 위한 결정하기 어려운 보다 큰 문제를 처리하셨다. 반면에 어머니께서는 아버지께서 하시는 농사일의 보조와 안살림을 담당하셨으므로 식구들의 먹는 문제와 입는 의류 문제를 해결하셨다. 그러나 그 일은 잔잔한 문제가 무척이나 많아 정신 못 차리게 일이 쏟아진다. 이 일들을 감당하시면서 가난이란 어려운 문제가 닥쳐 어머니 역할에 한계가 느껴질 때도 절대로 자식을 원망하지 않으시고 그 원망의 대상은 가난이었다.

학비 때문에 국회의원을 찾아가신 어머니

내가 상업고등학교에 입학하게 된 동기는 외삼촌께서 밥은 먹여 주겠다는 말씀이 있어서이다. 그 당시 내가 입학하려는 상업고등학교는 공립이었으므로 매달 내는 수업료는 그리 비싸지 않았으나 하숙비가 훨씬 더 비쌌다. 수업료보다 비싼 하숙비를 외삼촌께서 부담하겠으니 호찬이를 상업고등학교에 보내도록 하자는 제의에 아버지는 이 처남의 고마운 뜻을 거절할 수가 없어 상업고등학교 진학을 허락하셨다. 그러나 막상 아버지께서 매월 내야 하는 수업료와 내가 쓸 잡비만 부담하는 것도 시골 땅 몇 마지기 농사 수입으로는 그 부담이 커서 항상 걱정이었고, 때로는 동네 어른들께 돈을 빌려서 나에게 보내 주곤 하는 형편이라 매월 수업료와 잡비를 송금하실 때마다 그 돈을 장만하는 데 어려움이 많으므로 종종 아들의 고등학교 진학을 허락한 것을 후회하기도 하셨다.

그러던 중 이웃 군의 국회의원이 성적이 매우 뛰어나고, 품

성과 사고가 건전한 학생으로 장래가 촉망되고 가정 형편이 어려운 학생에게 장학금을 준다는 얘기를 소문으로 들은 어머니께서 그 국회의원을 찾아가 잘 말씀드려 장학금을 받도록 해 보려고 했으나 어떻게 찾아가야 하는지 국회의원 본인을 직접 만나서 말씀을 드려야 하는지 아니면 지역구 사무실 직원에게 얘기하면 되는지, 언제 찾아가야 하는지 그리고 제출할 서류는 무엇인지에 대하여 전혀 아는 바가 없었고, 그저 가정 형편이 어려운 학생을 위하여 장학금을 준다는 것만 알고 있을 뿐이었다. 그래서 어머니 혼자서는 찾아갈 용기와 자신이 없었다.

당시 우리 동네에 갓 시집온 택호가 원지댁인 형수씨에게 협조를 구하여 같이 가기로 어머니 혼자 결심하고는 원지댁 형수씨에게 협조를 부탁하였더니 그분께서 마치 자기 동생 일같이 여겨 적극적으로 협조하여 어머니와 같이 국회의원을 찾아가셨다. 찾아가신 장소와 국회의원 당사자 면담 여부 등을 구체적으로 들은 적은 없고, 결과적으로 국회의원에게서 장학금을 받지는 못하였다. 아마 직접 국회의원을 만나지 못하였을 것이라고 짐작되며, 만약 국회의원 지방 사무실로 찾아가셨다면 그 사무실에서 근무하는 사무원을 만나 말씀을 나누었을 것이고, 그 사무원은 장학금이 있는지도 모르는 분이 아니었나 생각된다. 물론 그 국회의원은 자유당 시대에 개인적으로 돈을 많이 가지고 있었다고 하지만, 자기 지역구인 창원군의 학생들에게 주는 장학재단이 있었는지는 알 수 없다.

그러나 장학재단에서 지급하는 학생의 대상은 창원군 출신이거나 창원군에 살고 있어야 하지 않았을까 하고 생각해 본다.

왜냐하면, 지역구가 창원군이므로 앞으로 계속 지역구에서 국회의원에 당선되려면 창원 군민에게 혜택을 주어야 하기 때문이다. 그리고 만나 본 사람이 직접 국회의원이 아니며 사무실 직원일 확률이 높다. 국회의원은 주로 근무하는 곳이 서울에 있는 국회이므로 평소 국회의원이 지방에 있는 것이 아니고 사무실 직원이 근무하고 있기 때문이다. 따라서 국회의원이 아닌 사무실 직원에게 장학금 얘기를 했어도 자기 일이 아니니까 잘 반영이 되지 않을 것이고, 더군다나 자기 지역구가 아닌 김해에서 왔기 때문에 장학 혜택을 줄 수 없었을지도 모른다. 그때 창원군 국회의원은 돈이 많았으므로 장학재단은 없고 개인적으로 가난한 학생 몇 명에게 장학금 명목으로 수업료 등을 제공하였는지도 모르는 일이다.

어머니는 우리 동네 고마우신 형수씨와 같이 이웃 군인 창원군에서 당선된 국회의원님을 찾아가 아들의 공부 성적과 집안 형편의 어려움을 얘기하고는 장학금을 타려고 한 외출은 결과적으로 그 효력을 발휘하지 못하고 실패로 돌아갔지만, 장학금을 준다는 소문만 듣고 자식을 공부시키겠다는 굳은 결의와 의지로 원지댁과 같이 차도 타지 않고 삼십 리 길을 걸어서 이웃 군인 창원군까지 가셔서 세세히 알아보시는 열정에는 자식의 향학을 위해 최선을 다하는 어머니의 내리사랑이 담겨 있어 나의 가슴을 아프게 한다. 그리고 어머니와 같이 나의 장학을 위해 만 하루를 걸어 다니시면서 애써 준 형수씨에게 고마운 마음이 내 가슴에 가득 차오른다.

어머니와의 견해 차이

　어머니는 매우 정에 약하시고 눈물이 많으신 분이었고, 나는 아버지를 닮아 성격이 매우 급하고 강한 편이라 어떤 상황의 옳고 그름을 판단하기 위해 정황 파악이나 유사 선례 때의 판단, 현재 상황의 적응에서 장단점 등을 비교 분석하여 결심하게 되며, 이 결심의 도출과정이 올바르고 합리적이라고 판단되면 곧바로 실행에 옮기는 성격이다. 그러나 자기의 결론 도출이 합리적이라고 할 때는 수정 보완 없이 그냥 실천하려고 하는 단점도 있어 어찌 보면 성격이 강성에 해당한다. 그러나 어머니는 합리성도 중히 여기지만, 정문화(情文化)를 존중하시는 편이다. 따라서 합리성이 조금 결여되어도 정문화가 흠뻑 배어 있다면 당연히 정문화 쪽으로 뜻을 돌리신다.
　어머니께서는 아버지께서 살아 계시는 동안 뜻과 성격이 아버지와 맞지 않아 마찰이 일어날 때가 많았다. 아버지는 매우 직선적이라 꼼꼼한 분석 평가는 하지 않는 편이다. 그러나 어머니는 꼼꼼한 분석 평가를 하시는 분이시므로 아버지 어머니의 견해 차이가 생길 때는 경제적 손실이 없고 사용에 큰 차이가 없는 경우에는 어머니께서 져 주시고 아버지 뜻에 따른다. 그러나 경제적 손실이 심하고 사용에 많이 불편하거나 사용 후 처분 때 손실이 너무 많이 생기는 경우에는 어머니가 설득을 시켜 어머니 견해에 따르게 하신다. 그러나 어떤 상황을 판단함에 있어 아버지 견해나 어머니 견해가 별로 다른 점이 없고, 그 차이가 미미할 때는 아버지 견해에 따르게 된다. 바깥일과 집안일로 나누어 보면 일반적으로 바깥일은 아버지 견해에 따르고 집안일은 어머니 견해에 따르기도 한다.

어머니는 아버지께서 돌아가시고 이십칠 년을 사시다가 돌아가셨다. 그 기간은 어머니 홀로 당신의 견해에 따라 사셨다고 본다. 어느 자식과 같이 사실 것인가의 문제도 어머니의 견해에 따라 이 아들 저 아들 집으로 옮겨 다니시면서 사셨다. 어떤 아들이 성격이 너그러워 좋겠다고 하여 그곳에서 몇 년 사시다 보면 그 나름대로 불편과 불만족이 생기게 된다. 이럴 때 다시 다른 아들 집으로 옮겨서 몇 년간 살아 보신다. 그러다 도시 생활의 딱딱하고 넉넉하지 못한 민심과 이웃 간의 상호이해의 부족 등 도시 민심이 싫어서 옮기고 싶으면 다른 아들에게 가셔서 사시곤 하였다.

어머니께서 어떤 아들과 같이 살 것인지에 대해 장남인 나에게 의논한 적이 한 번도 없다. 만약 어머니께서 어느 아들과 살고 싶다고 하셨다면, 나도 어머니의 뜻을 따랐을 터인데 아예 나에게는 의논이 없었다. 그렇다고 하여 어머니 사시는 문제에 대하여 나는 어떤 간섭도 하지 않았다. 그리고 어머니께서 가지신 현금이나 예금을 비롯한 재산과 패물에 대하여도 아무런 관심을 가지지 않았다. 그것은 어머니께서 모으신 재산으로 어머니의 뜻에 따르는 것이 자식의 도리라 생각했기 때문이다.

어떤 상황에 대하여 어머니의 견해와 나의 견해가 일치하지 않아 논란이 생겼을 때는 냉정히 분석 후 객관적 판단에 따라 결론을 내리고는 어머니를 설득시키게 된다. 그래서 장남의 성격을 잘 아시는 어머니는 나와 맞설 일이 생기면 양보하시는 편이었다. 그리고 사소한 문제는 어머니 뜻대로 하시도록 하였다. 어머니께서 가지신 돈 중에서 못사는 아들에게 돈을 조금 주고 싶으면 누구의 간섭도 받지 않고 그렇게 하셨다.

어머니께서는 시골에서 아버지와 같이 사셨기에 시골을 좋아하셨다. 그래서 나와 같이 사시겠다는 말씀은 한 번도 없으셨다. 그러나 잠깐 우리 집에 다녀가시기도 하고 전화로 손자 등의 안부도 물어보곤 하셨지만, 어머니께서 이 장남에 대한 불만이 있어 불편한 말씀을 하고 싶어도 부모 자식 간의 평화와 화합을 위하여 참고 지내셨다는 점은 어느 정도 알고 있었다.

여러 아들딸을 두셨어도 장남은 나무라는 대상이 아닌 것처럼 대하시고 할 말씀이 있어도 가정의 화목을 위해 어머니 속으로 참고 삭이셨음을 이 장남은 잘 알고 있었기에 이 아들 고개 숙여 진심으로 존경을 표합니다.

천주교에 입교하신 어머니

　내가 초등학교 다닐 때 어머니께서 집에서 신을 모셨다. 친구들이 우리 집에 놀러 올 때마다 저것이 무엇이냐고 물어보곤 했다. 나는 아무 대답을 하지 못하였다. 그 당시 어머니께서 신내림을 받았다는 것을 자세히는 몰랐으나 신을 모시기 전에는 어머니께서 매우 편찮았는데 신을 모신 후에는 아프지 않으셨다. 그때 어린 나는 어머니께서 신을 모시고 난 후부터 아프지 않으시므로 신을 모셔야 함은 어쩔 수 없는 일이구나 하고 생각하였다.
　내가 중학교에 다닐 때 신을 모시는 음식 판이 없어졌다. 그래도 어머니는 별로 아프지 않으셨다. 그때쯤 사월초파일 석가모니 탄생일이 되면 절에 다니시는 것을 보았다. 그때부터는 불교 신자가 되었다고 생각했다. 그렇다고 어머니는 동네 절이나 다른 곳의 유명한 절에 가신다든가 하는 일은 별로 없었다. 어머니의 종교가 어쨌든 내가 초등학교 시절이나 중학교 이후 학적부에는 종교란에 모두 불교라고 적혀 있었다.

세월이 흘러 내가 성모병원에 입원하여 검사를 받게 되었을 때 성모병원 앞마당에 모셔진 성모님에게 밤 12시경에 나가 빌면서 내일의 검사결과가 암이 아니면 반드시 예수님 제자가 되겠다고 맹세한 후 1985년경 잠실성당에 교리공부 신청을 하고 6개월 후 세례를 받고 천주교 신자가 되었다.

아버지께서 1979년에 돌아가신 후 제사는 전통 방식으로 상을 차리고 지냈다. 그러다가 내가 천주교 신자가 된 후에는 전통 방식대로 하면서 지방 대신 사진을 앞에 놓고 지내되 초헌 아헌 삼헌 전후 또는 중간에 천주교 기도문 등 읽는 순서가 들어가 천주교에서 권장하는 제사 방식으로 지냈다. 이렇게 아버지 제사를 지내는 것을 여러 해 보시고는 어머니께서 천주교 신자가 되겠다고 하셨다. 우리는 무척 놀랐었다. 옛날에 신내림을 받아 신을 모시던 것과 비교해 보니 너무나 세상이 바뀐 것 같았다. 내가 하느님을 받들게 되어 제사 양식까지도 천주교식으로 바꾸어 지내는 것을 보시고, 어머니께서 감명을 받아 오늘의 결정을 하신 것 같았다. 어머니께 어찌하여 천주교 신자가 되려고 결심하셨습니까? 하고 물었더니 대답은 간단하고 단순하였다. "나는 큰아들 큰며느리가 믿는 종교로 따라가야 한다고 생각했기 때문이다."라고 대답하셨다.

그때 어머니께서는 청량리에서 윤찬이에게 밥을 해 주고 있었으므로 청량리성당에 다니셨다. 나는 청량리성당 수녀님께 연세 많은 분이 하기 힘든 기도문 외우는 문제는 조금 유연히 봐 주시고, 출석성적만 100% 보시고 세례를 주시면 감사하겠다고 간곡히 부탁을 하였더니 6개월 후 세례식 때 세례자 대상에 올라 우리 모든 식구가 꽃다발을 들고 세례를 축하하러 갔다.

  연세 많으신 어머니! 특히나 신내림도 받고 절에 가서 부처님을 공경하시던 어머니께서 천주교 신자가 되었다고 하니 너무나 신기하여 이 자체가 하느님의 계시와 능력이 비추었음이 틀림없다고 생각하였다.

  그 뒤 어머니께서 진례 고향으로 내려가 시례에서 사시면서 주일마다 진례성당에 열심히 나가 다른 교우들과 함께 미사에 참여하시면서 노후를 즐겁게 보냈다.

  이렇게 어머니께서 천주교 신자가 된 것은 누구의 권유가 아니고 오직 본인이 그동안 보고 느끼고 하여 같은 값이면 장남의 종교로 일치시켜야겠다고 결심한 결과라 생각한다.

  어머니의 종교 선택에 머리 숙여 경의를 표하며 지금은 하느님이 계시는 천국에서 아무 근심 걱정 없이 잘 지내고 계시리라 믿는다.

장모님께서 견진성사를 받으신 기념사진

제2부

어린 시절과 초등학교 시절

이삭줍기

　1940년대와 1950년대의 한국은 일본의 식민 통치 아래 억눌려 있다가 광복을 찾았지만, 육이오 한국전쟁이 일어나 처참하게 파괴된 폐허 위에서 먹고 싶은 것을 배불리 먹지도 못하고 입을 옷을 제대로 입지 못하고 잠자고 쉴 주거공간이 없거나 좁고 허름한 집에서 아주 불편하게 지냈었다. 이처럼 의식주 면에서 매우 쪼들리거나 살림살이가 넉넉하지 못한 이 가난은 구제방법이 어려워 "가난 구제는 나라도 못 한다."라는 속담이 있고, 가난하기 때문에 고통을 당하게 되니 "가난이 원수다."라는 속담도 있으며, 가난한 양반이 볍씨를 먹자니 앞날이 걱정스럽고 그냥 두자니 당장 굶는 일이 걱정되어서 볍씨만 한없이 주무르고 있다는 "가난한 양반 씻나락 주무르듯 한다."라는 속담도 있고, 가난한 집에서는 산 사람도 배를 곯는 형편이므로 신주까지도 제사 음식을 제대로 받아 보지 못하고 줄곧 굶기만 한다는 "가난한 집 신주 굶듯 한다."라는 속담도 있다. 이런 속담들은 실제 생활에서 나온 말들로 가난에서 느끼는 서러운 말이다.

　온 나라가 가난하게 살던 그때 농촌에서는 농작물을 잘 자라게 할 비료도 없었고 병충해 방지를 위한 살충제도 없었다. 그래서 벼멸구를 제거하려면 무논에 석유를 뿌려 벼멸구가 떨어져 무논에 빠지게 하여 죽이는 아주 초보적인 살충 방법으로 병충해를 막기도 했다. 김매기는 일일이 사람의 손으로 세 번이나 하면서 벼를 자라게 하여 가을에 수확하게 된다.
　보리농사는 벼를 수확한 논이나 밭에 소가 끄는 쟁기로 골을 만들고 그 골에다 퇴비를 뿌리고 그 위에 씨앗을 뿌려 흙으로 덮는 것으로 가을보리 파종이 끝난다. 보리밭 골에 파릇파릇 보리 싹이 돋아나면 된추위가 오기 전까지 보리밭을 밟아 주고 봄이 되어 몇 번 김매기를 하다 보면 초여름이 되고 보리가 싹이 피어 영글기 시작하여 덥디더운 한여름에 모두 익게 되어 수확한다.
　벼나 보리를 수확할 때는 낫으로 베어야 하는데 베다 보면 땅에 떨어지는 이삭이 있게 마련이다. 이삭은 사람이 일일이 손으로 줍지 않으면 버리게 된다. 농부가 땀 흘려 지은 곡식을 그냥 버린다는 것은 하느님께 죄를 짓는 것 같고, 버린 만큼 수확이 적게 되므로 보리밭을 샅샅이 살펴서 하나하나 빠짐없이 줍는다. 이러한 이삭줍기는 보통 어른들이 하지 않고 초등학교 학생 정도의 아이들 몫이었다. 태양이 뜨겁게 내리쬐는 여름에도 그 더위를 견디면서 밭골을 빠짐없이 걸으며 이삭을 줍는다.

내가 초등학생일 때도 물론 이삭줍기를 했다. 이때 한 골이라도 지나쳐 버린 것을 아버지께서 아시게 되면 크게 꾸중 들을 각오를 해야 했다. 만약 두서너 밭골을 슬쩍 건너뛰면 이삭 줍는 일이 그만큼 빨리 끝날 수 있었을 터인데 그렇게 못 한 것은 아버지의 꾸중이 겁나서이기도 하지만, 나의 양심상 그리고 성격상 어른을 속이고 보리 이삭을 줍지 않는 행위는 할 수 없었다.

요즈음 농촌에서는 이삭 줍는 모습을 볼 수가 없다. 그것은 벼나 보리의 심는 일부터 거두어들이는 일까지 대부분 기계화되어 떨어지는 이삭이 그리 많지 않다는 이유도 있지만, 농촌의 일손 부족과 높은 인건비 때문에 줍는 이삭의 값보다 인건비가 훨씬 비싸므로 이삭 줍는 모습은 우리 농촌에서 사라지게 되었다. 너무나 빠르게 변하는 세월에 맞추어 인간의 생활방식이 급격히 변하고 있음을 느끼면서 앞으로 오십 년이나 백 년 후에는 우리 인간이 어떤 생활 방식으로 살고 있을지 상상하기 어렵다. 그때는 땅에서 생산되는 보리가 아니라 보리 분자를 공기 중에서 뽑아 합성하여 만든 인공 보리를 먹고 살는지도 모르겠다.

그러나 전지전능하신 하느님께서 이 세상을 창조하시고 인간을 창조하실 때 하느님께서 온갖 동식물과 과일을 만드셨고, 그중 선악과가 있었고 선악과를 따 먹은 인간의 원죄를 믿을진대 우리 인간은 땅에 식물을 심고 동물을 길러 먹을 것을 구하여 인간의 생명을 유지 발전시키게 될 것은 앞으로도 변함이 없을 것이다.

내가 초등학교 시절 한여름 뜨거운 뙤약볕에서 땀을 흘리며 이삭을 줍던 일은 나에게 어려움을 참고 견디는 힘을 주었고, 곡식을 거두어 생계에 보탬이 되었다는 보람과 함께 부모님 말씀에 순종하였다는 효자의식도 갖게 하였다. 또한 내가 오늘날 무사히 살아갈 힘을 길러 준 것에 대하여 매우 감사하게 생각하며, 보리밭의 이삭줍기는 지금 아이들은 경험하지 못하는 어느 보석보다도 귀하고 아름다운 고달팠던 낭만이 흐르는 나만의 아름다운 추억으로 팔십에 이른 지금도 내 머리에 생생히 남아 있다.

깡통방울 소리와 허수아비

 허수아비는 참새 따위를 오지 못하도록 막대기와 짚 따위로 사람모양을 만들어 논밭에 세운 것으로 쓸모가 없거나 실천이 없는 사람을 비유하여 이르는 말이기도 하다.
 가을이 되어 벼가 익을 무렵에 겨 속의 쌀이나 그 쌀이 여물기 전의 쌀물을 참새들이 와서 빨아먹는다. 이렇게 참새들이 빨아먹은 벼는 쭉정이만 남아 그해 농사는 망치게 된다. 그래서 볏논에다 여러 개의 허수아비를 세워 허수아비끼리 줄을 연결하여 그 줄 중간에 깡통방울을 달고는 참새 떼가 날아왔거나 날아오고 있을 때 허수아비 줄을 여러 번 당겼다 놓았다 하여 요란한 깡통방울 소리를 내어 참새들을 쫓았다.
 진례 사방산 밑의 일곱 마지기 우리 논에서 허수아비로 참새들을 쫓아야 했던 일들이 생각나고 가산 동네의 백부님 댁에 놀러 갔을 때는 동네 가까이 있는 논에서 호갑이 동생과 같이 허수아비로 참새들을 쫓았던 기억이 난다.

허수아비를 만들어 새를 쫓는 곳은 주로 벼농사가 귀한 곳이나 올벼를 심은 곳이다. 벼농사가 귀한 곳이란 밭농사가 많고 논농사는 적은 곳으로 참새가 먹을 수 있는 벼가 적은 곳이며, 올벼를 심은 곳은 늦벼를 심는 데 비하여 극히 일부의 논에만 올벼를 심는 데다 늦벼보다 일찍 벼가 패므로 참새가 먹을 수 있는 벼가 아주 적을 때라 배가 고픈 참새가 목숨을 걸고 벼를 까먹으려 한다. 아마 벼농사가 많은 평야나 한꺼번에 많이 심은 늦벼는 너무나 벼가 많아서 참새가 조금 먹더라도 농민의 손해가 그리 크지 않을 것이다.

대오리나 갈대로 만든 삿갓 같은 것을 쓰고는 햇볕이 따갑게 내리쬘 때는 햇볕을 가리고 비가 올 때는 비를 가리면서 허수아비로 참새를 쫓는다는 것은 매우 힘들고 고된 일이었다. 그러나 아버지의 명령이 하도 지엄하여 하는 수 없이 할 수밖에 없었지만, 정말 하기 싫었다. 그런데 요즈음은 다들 알다시피 벼 종자 개량과 벼농사의 과학화로 논 단위당 벼 수확량이 종전보다 두 배 이상 많아졌다. 그에 비교해 참새들의 숫자는 줄어든 것 같다. 이유는 각종 공해로 참새들의 수가 줄어든 데다 농약이 묻은 곡식은 참새들이 먹지 않기 때문이라고들 하는데, 어찌 되었든 벼 수확량이 워낙 많이 증가한 데 비교해 참새들은 줄어들어 참새들이 까먹는 벼의 손실이 걱정할 정도가 아닌 것 같다.

허수아비를 만들자면 먼저 십자로 된 나무 막대가 있어야 하고, 그곳에 입힐 헌 옷과 모자 등이 있어야 하고, 나무 막대끼리 연결하는 줄과 줄을 당겼을 때 시끄러운 소리를 낼 깡통 등이 필요한데, 재료를 준비하여 허수아비를 만들었다고 해도 허수아비 줄을 당기면서 새들을 쫓을 사람이 있어야 한다. 그러면 요즈음은 허수아비가 아예 없는 것일까? 시골로 여행하다 보면 띄엄띄엄 가을 들판에 서 있는 허수아비를 볼 때가 있다. 옛날 소꿉친구를 만난 듯 반갑다. 달려가서 덥석 나무 막대 손이라도 잡고 싶다. 그럴 때면 옛날 어린 시절 허수아비 줄을 흔들었던 기억이 새롭다.

가산의 큰아버지 논에서 허수아비 줄을 흔들어 참새 쫓던 일이 진례 우리 논에서 허수아비 줄을 쥐었을 때보다 훨씬 수월했다. 백부님께서는 참새 쫓는 일을 나와 동생 호갑이에게 시키시고는 철저히 감시하시지 않았지만, 아버지께서는 내가 참새 쫓는 일을 잘하고 있는지 감시를 자주 하시는 편이었다.

허수아비와 참새 중 누구의 머리가 더 좋을까? 허수아비 줄을 쥐고 있을 때 참새 떼들이 날아와 앉을 때와 날아서 달아날 때를 관찰하면 허수아비가 사람 모양으로 치장하고 있어도 참새 떼들이 날아와서는 벼를 먹기 시작한다. 이때 허수아비 줄을 당기면 줄에 매어 놓은 깡통이 요란하게 소리를 내고 참새 떼들은 날아간다. 그렇게 보면 참새들은 허수아비가 무서운 것이 아니라 깡통 소리가 무서웠던 것이다.

허수아비 깡통 흔들기로 참새를 쫓는 것은 지금 고향에서는 거의 하지 않는다. 그래도 가끔은 허수아비 줄을 흔들어 요란한 깡통 소리를 들어보고 싶다.

소꿉친구

    김해에서 태어나 두 살이 되던 해 어머니 등에 업혀 아버지께서 일하고 계시던 일본 북해도로 가서 일곱 살 때 해방이 되어 한국으로 나올 때까지 살았고, 그곳에서 유치원이나 학교는 다니지 않았다. 내가 살았던 북해도는 산골 마을이었고, 우리 마을에서는 일본인과 한국인이 반반 정도 섞여 살았으므로 한국말이 통하는 아이들도 있어 숨바꼭질도 하고 공기놀이도 하였다.
    소꿉친구 중에는 동네 친구와 학교 친구가 있겠다. 그중에서 동네 친구들 생각이 내 머릿속을 더욱 많이 스쳐 간다. 동네 친구로는 수동, 해영, 덕영, 병영, 철환, 병일, 두식, 열만, 진신 등 두서너 살 위아래의 많은 친구가 있었고, 겨울철 농한기나 저녁 식사 후 한가한 시간이나 설날 추석과 같은 명절 이후 이삼일 정도는 아이들을 놀게 하려고 아이들 할 일인 소먹이는 일이나 쇠풀 뜯는 일, 쇠죽 끓이는 일은 어른들이 손수 하시기 때문에 동네 아이들이 놀 수 있는 일 년에 얼마 되지 않는 귀한 시간이었다.

학교 들어가기 전의 여덟 살 미만의 아이들도 자기 동생들을 돌보기도 하며 잔심부름도 해서 놀 기회가 별로 없다. 초등학교에 와서는 학교 공부도 하여야 하며, 선생님이 내준 숙제도 하여야 하고, 집에 와서는 아버지 어머니 심부름도 하여야 하며, 쇠풀을 뜯어 소에게 먹여야 하고, 어머니의 집안일도 도와야 한다. 이처럼 바쁜 일과를 보내는 농촌의 아이들이 농한기나 명절을 맞아 시간이 나게 되면 동네 소꿉친구들이 모여 소꿉놀이도 하고 조금 더 크면 구슬치기, 자치기, 동전 따먹기, 땅따먹기, 숨바꼭질을 하면서 시간을 보낸다. 어릴 때 소꿉놀이를 비롯한 이런 놀이를 하며 같이 놀았던 소꿉친구들이 생각나면 다시 그때로 돌아가 함께 놀던 아름다운 추억의 한 페이지를 펼쳐 본다.

여름방학 어느 날 지게를 지고 소를 몰고 뒷동산에 올라갔다. 동네 아이들은 소만 먹이므로 소를 산골짜기에 몰아넣고는 자기들끼리 씨름대회를 하면서 즐겁게 놀고 있었고, 나는 소가 풀을 먹는 동안 쇠꼴(소의 먹이)을 한 짐 해야 해서 부지런히 쇠꼴을 베어 바지게에 담고 또 담았다. 해가 뉘엿뉘엿 넘어갈 무렵 쇠꼴 한 짐을 해서는 짊어지고 동네 아이들이 씨름하던 쉼터에 올라 지게를 받침대로 받쳐 놓고 소를 찾으러 골짜기로 갔다.

다른 아이들 소는 모두 다 있었으나 우리 소는 보이질 않았다. 그때 나는 아버지에게 어떻게 매를 맞아야 하나 어떻게 야단을 들어야 하나를 걱정하면서 아이들 앞에서 눈물을 흘리고 있었다. 그러자 동네 친구들은 소가 풀 뜯어 먹던 골짜기를 헤매면서 우리 소를 찾기 시작하였다. 그러나 우리 소는 보이지 않았다. 이때 동네 친구들이 일단 집으로 가자고 했다. 소가 자기 집으로 가는 경우도 있으므로 집으로 가서 친구들 소는 각자 집에 놓아두고 만약 우리 소가 집에도 없을 때는 다시 친구들이 소를 찾아보자고 했다. 동네 소꿉친구들의 의논 결과에 따라 쇠꼴 짐을 지고 집으로 갔다. 이때 아버지께서 "어떻게 해서 소는 소대로 집에 오고 너는 너대로 늦게 이제 오느냐?" 하시면서 소가 무사히 집에 와 있었기에 그리 오래 꾸짖지는 않았다. 산에서 내가 소를 잃어버렸을 때 나를 위로하고 함께 걱정하며 소를 찾던 진심 어린 친구들의 마음을 생각할 때마다 가슴이 뭉클거린다. 그날 저녁 우리 소는 송아지를 낳았다. 송아지를 낳느라 애쓰는 어미의 모습을 보고, 또 막 태어난 송아지를 핥아 주는 모습을 보며, 하나의 짐승인 소에게서 찐한 모성애를 보았다.

　친구 중에 학교 친구 몇몇은 집집을 돌아가며 하룻밤을 자면서 부모님께도 인사를 드리고 같이 공부도 하고 장래를 의논하면서 푸른 하늘을 보며 인생을 논하기도 한 것이 아름다운 추억이 되어 뇌리를 스치기도 한다. 초등학교 친구 중 이규연, 박희철, 김종한의 집을 방문하며 하룻밤을 잤던 기억이 아직도 생생하다.

또한 내가 초등학교 입학하기 얼마 전부터 매일 아침 개똥 줍기를 할 때 우리 동네에서 개똥 줍는 경쟁자이기도 하고 어쩌면 개똥 줍는 친구이기도 한 양철이 할아버지가 나보다 먼저 일어나 개똥밭을 독점했을 때 할아버지의 만족해하시던 모습과 나보다 늦게 일어나 개똥 줍는 일이 실패했을 때의 실망하시던 모습을 떠올릴 때면 개똥 줍던 친구 양철이 할아버지에게 미안한 마음이 나를 괴롭힌다.

어릴 때 친구를 소꿉친구라고 부른다면, 일본 북해도에서 자랄 때의 소꿉친구, 내 고향 김해에서 초등학교 시절의 소꿉친구, 특히나 소를 잃어버렸을 때 함께 걱정해 주었던 소꿉친구, 초등학교에 같이 다녔던 학교 친구, 동네 개똥을 먼저 주우려고 경쟁하던 양철이 할아버지 등이 모두가 지난날의 아름다운 추억의 영상 속 최상급 주연이었고, 나에게는 자꾸만 보고 싶고 그리움이 따라다니는 추억의 창조자 나의 소꿉친구다.

어린 날의 재미있던 놀이들

　내가 초등학교에 다닐 무렵에는 별로 돈이 들지 않는 자치기, 제기차기, 구슬치기, 딱지치기, 술래잡기, 엿치기, 씨름 등의 놀이를 하며 놀았고, 여자아이들은 땅따먹기, 고무줄놀이, 그네뛰기, 널뛰기 등을 하며 놀았다.

　자치기란 짤막한 나무토막을 조금 긴 막대기로 쳐서 그 짤막한 나무토막이 나간 거리를 재어 멀리 나간 경우 승리하는 경기다. 자치기를 시작할 때 짤막한 나무토막을 사람이 선 채로 긴 막대기로 치는 경우와 짤막한 나무토막을 땅을 판 자리에 놓고 그 나무토막 한끝을 긴 막대기로 치는 경우의 두 가지 방법이 있다. 목적지를 정해 놓거나 아니면 몇 번 정해진 대로 쳐서 가장 멀리 가거나 먼저 목적지에 도착한 사람이 승리하는 것이다. 여럿이 할 때는 개인전으로 할 수도 있고 편을 갈라서 경기를 하는 경우도 있다. 자치기 시합 때 짤막한 나무토막이 높이 튀어 올라야 긴 막대기로 치기가 쉬우므로 짤막한 작은 나무토막의 한쪽을 비스듬히 깎는 경우가 많다. 비스듬히 깎은 작은 나무토막이 긴 막대기로 치는 힘에 의해 튀어 나갈 때 사람이 맞게 되면 다칠 수가 있으므로 항상 상대가 나무토막을 칠 때는 앞에 서지 말고 뒤에 서서 관전하는 것이 안전상 좋다.

제기차기는 제기를 차며 노는 놀이다, 제기는 엽전이나 그와 비슷한 것을 종이나 헝겊으로 싸서 만든 것이며 이 제기를 땅에 떨어뜨리지 않고 발로 많이 차는 쪽이 이기게 되는 놀이다. 어릴 때 제기차기 놀이를 많이 하였는데 잘하는 친구들은 오십 번 이상도 차고 잘 못 하는 친구들은 열 개 정도를 찬다.

구슬치기는 사기나 유리 따위로 눈깔사탕만 하게 만든 구슬을 가지고 노는 놀이로 땅에다 구멍을 네 개 파서 그 구멍으로 빨리 구슬을 넣거나 그렇지 않으면 상대방 구슬을 맞히는 놀이다. 흙을 묻혀가며 구슬치기를 해야 하니 손에 흙과 때가 껴 피부가 힘하게 갈라지고 튼다. 나는 구슬치기를 잘했다. 구슬치기로 딴 구슬을 친구들에게 팔아서 모은 돈이 요즈음으로 친다면 약 천 원 정도는 되었다. 그 돈으로 외할머니 생신 때 조개를 사 드린 적이 있었는데 그때 외할머니께서 매우 칭찬하시며 동네 할머니들에게 내 자랑을 하신 일이 생각나면 빙긋이 웃게 된다.

딱지치기는 두꺼운 종이 딱지에 그림을 그리거나 글씨를 써서 만든 것을 가지고 노는 놀이다. 옛날의 딱지는 다 쓴 노트나 헌책 종이로 접어 만들었다. 놀이 방법은 상대방 딱지를 쳐서 뒤집는 쪽에게 딱지를 주어야 했다. 상대방 딱지를 뒤집기 위하여 온 힘을 기울여 치게 되므로 딱지치기를 오래 하다 보면 딱지를 내려치는 팔이 매우 아프다.

내가 초등학교 다닐 때 3학년 때부터 5학년 때까지는 육이오 전쟁 때라 우리 학교가 피난민들의 수용소가 되었으므로 술래잡기 놀이는 할 수 없었고, 1, 2학년 때는 아주 어릴 때여서 술래잡기 규칙도 몰랐고, 숨을 곳이 없어 학교에서는 술래잡기 놀이는 하지 않았다.

내 고향은 농촌이라 낮에는 언제나 바빠서 추운 겨울을 빼고는 농촌 일을 돕게 되므로, 낮에는 놀이할 시간이 나지 않는 현실이었고, 겨울철과 여름철은 너무 춥고 너무 더워서 놀이하기가 적당하지 않으므로 주로 봄과 가을철 저녁 식사 후 아이들이 우리 동네 앞 공터인 솔밭에 모이면, 어두운 밤에는 구슬치기나 자치기 놀이는 할 수 없으므로 밤에 할 수 있는 술래잡기를 자주 한 기억이 생생하다.

술래잡기하기로 합의가 되면 우선 술래 두 사람을 가위바위보로 뽑고, 숨바꼭질을 할 수 있는 활동 범위는 우리 동네 전체로 하고 (전체 가구 수 50가구 정도) 산이나 들판, 자기 집 안으로 숨는 것은 반칙으로 정한다. 시간은 오후 8시에서 10시까지로 정하여 밤 8시 정각부터 숨바꼭질 놀이가 시작되면 술래로 뽑힌 두 사람은 우리 동네 전체를 샅샅이 뒤지기 시작한다.

그때 술래는 친구들의 심리를 어느 정도 헤아려 친구들이 잘 가는 집이나 친구들의 친척 집으로 가기도 하며, 숨어 있는 아이들을 찾게 된다. 이 방법은 친구들은 자주 가지 않는 집에는 숨바꼭질한다고 하여 가지 않는다는 점을 고려하여 노인 어른만 계시는 집이나 새색시가 계시는 집, 평소에 말이 잘 통하지 않는 집, 아픈 사람이 계시는 집 등에는 가지 않기 때문에 그와 같은 집은 제외하고 갈 수 있는 집을 뒤져 찾아내게 된다. 저녁 10시가 되어 숨바꼭질 마감 시간이 되면 그동안 숨어서 술래에게 들키지 않은 친구들이 하나둘씩 나타나 술래를 쳐다보고는 놀려 댄다. 술래에게 잡힌 친구들은 사전에 정해진 규정에 따라 꿀밤을 한 대씩 맞거나 약간의 돈을 내거나 아니면 엿을 사거나 하여 그 밤을 즐기면서 놀다가 헤어진다.

초등학교 다닐 때 학교 운동장에서 할 수 있는 운동 중 가장 쉬운 것이 축구 시합이다. 편을 갈라서 공을 차거나 몰아서 상대방 골대를 향하여 달리다가 공을 골인시키면 한 점 얻게 되며, 두 번 넣으면 두 점을 얻게 된다. 정해진 시간 동안 많이 골인시키는 편이 이기는 경기이므로 골인을 잘 시키려면 우선 주력이 좋아 빨리 움직이는 사람이 필요하고, 공을 몰고 상대방 진영으로 드리블하여 갈 때 그 가는 길을 방해하면서 공을 빼앗아 오히려 역공하는 사람이 필요하다. 그래서 축구 시합을 할 때는 선수를 잘 뽑아야 이길 수 있다고 하겠다.

초등학교 시절은 해방 직후이며, 육이오 전쟁이 있었던 어려울 때라 요즘같이 가죽으로 만든 공은 시골에서는 구경도 못

할 정도였고, 부잣집 아이들이 구해 온 고무공으로 축구놀이를 몇 번 하면 터지게 마련이며, 그렇게 되면 터진 자리에 고무 조각을 대어 고무풀로 붙여서 며칠간은 다시 차게 된다. 그런 고무공도 한 반에서 하나 정도 있을까 말까 하여 고무공을 만져 보지도 못하는 아이들이 많았다. 그래서 짚으로 가는 새끼를 꼬아 속에 짚을 잔뜩 넣고는 겉에는 새끼줄로 강하게 당기고 하여 꽤 여물게 공처럼 만들었다. 그 공을 새끼공이라고 부르며 축구를 했다. 새끼공을 차던 그 옛날이 우리의 가난을 간직하고 있어 내가 다시 가난한 농부의 아들로 돌아간 것 같다. 그러나 새끼공을 차면서 공 차는 기술을 익혀 후에 선수가 된 사람도 있었으니 그 새끼공은 황금알을 낳는 거위이기도 했다.

씨름은 점심이나 저녁을 먹고 난 후 친구들이 모여서 했다. 주로 동네 어른들이 심심하니까 장난삼아 아이들에게 씨름을 시키는 경우가 많았다. 씨름놀이를 하다 보면 덩치가 큰 아이들이 이길 것 같으나 덩치는 작아도 발기술이나 손기술이 뛰어난 아이들이 이기는 경우가 많다. 씨름은 힘도 있어야 하지만, 기운과 기술이 겸비되어야 이길 수 있는 놀이다.

고무줄놀이는 주로 여학생들이 즐기는 놀이로 양쪽에 두 사람이 고무줄 하나 또는 둘을 잡고 그 고무줄을 노래에 맞추어 넘으면서 하는 놀이로 고무줄에 걸려서 넘지 못하면 그 사람은 벌점을 먹거나 그 고무줄놀이에서 제외되는 놀이이다. 고무줄

놀이에서 고무줄을 넘지 않는 아이들이 부르는 노래에 맞추어 고무줄을 넘는 재미도 솔솔 있는 것 같았다.

이때 장난기 있는 남학생들은 고무줄놀이를 즐기고 있는 여학생들의 고무줄을 연필깎이 칼로 끊어 버리고 달아나는 경우도 흔히들 있었다. 그러면 여학생들이 달아나는 남학생을 잡으러 쫓아가다가 포기하고 돌아와서는 끊어진 고무줄은 손으로 이어서 다시 노래를 부르며 고무줄놀이를 하곤 하였다.

고무줄놀이 외에도 여학생 놀이로 땅따먹기 놀이가 있었다. 땅에다 정사각형을 그리고 그 정사각형 땅을 육 등분이나 구 등분 하여 납작한 돌을 발로 차면서 등분된 칸마다 돌을 보내게 되면, 그 땅은 자기 땅으로 가지게 되며 만약 돌을 발로 차서 땅의 칸 경계선에 걸치게 되면 다음 차례에 처음 출발지점에서 다시 차서 다음 칸으로 보내게 된다. 땅따먹기는 작은 칸으로 자기 돌을 발로 차서 보내는 경기이므로 돌을 다음 칸으로 찰 때 정신적 통일과 적당한 발의 힘 배분이 있어야 넣고자 하는 칸에 자기 돌을 보낼 수 있는 섬세한 발동작이 필요하다. 이때 옆에서 남학생들이 방해되는 장난을 치거나 해서 정신을 집중해서 돌을 차지 못했을 때는 돌이 빗나가거나 엉뚱한 곳으로 가게 되어 이길 수 있는 경기를 놓치기도 한다.

주로 여학생들이 놀이할 때 장난기 심한 남학생들이 방해를 놓아 그 장난이 심하면 여학생이 우는 경우도 있고, 선생님에게 일러 장난친 남학생이 벌쓰는 경우도 흔히 있었다.

이처럼 순진만이 머릿속에 가득했던 나의 초등학교 어린 시절에는 요즈음같이 개발된 좋은 놀이는 없었고, 돈이 들지 않는 재미있는 놀이를 즐겨 했다. 때로는 이 놀이들에 너무 심취하여 부모님께 야단도 많이 들었고, 매도 맞았던 일들을 상기하면서 다시 그때로 돌아가 나의 얼굴에 웃음꽃이 살짝 피어오른다.

배고픔을 달래 주던 개떡

개떡이란 노깨나 메밀의 속나깨 또는 거친 보릿겨 따위를 반죽하여 아무렇게나 반대기를 지어 찐 떡으로 못생기거나 나쁘거나 마음에 들지 않는 것을 비유적으로 이르는 말이기도 하다.
이때 노깨란 체로 쳐서 밀가루를 내고 남는 찌꺼기이며, 나깨란 메밀의 가루를 체에 쳐 낸 무거리를 말한다. 이런 재료로 만든 개떡은 그 재료가 정상적인 곡물의 가루로 만든 떡이 아니고 곡물에서 가루를 빼내고 남는 찌꺼기나 거친 보릿겨 등을 반죽하여 만들었다는 점에서 그 재료가 아주 질이 나쁜 것이며 만드는 과정도 정상적 떡을 만드는 과정이 아니고 아무렇게나 만들어 쪘기 때문에 크기와 모양이 제멋대로 생겼다.
1940년대나 1950년대는 물론이고, 1960년대까지도 시골의 어린아이들은 개떡을 맛있게 먹고 자랐다. 세끼 밥을 먹기는 하였으나 항상 양이 부족하여 배를 채우지 못하는 형편이었으므로 개떡은 부식으로 아주 맛있게 먹을 수 있는 음식이었다.

또 개떡의 재료에 따라 그 맛이 전혀 다르며 그 맛에 따라 많이 먹는 것 더 적게 먹는 것 아예 먹지 않는 것 등으로 구별되기도 하였다. 예를 들어 밀가루 찌꺼기로 만든 개떡은 보릿겨로 만든 개떡보다는 맛이 있어서 밀가루 찌꺼기로 만든 개떡을 많이 먹었고, 메밀가루를 체에 쳐서 낸 무거리로 만든 개떡은 사람에 따라 많이 좋아하는 사람, 그리 좋아하지 않는 사람이 있었다. 그리고 개떡을 만드는 사람에 따라서 개떡의 모양이 아주 예쁘게 만든 것이 있고, 아무렇게나 손으로 주물러 모양 없게 만든 것도 있으니 이때도 모양 좋은 개떡을 더 잘 먹게 된다.

배고픈 시절의 개떡은 특히 아이들의 필요한 부식으로 자리 잡았고, 이 개떡의 인심은 조금은 좋은 편이었다. 반면에 정식으로 만든 떡은 인심이 그리 좋지 않아 옆 아이가 좀 나눠 먹자고 하여도 나누어 주지 않거나 조금 주는 정도다. 그러나 배고픈 아이들 사이의 먹을거리 중에서도 개떡은 인심이 좋아 아이들끼리도 듬뿍이 잘 나누어 주곤 하였다.

내가 어렸을 때 특히 한창 자랄 나이인 초등학교 시절 아침이나 점심을 먹었는데도 얼마 가지 않아 배고픔을 느껴 입이 심심할 때 어머니께서 개떡을 만들어 큰 그릇에 담아 살강 위에 둔 것을 배부르게 먹곤 하였다. 이런 개떡을 어머니께 여쭈지 않고 먹었어도 나무라지 않으셨다. 배가 고플 때는 밥으로 배를 채우는 것이나 개떡으로 배를 채우는 것이나 별반 차이가 나지 않았다.

개떡은 배고픈 시절, 양식이 귀한 시절, 아이들에게 배부르게 먹이지 못하던 시절에는 매우 인기 있는 식품이었다. 나의 어머니께서 만드신 개떡은 주로 밀가루 찌꺼기로 만든 개떡으로 거기에 약간의 막걸리를 넣고 반죽하여 조금 부풀게 하고 어떤 때는 소다를 넣어 약간 부풀게 하여 거기에 달게 하려고 화학용 설탕인 사카린을 넣기도 한다. 그 당시 화학용 설탕을 꿀아재비 사카린이라고도 하였다.

지금은 개떡이 사라졌다. 지금은 먹을 것이 없어 배고픈 시대가 아니므로 옛날과 같이 개떡을 만든다 하더라도 그 개떡을 맛있게 먹어 줄 아이들은 아무도 없다고 본다. 그러니 요즈음 아이들은 얼마나 행복한 아이들인가? 배고픔을 모르는 시대, 무엇이든 먹고 싶으면 다 먹을 수 있는 시대, 모든 음식을 배부르게 먹을 수 있는 시대, 이 시대에 태어난 아이들은 자기들의 행복을 느낄 수 있을까?

지금은 개떡을 만드는 어머니는 없다. 개떡은 배고픈 자식에게 그 배고픔을 덜어 주기 위해 손수 만드신 사랑이 담긴 음식이다. 그런 어머니의 사랑은 옛날 배고픈 시절에 태어나 자란 어른들만이 느끼고 지녔던 사랑이 아니었던가?

지금도 아프리카에서 먹을 것이 모자라 먹을 것을 찾고 있는 어린이에게는 옛날 어머니들이 만든 개떡은 꼭 필요하고 귀한 음식이 될 것이다.

옛날에 먹었던 개떡은 어머니를 생각하게 하는 아름다운 추억의 떡이다. 돌아가신 영전에 고개 숙여 따뜻한 어머니의 사랑에 감사를 드린다.

나의 꿈

꿈이란 잠자는 동안에 생시처럼 현실과 똑같이 보고 듣고 느끼고 하는 것과 마음속에 간절히 바라는 자신의 이상을 상징하기도 한다.

내가 초등학교 저학년 시절 아침 일찍 일어나 망태를 메고 동네 개똥밭을 헤매면서 개똥 줍기가 끝나면 쇠죽을 끓이고 다시 씻고 책가방을 챙겨 학교에 가곤 했다.

바쁜 아침 일과를 마치고 동네 아이들과 같이 학교에 갈 때도 있으나 어떤 때는 혼자 학교에 갈 때가 있었다. 그럴 때 혼자 걸으며 나는 앞으로 무엇이 될 것인가? 무엇을 할까? 하다가 이 가난에서 벗어나고 남을 호령하며 살기 위해서는 대통령이 되어야겠다고 생각하였었다.

초등학교 3학년쯤 되었을 겨울 어느 날 어머니가 싸 주신 도시락을 교실의 난로 위에 얹어 따뜻이 데워 김치와 함께 맛있게 먹고는 바깥 화단가로 나와 따뜻한 겨울 햇볕을 쏘이며 눈을 지그시 감고 나의 꿈을 생각해 보았다. 나의 꿈은 대통령이나 장관이 되는 것이었다. 오후 수업 종이 울리면 대통령의 꿈을 잠시 접어둔 채 교실 안으로 들어가 담임 선생님의 말씀에 귀를 기울이며 수업에 열중하였다.

여름방학 때 논두렁에서 쇠꼴을 먹이고 있을 때였다. 논두렁에 난 풀이 부드러워 소가 맛있게 먹고 있는 동안 나는 앞으로 내가 무엇이 될까를 생각하고 있었다. 그 순간 우리 소가 논두렁에 심은 콩의 콩잎을 먹는 것이 아닌가! 황급히 소고삐를 당기며 소를 꾸짖었다. 소는 다시 논두렁 풀을 열심히 다시 먹고 있으므로 나는 푸른 하늘을 쳐다보고 저 멀리 떨어져 있는 넓은 벌판을 바라보면서 대통령이 되겠다는 나의 꿈을 꼭 이루게 해 달라고 빌어 보았다.

하루는 동네 아이들과 같이 소를 몰고 동네 뒷산 고개 너머 산으로 가서 산속에 고삐를 풀어 놓고 소가 마음대로 산속을 누비며 풀을 뜯어 먹도록 했다. 쇠꼴만 먹이러 온 동네 아이들은 조금 넓은 터에 모여 씨름대회를 하며 놀았고, 나는 쇠꼴을 담을 지게를 지고 풀을 베러 가야 했다. 오후 네 시 정도까지 쇠꼴을 한 짐 한 후에야 나는 동네 아이들과 같이 어울려 놀 수 있었다.

그때도 하늘을 보고 드러누워 푸른 하늘을 떠가는 구름을 보면서 과연 내가 대통령이 될 수 있겠는가를 다시 생각하였다. 나 자신을 돌아보면서 수천만 명을 거느리고 지시하고 좋은 일에나 나쁜 일에 늘 앞장을 설 수 있겠는가? 숫기 없는 성격에 많은 사람 앞에서 지휘 통솔하는 일은 나와 맞지 않을 것 같아 꿈을 바꾸기로 하였다. 꿈이란 자기 성격과 소질이나 취미와 맞아야 하고, 그 꿈을 이루려면 부단한 노력을 기울여야 그 꿈이 이루어진다는 사실을 새삼스레 깨닫게 되었다.

그리고 보니 나는 학생을 가르치는 선생이 되는 것이 성격이나 취미에도 맞고 가르친 보람도 있고 돈 없고 가난한 아이들에게는 돈을 받지 않고 무료로 가르칠 수도 있을 것 같고, 나의 가르침을 받은 제자가 나보다 더 훌륭한 사람이 되어서 이 나라와 이 사회가 필요로 하는 인재가 되었을 때 보람을 느낄 수 있으리라 확신하며 꿈을 선생으로 바꾸었다. 실천 가능한 나의 꿈을 다시 세우면서 찬란한 빛으로 내 눈은 빛나고 있었다.

열네 살의 봄, 이웃 읍내에 있는 진영중학교에 입학하였다. 진영중학교에 입학한 그해 어느 봄날 신용리를 지나 기나긴 기찻길을 따라 아른거리는 아지랑이 속을 지나면서 지난날 결심한 내 꿈에 변동이 있는지, 선생님 중에서 초등학교, 중등학교 선생님과 대학교 교수 중 어떤 선생이 될 것인지 다시 생각했다. 그때 나는 봄 아지랑이에 취한 탓인지 대학교수가 되겠다는 확신을 내 마음속에 심었다. 꿈을 실현하기 위하여 열심히 공부하기로 했지만, 대학을 졸업하고 다시 석사학위와 박사학위를 따야 하는데 그 경제적 뒷받침이 이루어질 수 있을까를 생각하니 시름과 걱정이 나를 졸졸 따라왔다.

지금 생각해도 경제적 사정으로 정규코스로 박사학위를 취득하지 못한 것과 대학 전임교수가 못된 것이 아쉽다. 그러나 부모님의 생활비를 도우면서 가장으로서 가정경제를 살리고 동생들이 자립할 수 있도록 도우면서도 대학원 석사 코스에서 20년 이상 강의를 한 것과 전공과목에 관련된 서적을 네 권씩이나 펴냈으니 나름대로 꿈을 실현하기 위해 부단히 노력 질주한 것은 틀림없다. 비록 완전하지는 않더라도 그 꿈에 가까이 간 것으로도 살아온 보람이 있다고 자부한다.

꿈은 위대하고 가질 만한 가치가 있는 것이기에 부디 꿈을 가지라고 후손들에게 부탁하고 싶다. 나이와 관계없이 자신의 꿈을 가지면 좋겠고, 그 꿈의 궁극적 목적은 이 나라와 이 사회를 위하는 것이어야 하겠다. 빈부격차가 심화되고 있는 오늘날 늙고 병들고 가난하고 어려운 이들을 돕는 삶을 살아간다면 더욱 좋겠다.

밀 서리와 콩 서리

　남의 밭이나 과수원에서 곡물이나 열매를 주인 몰래 여럿이 훔쳐 먹는 장난을 서리라 한다. 밀밭에서 다 익은 밀을 훔쳐 먹는 장난은 밀 서리이고 콩밭에서 풋콩을 훔쳐다 구워 먹는 장난을 콩 서리라 한다.
　주인 허락 없이 하는 놀이기 때문에 도덕적으로 잘못일 수 있겠으나 훔친 물건의 값이 그리 크지 않기에 악동들의 장난으로 여겨 주인들이 대부분 서리를 용납해 주었다. 만약 고의성이 있고 훔친 물건의 값이 큰 경우라면 서리가 아닌 도둑 행위다.
　옛날 우리가 초등학교 다닐 때는 먹을 것이 많이 부족하여 항상 배가 고팠다. 해서 먹을 것을 서리하는 장난을 자주 했다. 그 먹을 것 중에는 밀이나 콩이나 고구마, 감 같은 비교적 가격이 낮은 것들이었으며 주인 입장에서도 서리로 인한 피해가 그리 크지 않은 것들만 대상으로 했다. 아이들이 여럿이 서리 장난을 하여 굶주렸던 배를 채우다 보면 서리 장난을 통하여 친구 간에 우정도 돈독해졌다. 서리한 후 별도의 약속을 하지 않아도 비밀이 잘 지켜져 누가 서리를 하였는지 절대 소문이 나지 않았다.

닭과 같이 값이 비싸면 주인에게 닭은 상당히 소중한 재산이므로 초등학교 학생들은 닭서리는 꿈도 꾸지 못했다. 집안의 젊은 어른들이나 자형들이 처가에 모이게 되면 처가나 처삼촌 댁에서 키우는 암탉을 서리하여 잡아먹었다. 이때 만약 초등학생이 닭서리를 했다면, 야단을 맞고 매도 맞고 아마 크게 혼이 났을 것이다. 집안의 사위나 질서(姪壻)가 닭서리를 한 경우에는 비록 그 닭의 값이 커서 매우 아깝고 속이 편치 않아도 백년손님이라 항상 깍듯이 대해야 했으니 어쩔 수 없이 좋은 듯 그냥 지나가야 했다.

양력 6월쯤 우리 동네 앞 공동묘지 위쪽에 소를 풀어 풀을 뜯게 하고 풀을 베다 오후 서너 시쯤 되면 배가 고팠다. 그럴 때 그 산 옆의 밀밭에 밀이 자라 어느 정도 익었으면 그 밀을 베어다가 불에 구웠다. 구운 밀을 양손으로 비비면 밀알이 떨어져 나오는데 맛이 구수했다. 이때 밀을 굽는 불은 나무나 나뭇가지를 태운 숯불이라야 생밀을 알맞게 익게 하고, 익은 밀에 재가 묻지 않아 맛있게 먹을 수가 있다.

1940년대 후반 매우 가난한 농촌에서 자란 우리 동네 친구 해영, 두식, 덕영, 수동, 열만이 이외 나보다 서너 살 더 많은 친구들도 서리에 가담했다. 그때 아이들이 산에서 아니면 좀 더 떨어진 사방산에서 밀 서리할 때, 어떤 아이는 나무를 해 오고 어떤 아이는 밀을 베어 오고 어떤 아이는 밀을 불에 굽는 일을 담당하여 밀을 구워 먹고는 허기를 달랠 수 있었다.

콩은 여름에 꽃이 피고 솜털이 있는 꼬투리를 맺는다. 초가을부터 꼬투리 안의 콩알이 영그는데 그 콩이 완전히 익기 전에 서리하여 구워 먹는 장난은 무척 재미있었다.
소먹이는 친구들은 쇠꼴만 먹이는 아이들, 쇠꼴도 먹이고 쇠꼴을 낫으로 베서 지게에 한 짐 지고 가야 하는 아이들이 있다. 쇠꼴만 먹이는 아이들은 산에다 소를 풀어 놓으면 소는 혼자서나 여러 소와 어울려 풀을 뜯어 먹으니 집에 돌아올 때까지 상당한 시간의 여유가 있다. 소에게 꼴을 먹이고 쇠꼴까지 한 짐을 해야 하는 친구는 시간이 없으므로 시간이 있는 아이들이 주로 불에 익히는 작업을 했다. 이때 잘 여물어 딱딱한 콩은 콩꼬투리를 불에 굽게 되면 콩알이 튀어 나가고, 구워도 맛이 없어 완전히 익지 않은 콩꼬투리가 파란 것을 서리하여 모닥불에 모락모락 익혀 먹어야 제맛이 난다.
우리 동네 친구 중 집이 부자라 일하는 머슴이 있는 아이들도 있었다. 그 아이들은 밀 서리와 콩 서리 같은 추억이 없으니 서리에 대한 추억을 알고 기억하는 가난한 집 친구들보다 인생의 참 즐거움은 덜할 것 같다.

남자는 나이가 들수록 남성호르몬이 줄어들고 여성호르몬이 증가하여 냉철한 이성보다 감성이 풍부해진다고 한다. 슬픈 영화나 드라마를 보면서 예전에 없던 눈물을 흘리기도 하고 쉽게 웃기도 하고, 어릴 때나 젊었을 때의 일을 자꾸만 생각하게 되면서 그때의 일이 매우 어렵고 고생스러운 일이었더라도 어렵고 고생스러웠던 기억은 다 잊고, 그 고생과 어려움이 자신이 살아오는 데 커다란 교훈이 되고 거름이 되었다는 것을 깨달아 감사하게 여긴다.

나이가 드니 감성이 충만한지 옛날 일이 자주 생각나고, 떠오른 그 추억들이 한 편의 영화처럼 스쳐 간다. 어제는 오늘의 추억이고 오늘은 또 내일의 추억이 될 것이다.

서리를 함께하던 친구 중 이미 저세상 사람이 된 친구가 있다. 그곳에서도 콩이나 밀을 서리하는지……. 밀 서리 콩 서리로 추억을 만들어 준 고마운 내 친구들!! 하늘로 이사 간 친구들에게 더 많은 고마움을 구름에 띄워 전한다.

엿치기

　엿치기란 엿가래를 부러뜨려 엿에 난 구멍의 크기로 승부를 겨루는 내기로 구멍의 크기가 더 작은 사람은 패자가 되고 큰 사람은 승자가 된다. 이때 패자가 승자에게 엿값을 치러야 했다. 요즈음은 엿치기하는 장면을 보기 힘들다.
　엿은 엿기름(맥아)과 쌀(고구마 옥수수 따위 녹말)로 만드는 달고 끈끈한 전통 식품으로 처음에는 빛이 검붉은 갱엿이 된다. 이때 갱엿을 그대로 먹으면 이빨이 성하지 못한 사람은 이빨이 뽑혀 나갈 수도 있어 주의해야 했다. 뜨거운 갱엿을 흰엿으로 만들자면 두 팔로 엿을 늘어뜨리고는 다시 늘어뜨린 엿을 겹쳐 꼬는데 이런 작업을 반복하다 보면, 엿에 바람이 들어가게 되고, 바람이 많이 들어가 있는 골이 많이 진 곳을 부러뜨리고 재빨리 입으로 바람을 세게 불게 되면 깊이 나 있던 구멍이 더 크게 된다. 그러므로 바람이 들어 있지 않은 무거운 엿을 피하고 바람이 들어 있는 가벼운 엿을 골라야 한다. 그다음은 엿을 부러뜨려 재빨리 엿 구멍에 입을 가까이 대고는 센 바람을 불어 넣으면 그 구멍이 최대로 커진다. 엿치기하던 친구로는 재만이 형, 두식이, 열만이, 덕영이, 해영이가 많이 생각나며 나보다 한두 살 많은 친구들이었다.

엿치기는 재만이 형 집에서 했는데 그 집은 나의 외숙모님 댁이어서 나는 이 엿치기에 참가하기가 어려웠다. 엿치기할 때 엿은 외숙모님께 사야 하는데 그 엿값은 곡물로 받았다. 아이들은 자기 부모 몰래 쌀이나 보리 등을 가져와 엿값으로 내고 있었다. 나는 한 번쯤 엿을 산 기억이 나나 부모님들의 허락도 없이 아이들이 쌀이나 보리 등을 몰래 가져와 엿을 사 먹는 행위는 옳지 못하다고 생각되어 엿을 사고 엿치기하는 데는 끼지 않았고, 엿치기 놀이를 하는 것을 옆에서 보기는 많이 보았다. 동네 아이들이 엿치기할 때 나는 돈을 마련할 길이 없어 끼지 못한 것이다. 인심 좋은 아이들이 엿치기에서 이겼을 때 옆에서 구경하고 있던 친구들에게도 엿을 주어 그 놀이에 참여한 사람은 물론 구경꾼들까지도 엿 맛을 보게 된다. 간혹 독한 아이들은 엿치기 놀이에서 이겼을 때도 옆에서 응원하거나 그냥 구경한 친구들에게 엿을 주지 않았다.

엿치기 놀이가 성행한 시기는 1940년대에서 1950년대라고 할 수 있으며 1960년대 산업화가 시작하는 시점에서는 도시에서는 거의 없어졌고, 시골에서는 조금 남아 있는 정도였다. 1970년대에 와서는 엿 자체가 귀하여 엿 공장 근방이 아니면 보기 힘들었다. 그것은 엿의 소비가 줄어들어서 만들지 않기 때문이다.

　내가 초등학교나 중학교 다니던 시절 엿치기 놀이는 꾸밈없는 순수한 아름다운 놀이였으며, 그때의 친구들도 꾸밈없는 소박한 친구, 거짓 없는 순수한 친구들이었다. 어려웠던 시절의 가난한 농촌이라 돈이 없어 엿치기에서 한 번만 져도 겁을 먹었던 친구들이 있었던 그때로 돌아가고 싶다. 다시 그때 그 시절로 돌아가 그 친구들과 엿치기 놀이를 한다면, 나는 옆에서 구경만 하지 않고, 우리 친구들이 먹을 수 있을 만큼 엿을 사서 부러지는 엿 구멍에다 얼굴이 빨개지도록 힘차게 바람을 불어 구멍을 가장 크게 하여 이긴 엿을 우리 친구들에게 실컷 먹게 드리리라. 엿이 모자라면 또 사서 먹게 하리라. 그러나 그때 엿치기 놀이를 하던 친구들은 소식이 없다. 많은 친구가 고인이 되었고, 한두 명은 연락이 닿지 않는다.

　엿치기 놀이는 순수한 어릴 때의 동심이 배어 있는 놀이로 엿치기 결과 구멍이 조금 작아졌더라도 이긴 자나 진 자 모두 같이 웃으면서 시합에서 진 사실을 깨끗이 시인하여야 할 것이다. 친구 간에 재미로 엿치기하다가 옆에 있는 친구들과도 같이 나눠 먹을 수 있는 정도의 양이 되었다고 생각될 때 놀이에서 진 자가 엿값을 치르고 맛있게 나눠 먹고는 웃으면서 헤어지는 모습은 정말 아름다운 일이다. 그 옛날 어린 시절 엿치기하던 그 친구들은 이제 보이질 않으니 더욱더 그 옛날의 구멍이 송송 나 있던 흰엿이 눈에 아른거리고 엿치기하던 친구들이 보고 싶고 그리워진다.

우리 동네 병일이 친구는 엿치기를 자주 하는 친구는 아니나 초등학교 때 같은 반에서 공부하면서 나와는 많은 추억을 쌓았다. 그 친구가 동아대학 다닐 때 학도호국단에서 대대장을 맡았는데 그 지휘하는 모습이 너무나 당당했다는 소식을 다른 친구한테 들었는데, 그 친구는 졸업 후 형편이 풀리지 않아 사는 데 고생을 많이 하였다고 한다. 이 친구가 초등학교 4학년 때 밤에 막걸리 한 병을 들고 둔덕에 사시는 담임 선생님 댁에 인사하러 가다가 도깨비가 무서워 선생님 댁에 못 갔던 일도 있었다. 그러던 그 친구가 작년에 고인이 되었다는 소식을 들었다. 엿치기가 아니더라도 많은 추억 속에 늘 함께한 친구들이 하나씩 이 세상을 떠나거나 병석에 누워 움직이지 못한다는 소식을 들을 때마다 가슴이 아프다.

옛날 어린 시절 엿을 나눠 먹던 친구들아!
너희가 보고 싶어 가슴 저리는 그리움은 날려 버리고 싶다. 가슴이 너무 아파서……

땔감 나무를 지고

  시골에서는 땔감이 있어야 겨울을 난다. 땔감으로는 산에 있는 나무와 가을 농사 수확 철에 베는 볏짚이나 여름 보리타작 후 보릿대 등이 있다.

  내 고향에서는 가을에 벼를 탈곡한 후의 볏짚과 여름철에 보리타작 후에 나온 보릿대를 땔감으로 쓰지 않고 가축의 우리에 넣어 주어 가축의 이부자리로 이용하거나 가축들이 대소변을 보게 하여 나중에 퇴비로 썼으므로 땔감은 나무와 풋나무인데 두 가지 나무를 하는 시기는 주로 가을 추수가 끝나고부터 봄철에 보리논 등에서 풀을 호미로 맬 때까지의 사이이므로 주로 한겨울의 삼 개월에서 이른 봄까지다.

  땔감 나무를 하는 장소는 앞뒤 동산이나 사방산 뿔당골, 신기부락 뒷산의 고갯마루 양쪽 산과 용지봉 등이 있었다. 동산에는 소나무가 많아 갈퀴로 솔가리를 긁어 오거나 떨어진 낙엽을 긁어 오는데 그마저 다 떨어지면 동네에서 3km 정도나 떨어진 사방산으로 간다. 그곳에는 오리나무가 많았고, 그 외 잡나무나 망개나무 풋나무 등이 있었다. 큰 나무를 베는 것은 산림감독청에서 금했으므로 소나무 오리나무 밤나무 등의 떨어진 나뭇잎을 긁어모으고, 잡나무 같은 것을 베어 새끼로 묶어 한 짐이 되면 집으로 가져왔다. 그런데 몇 년 동안이나 온 동네 사람들이 사방산에서 계속 땔감 나무를 걷어가자 땔감이 바닥나서 나무가 잘려나간 그루터기까지 곡괭이로 파서 나무뿌리까지 캤다. 뿌리마저도 땔감으로 가져가니 사방산은 금방 헐벗은 민둥산이 되어 여름철 비가 올 때 산사태가 나서 흙더미가 쏟아져 내려 산은 형편없이 망가져 대머리 산이 되고 말았다.

그래서 다음 겨울에는 동네에서 4km 더 떨어진 뿔당골이나 신기부락 뒷산 고갯마루를 넘어 양쪽에 걸쳐 있는 산에 가서 나무를 해야 했다.

거리가 상당히 떨어졌고 동네에서는 꽤 먼 산이지만, 땔감이 많았다. 그곳에 가기만 하면 땔감 나무가 많아 한 짐은 거뜬히 해 올 수 있었다. 운이 좋으면 소나무 가지가 찢어져 말라 있는 것도 있고, 꽤 커다란 밤나무나 이름 모를 큰 나무의 가지가 부러지거나 찢어져 있어 횡재한 듯 그냥 주워 오면 됐다. 그것이 아니어도 잡나무가 많아 한두 시간 남짓이면 나무 한 짐을 할 수 있었다. 그런데 뿔당골의 넓은 소나무 산은 사유림이라 그 산 밑 도강부락에 사시는 연세 지긋한 어른이 종종 자기 산에 올라와 솔가리 긁는 것을 감시하며 단속했다. 우리는 그 어른이 오시기 전에 재빨리 솔가리를 긁어야 했고, 부러진 소나무 가지도 속히 낫으로 베어 지게에 지고 하산하여야 하니 몰래 훔칠 때처럼 뿔당골에서는 긴장했다.

　초등학교 4학년 때라고 기억된다. 그때는 워낙 근거리의 산이나 들에서 땔감 나무를 해대니 겨울철이 되어도 할 나무가 별로 없었다. 그렇다고 소나무 같은 큰 나무를 벨 경우 군이나 면사무소 산림담당 공무원에게 적발되거나 다른 사람의 고발로 적발되면 많은 벌금이 부과되었으므로 큰 나무를 톱이나 낫으로 베는 일은 있을 수가 없었다. 나중에는 우리 동네에서 6km 정도나 떨어졌고 산의 높이도 우리 면에서는 가장 높다는 용지봉까지 도시락을 허리에 차고 추운 겨울에 땔감을 구하러 가야만 했다. 아침 일찍부터 서둘러 지게에 새끼 사리를 얹고는 동네 친구 몇 명과 함께 용지봉을 향하여 열심히 산 밑까지 걸어가서 다시 용지봉 산 중턱 이상까지 오르막길을 올라가다 보면 아침 11시경이 되었다. 그곳에서 잡나무들을 베서 땔나무를 한 짐 하는 데는 그리 많은 시간이 걸리지 않았다. 그곳은 워낙 높은 지대이고, 거리가 멀어 보통 나무꾼이 많이 오지 않는 데다 땔감 나무가 워낙 많아서 약 1시간 정도 작업으로 나무 한 짐을 하는 것은 식은 죽 먹기였다. 땔감을 지게에 얹고 나서야 어머니가 싸 주신 도시락을 먹었다. 밥이 비록 쌀밥은 아니어도 반찬이 김치뿐일지라도 밥맛이 꿀맛이라 삼시간에 먹어 치운다. 그 당시에는 따뜻한 물을 담아 갈 보온병이 없을 때라 따뜻한 물을 먹을 수가 없어서 산에서 얼음을 깨고 얼음 밑으로 흐르는 맑은 물을 먹고 입안도 헹궜다. 나무하러 산에 갈 때는 빈 지게라 가볍게 빨리 걷지만, 집으로 올 때는 나무 한 짐을 지게에 지고 오기 때문에 중간중간 여러 번을 쉬어야 했다.

땔나무 중 가을에 마련하는 풋나무는 가을 서리가 내리고 단풍이 들 무렵 주로 산에서 자라는 풀을 베어 말려서 저장했다. 사계절 땔감으로 사용하여 밥을 짓고 국과 반찬을 만들며 군불을 때거나 쇠죽을 끓이는데 요긴하게 썼다. 그래서 산을 많이 소유한 산주에게 돈을 미리 주고 풋나무를 벨 수 있는 권한을 얻어서 풋나무를 땔감으로 장만하고 비축했다. 가을에 풋나무를 벨 때 가장 조심할 것은 뱀이다. 가을 독사는 독이 많아 물리면 큰일이므로 항상 조심해야 했다.

지금 아이들은 난방이 잘 된 집에서 살고 있으니 땔감 나무를 하던 옛 어른들의 추억을 고생으로 여길 것이다. 옛날 어린 청소년들이 산에 올라가 땔나무를 마련해야 했던 고생담을 들으며 요즘 젊은이들은 얼마나 행복한 세상에서 살고 있는지 깨달았으면 하는 바람이다.

쇠죽솥에서 손발 닦기

　내가 초등학생일 때 우리 면에는 목욕탕이 없어서 아이들은 불 때는 부엌에서 따뜻한 물을 큰 대야에 퍼서는 그곳에 들어가 몸을 씻었고, 연세 많으신 할아버지 할머니께서는 겨울 추위에 감기 걸릴까 염려되어 물을 데워서 목욕할 수도 없었고, 하는 수 없이 수건에 따뜻한 물을 묻혀 몸을 닦는 방법으로 몸을 대충 씻어 내곤 하였다. 그러나 손과 발에 낀 묵은 때는 그냥 씻어서는 벗겨지지 않아서 쇠죽솥에 담가 불게 한 다음 닦아 내었다. 부모님으로부터 쇠죽솥에 손발을 담가서는 깨끗이 닦으라는 명령이 떨어지면 손발 닦는 일이 얼마나 싫었던지 간신히 대답하고는 그때부터 손발 닦을 일이 매우 걱정되었다.
　저녁 식사가 끝날 때쯤이면 사랑채에 걸려 있는 쇠죽솥에는 아버지께서 쇠죽을 끓여 소에게 주고 남은 쇠죽과 아직도 따뜻한 온기가 있는 쇠죽 끓인 물이 솥에 남아 있었다. 저녁 식사를 마친 나는 쇠죽솥에서 손발을 닦으려고 사랑채로 갔다.

바지는 벗고 쇠죽솥 옆에 앉아 손발을 쇠죽솥에 담그고 30분 정도 지났을 때 나는 손으로 손발에 낀 때를 밀어 보았다. 때가 누룽지 밀리듯 밀려 손발에서 떨어져 나왔다. 정말 기분 좋은 일이었다. 때가 1차로 떨어져 나간 후 다시 쇠죽솥에 손발을 담그고 때를 불렸다. 한참 있다가 다시 때를 밀어보니까 또 많은 때가 벗겨져 나왔다. 그렇게 세 번쯤 하니까 때가 밀리지 않았다. 세 번쯤 손발을 쇠죽물에 불리고 다시 때를 밀고 한 결과 손발에 낀 때는 거의 떨어져 나간 것 같았다. 그다음에는 아버지 어머니께 검사를 받는다. 아버지께서는 아직 더 밀어야 한다고 하셨으나 어머니께서는 이제 그만하면 되었다고 만족해하셨다. 그 당시 손발에 단단히 낀 때는 쇠죽솥에서 불리지 않으면 벗겨지지도 않았을 것이다.

내가 초등학교 시절에는 한겨울이라 해도 무명실로 만든 양말과 내의밖에 없었고 동물의 털로 짠 양말이나 내의는 찾아볼 수 없었던 때라 추위를 이겨 내기 힘들었다. 그럴 때 얼마 전까지 불을 땐 흔적이 있어 따뜻한 쇠죽솥 앞에서 때를 벗기는 것은 위대한 발견을 한 듯했다.

오늘날은 쇠죽솥에 손발을 담그고 때를 미는 모습은 도저히 구경할 수 없다. 요즈음은 대개의 가정에 욕실이 있고, 공중목욕탕이 많아 쇠죽솥이 아니더라도 얼마든지 편안하게 묵은 때를 벗길 수 있다. 지금부터 약 육칠십 년 전 시골에서 목욕탕이 없어서 쇠죽솥에 손발을 담그고 때를 불려서 벗기던 그 일도 아름다운 추억의 한 토막으로 남아 있다.

똥볼 선생님

1946년 봄 진례초등학교에 입학하기 위해 둔덕 동네에 있는 학교로 갔다. 그 당시 진례초등학교는 일제 강점기에 지은 목조건물로 해방될 때까지 유지되었다. 개교한 것은 우리 동네 아버지 친구 되시는 분이 진례초등학교 1회나 2회 졸업생이었고, 내가 졸업한 해가 1952년이었으니까 그때부터 약 30년 전이었다고 생각된다. 그러므로 진례초등학교의 역사는 꽤 오래되었음을 알 수 있다. 입학식 날 학교에 갈 때 동네 아이들과 같이 갔고, 어머니는 같이 가시지 않은 것 같다. 그날 입학식이 있었고, 담임 선생님 소개, 학교 교실, 화장실, 운동장, 화단 등의 소개가 있은 다음 일찍 귀가하였다.

그 당시 3학년 담임으로 기억하는데 똥볼 선생님이라는 별명을 가지신 선생님이 계셨다. 그 선생님은 운동장에서 공을 차면 운동장 가운데로 가지 않고 열 번을 차면 일고여덟 번은 운동장 옆이나 운동장 바깥으로 갔다. 그 선생님의 성씨는 송

씨였고 이름은 기억나지 않고, 사범학교 출신은 아니었으며, 일반 고등학교 출신으로 기억되며 지금쯤은 연세가 많아 돌아가셨을 것 같다.

똥볼이라 함은 정상적인 볼이 아니라 볼 중에서도 그 기능상 효율이 아주 낮은 볼을 의미하므로 그 똥볼은 정확히 찬다고 하여도 운동장 한가운데로 가지 않고 왼쪽이나 오른쪽으로 방향이 비뚤어져 갔다. 그러면 그 당시 그 선생님이 찰 때마다 차는 방향으로 가지 않고 운동장 옆으로 가는 똥볼은 그 선생님이 잘못 차서 일어나는 현상이지 결코 운동장의 잘못이나 공의 잘못은 아니었다. 똥볼 선생님이 공을 차 똥볼이 되었을 때는 꼬마 학생들이 "에에"하고 선생님을 놀려주곤 하였으나 그 선생님은 화를 내시기는커녕 "원래 공을 잘 차는 사람은 똥볼을 잘 차야 한다는 사실을 너희는 잘 모르는 모양이다."라고 말씀하시며 똥볼을 차는 것이 공을 잘 차는 분들의 전유물인양 말씀하시며 오히려 똥볼을 차시는 것을 매우 자랑스럽게 여기고 뽐내며 말씀하시는 것 같았다. 그래서 아이들이 선생님 별명을 짓기로 하였으니 그 이름이 '똥볼 선생님'이시다.

원래 어떤 명사 앞에 '똥'이라는 말이 오면 '아주 하찮은' '아주 가치가 없는' '아주 오래되어 쓸 수 없는' '아주 더러운'과 같은 뜻이 있다. 예를 들어 "똥이 무서워 피하나 더러워 피하지"와 같은 속담과 체면이 형편없이 되었을 때의 '똥이 되다' 옹고집의 뜻인 '똥고집' 어울리지 않게 불룩하게 나온 배의 뜻인 '똥배' 등 이외에도 '똥' 이 들어가는 많은 말들이 있다. 따라서 아이들이 지어 준 별명인 똥볼 선생님이란 뜻은 무엇인가? 선생님이 찬 볼이 똑바로 갔으면 똥볼이 아닐 텐데 옆으로 갔기 때문에 '아주 좋지 않은'의 뜻을 지닌 '똥볼' '아주 나쁜 볼'의 뜻으로 '똥볼'이라고 아이들이 불렀다고 생각된다.

이처럼 선생님이 찬 볼이 똑바로 가지 않고 옆으로만 가서 이를 똥볼이라고 아이들이 말할 때 선생님은 조금도 기분 나쁘게 여기지 않으시고 오히려 웃음을 머금으며 '그래 나는 똥볼 장이다.' 하며 웃으셨다.

선생님께서 찬 공이 운동장 가운데로 갈 때는 20%도 안 되고, 80% 정도가 양옆으로 비뚤어지게 가더라도 또 아이들이 똥볼 선생님이라고 놀려대도 그 선생님은 웃으며 "똥볼이 어때서!"라고 하시면서 아이들과 농담도 하고 아이들을 무척 사랑해 주셨다.

이렇게 우리 꼬마들은 똥볼 선생님으로부터 많은 사랑을 받았고, 우리도 어린이의 순수한 사랑을 선생님께 드리며 약 3년 정도 지났는데 선생님이 퇴직하시는 것이 아닌가? 우리들은 매우 섭섭했고, 그 뒤 선생님의 모습은 다시 볼 수 없었다.

그 후 똥볼 선생님은 어떤 직업을 가지고 어떻게 인생을 재미있게 지냈는지 무척 궁금하며 갑자기 선생님이 보고 싶기도 하다. 만약 그때 선생님께서 우리들이 똥볼 선생님이라고 불렀을 때 한 번이라도 야단을 쳤더라면 우리는 두 번 다시 그렇게 부르지 않았을 것이고, 우리 꼬마들은 선생님의 따뜻한 사랑을 모른 채 선생님을 보내 드렸을 것이다.

그러나 선생님께서는 조그마한 꼬마들에게 친구가 되어 주시기 위해 똥볼 선생님이라는 호칭에 대하여 조금도 기분 나빠하지 않으시고, 아이들을 사랑으로 보살펴 주셨기 때문에 그 꼬마들이 노인이 된 지금도 선생님을 그리워하며 다시 "똥볼 선생님"이라고 부르고 싶어진다.

제3부
중·고등학교 시절

중학교 시절

　초등학교 졸업 후 중학교 진학은 하지 말고 같이 농사를 짓자는 아버지의 말씀에 쉽게 수긍할 수가 없었다. 막내 화목 삼촌을 찾아가 아버지의 말씀을 전하자 화목 삼촌께서는 당신이 책임질 것이니 진영중학교에 원서를 제출하라는 말씀이 있었고, 삼촌의 말씀에 따라 진영중학교에 원서를 제출하였다. 화목 삼촌께서는 내가 중학교 진학하는 데 경제적인 도움은 줄 수 없었으나 내가 진학하는 데 결정적 계기를 마련한 분이시다. 만약 삼촌의 그런 말씀이 없었다면 나는 농부가 되었을 것이다. 지금도 나에게 그런 도움을 주신 삼촌의 말씀에 감사드리며 삼촌 살아계실 때 효를 다하지 못한 것이 한이 된다. 부디 용서하소서!
　중학교 입학은 하였으나 통학 길이 왕복 오십 리였다. 그때 우리 집 형편으로는 자전거를 살 수 없어서 자전거 통학은 아예 꿈도 꾸지 못하였고 먼 길을 걸어서라도 학교에 다니는 것만으로 만족했다.

　지금도 생생히 기억하는 것은 걸어서 통학하는 등교 시간은 매우 바쁘고 빠듯하므로 시험과목 중 수학을 제외한 대부분의 암기과목과 영어단어와 불규칙 동사의 현재, 과거, 과거분사의 암기를 하교 시간을 이용하여서 했다. 그러나 나의 머리는 수리적 머리라 수학 공부는 재미도 있고, 그 원리를 공부하고 있었기에 쉽게 이해도 되었으나 암기과목은 시험을 치르고 보름만 지나면 반 이상은 잊어버렸다. 그래서 고시 공부는 나에게 맞지 않는다는 것을 느꼈다.

　학교에 가서 점심시간이 되면 어머니께서 싸 주신 도시락을 먹었으며, 도시락 반찬은 거의 언제나 김치뿐이었고, 어쩌다 멸치볶음도 있었다고 기억되며, 밥은 보리가 많이 섞인 꽁보리밥에 가까운 반 보리밥이었다. 그리고 한창 자랄 때였으므로 그 도시락 점심으로는 배가 차지 않아 공부를 마치고 집으로 돌아올 때면 무척이나 배가 고파 길옆에서 삶은 고구마를 파는 아주머님을 힐끔힐끔 보면서 배고픔을 달래곤 했다. 집에 돌아와서 저녁밥을 먹었어도 언제나 나의 배 한구석은 허기로 빈 것 같았다. 어쩌다 한여름 저녁 식사 때 논이나 개울에서 잡은 미꾸라지와 밭에서 심은 솎음배추 등 채소를 많이 넣고 끓여 주신 추어탕과 밥 두 그릇을 배불리 먹은 날에도 하룻밤 자고 나면 깨끗이 소화되어 나의 배는 편안했다. 정말 그 나이에는 돌을 삼켜도 다 소화를 시킨다는 옛 어른들의 말씀이 거짓이 아님을 느낄 수 있었다.

　그때 우리나라는 육이오 전쟁 중이거나 휴전 후여서 모든 물자가 부족하고 가난할 때라 배고픔을 무조건 참아야 했고, 굶주린 배를 움켜잡고서 참고 견디면서도 내일의 나라 번영과 자신의 풍요와 영달을 위해 모진 결심을 해야 했고, 또 그렇게 살아가고 있었다.

산 고개를 몇 고개 넘어 학교에 가야 하는 나는 학교에서 집으로 오는 밤길을 걷다 보면 너무나 무서워 등골이 오싹함을 느낀 적이 한두 번이 아니었다. 중학교 삼 학년 때 과외공부를 마치고 귀가할 때쯤이면 해가 뉘엿뉘엿 넘어가게 된다. 그때서부터 이십오 리를 걸어서 가야 하는데 십 리쯤 걸어오면 어둠이 깔리어 세상이 깜깜하게 된다. 이때쯤 누루미고개를 넘게 된다. 이 고개는 진영장에서 소를 팔고 집으로 돌아가던 진례면 사람들이 강도에게 돈을 여러 번 털린 일이 있어 밤이 되면 사람들이 매우 무서워하는 곳이기도 하다. 지금은 이 고갯길이 직선으로 고쳐져 있으나 옛날에는 산 쪽으로 사십 미터쯤 푹 들어갔다 다시 나오는 구불구불한 고갯길이어서 산 쪽으로 푹 들어간 곳에서 강도를 만나면 꼼짝없이 돈을 털리거나 사람이 상하는 일이 흔히 있어 밤길에 이 길을 걸어 넘어올 때는 매우 기분 나쁘고 무섭기도 한 곳이다.

과외공부를 하고 이 길을 넘는 진례에서 다니는 친구가 한 명 있어 같이 넘어올 때는 별로 무서움을 타지 않았다. 그러나 그 친구가 동행하지 않은 날 혼자서 넘어올 때는 무서워서 잔뜩 몸을 움츠리고 정신없이 그 고개를 넘어 우리 동네에서 앞 동네인 곤법에 도착하면 도저히 집으로 갈 수 없을 때가 있었다. 곤법에서 우리 동네로 오는 길은 조그마한 산 고개를 넘는 길과 조금 멀지만, 도로를 둘러 오는 두 길이 있다. 이 두 길에 대해 동네 바깥어른들이나 할머니들에게서 무서운 얘기를 여러 차례 들어왔기 때문에 두 길 모두 가려면 무섭다는 생각이 앞서고 발은 땅에 딱 붙은 채 꼼짝을 않는다.

어른들의 이야기인즉 산길로 오면 정체 모르는 짐승(그 당시에는 갈가지라고 하였음)이 사람에게 흙을 던지며 겁을 주기도 한다는 것이다. 또 산길 옆에 있는 여러 쌍의 묘도 매우 무서웠다. 도로 쪽으로 오면 곤법 동네와 우리 동네 중간쯤 거리에 웅덩이 하나가 있다. 밤에 그 웅덩이를 지나다 도깨비를 만나 혼이 난 경우가 여러 번 있었다는 얘기를 들은 일이 있어 두 길 모두 갈 수가 없어 곤법 동네의 길가에서 어떻게 집에 갈까 하고 고민하게 된다. 그렇게 무서워하며 다니던 어느 날 자전거를 타고 내 앞을 지나 면사무소 쪽으로 가는 고등학생이 보였다. 빨리 그 선배 앞으로 다가가 사정을 얘기했더니 나를 그 웅덩이 있는 곳까지 태워다 주었다. 물론 그곳에서 우리 동네까지는 우리 선산을 지나고 솔밭을 지나 한참 걸어야 하는 길이 남아 있었으나 웅덩이까지 태워다 주면서 "이제 갈 수 있겠지?" 하는 말에 염치가 없어 더 태워다 주면 좋겠다는 말을 할 수 없었다.

나는 중학교 삼 년 동안 매일같이 왕복 오십 리 길을 걷기도 하고 뛰기도 하면서 무사히 졸업했다. 내가 농사꾼이 되지 않고 중학교에 입학하게 되는 일등공신은 화목 삼촌이라 생각된다. 아무런 경쟁력도 없이 오직 조카 하나는 공부를 시켜야 한다는 일념에서 모든 책임은 삼촌이 지기로 하고는 원서를 쓰라는 용기와 실천 의지를 보여주신 분이시고, 과외공부를 마치고 무서운 밤길을 걷는 데 도움을 준 어느 고등학교 선배님의 고마우신 배려와 내가 농사꾼이 되지 않고, 오늘날 이만치라도 살게 해 주시고 모진 풍파와 고난을 이겨 내는 힘을 주신 아버지 어머니께 감사를 드린다.

중학 동창들과 여행 중에

화물차 몰래 타기

진영중학교에 통학할 때의 일이다. 통학하는 수단은 자전거 통학과 도보 통학 두 가지 방법밖에 없었다. 진례에서 진영까지는 10㎞ 정도 되는 길이므로 하루 통학 거리는 왕복 오십 리 길이었다.

자전거 통학은 자전거로 집에서 학교에 갔다가 집으로 올 때도 자전거를 타고 오는 것이어서 도보보다는 훨씬 몸이 수월하고 통학 시간도 얼마 걸리지 않아 자전거는 매우 편리한 통학 수단이었다. 그러나 자전거는 그 값이 비싸서 진례에서 부잣집 아들이 아니면 자전거를 사서 통학할 수 없었으며, 여학생들은 그 당시만 해도 옛날이라 자전거를 탈 수 없었기 때문에 자전거 통학 여학생은 없었다. 내가 중학교에 1952년에 입학하여 1955년에 졸업하였으므로 육이오 전쟁 중이거나 휴전 중이어서 지금부터 따지면 아주 옛날이다.

진례에서 자전거 통학하던 학생들의 아버지 직업이 시골에서는 매우 고소득층에 속하는 면에 다니시는 공무원, 초등학교나 중학교 선생님이거나 농토가 삼십 마지기 이상인 대농에 속하는 자들이었다. 따라서 진례에서 자전거 통학을 하는 학생은 중·고등학교 학생을 합해서 열 명도 채 되지 않았고, 대부분 학생은 오십 리 길을 걸어서 통학하고 있었다.

여름철에는 해가 솟아올라 세상이 훤하게 되었을 때 집에서 나와 걷기 시작하지만, 겨울에는 깜깜할 때 집에서 나와 걷기 시작했다. 그리고 수업을 마치고 집으로 돌아올 때는 여름에는 어둠이 깔리기 전 훤할 때 누루미고개를 넘어 진례로 올 수 있었으나 겨울에는 해가 짧아 누루미고개를 넘을 때면 이미 해가 지고 어두웠다.

중학교 3학년 겨울철에 과외공부까지 마치고 집으로 돌아오게 되면 캄캄한 밤중에 누루미고개를 넘어야 한다. 그럴 때면 무서운 생각이 들기도 하여 겁이 많은 아이들은 귀갓길이 매우 무섭고 싫어진다. 그래서 과외공부가 끝나는 즉시 누루미고개까지는 뛰어올 때가 많다. 둔덕에서 통학하고 있는 세문이와 같이 데실 동네까지 오다가 그곳에서 헤어져 각자 동네로 혼자서 걸을 때면 어둠 속을 헤치며 옆을 바라볼 여유도 없이 계속 걷기만 한다.

과외공부가 없는 1, 2학년 때는 귀가 시간이 늦지 않아서 낮에 누루미고개를 넘어오게 된다. 꼬불꼬불한 누루미고개를 걸어가다가 도둑을 만나는 일이 흔하기도 하고 젊은이들은 폭행을 당하기도 해서 이 고개를 넘는 일이 무서움이 많은 사람에게는 공포의 길이기도 했다.

낮에 화물차가 짐을 가득 싣고 누루미고개를 오를 때는 매우 느리게 달린다. 그때 도보로 통학하던 학생들이 잽싸게 화물차에 올라타서는 자기 동네 가까운 오르막에서 내리기도 했다. 화물차에 타고 내리기는 화물차 운전기사에게 허가를 받고 오르내리는 것이 아니고 오르막에서 제 속도를 못 내고 천천히 갈 때 학생들이 그냥 올라타는 것이다.

해방 직후에 화물차는 목탄을 때서 움직이기도 했다. 그런 차가 산 고개 오르막을 오르자니 힘이 모자라 속도를 낼 수 없었다. 그 틈에 학생들이 마구 화물차에 올라타고 자기가 내리고 싶은 곳에서 내리곤 하였다. 그때 목탄차는 학생들 몇 명만 타도 그 무게에 못 이겨 속도가 더 느려져 운전기사가 차를 세워 학생들을 내리게 한 다음 다시 출발하곤 하였다. 그러나 학생들은 오르막이 아니면 차가 빨리 달리게 되어 화물차에 오를 기회가 없어지므로 운전자 몰래 다시 화물차에 오르려고 했다.

이때 목탄이란 참나무로 구운 숯을 말한다. 해방 직후에는 기름이 귀하여 목탄을 이용하여 화물차를 움직였다. 목탄차나 기름으로 움직이는 차라도 휘발유가 아니므로 누루미고개와 같은 오르막에서는 그 속도를 제대로 낼 수 없어 속도가 느릴 수밖에 없다. 그런 화물차를 몰래 타고 집 가까운 곳 오르막에서 내리곤 하던 위험한 짓은 이제는 아름다운 추억이 되어 내 머리를 스쳐 지나가곤 한다.

지금 생각해 보면 그때 화물차를 몰래 타고 내렸던 학생들은 그 일이 하나의 아름다운 추억으로 남을 수 있는 얘기지만, 그 당시 화물차 운전기사 입장에서는 힘이 모자라 빌빌거리며 오르막을 천천히 오르고 있을 때 다섯 명의 학생이 탔다고 가정하면 그 다섯 명의 무게가 차가 오르는 데 큰 부담이 되어 매우 화가 나는 일이었을 것이다.

　이런 도보 통학 시절의 화물차 타고 내리기는 오늘날에는 볼 수 없는 옛날이야기다.

재경 진영중학교 8회 동창생들의 설악산 여행에서

공부의 길이 열리다

　초등학교에서 중학교에 가는 데 아버지의 반대가 무척 심하였다. 그때 우리 집 형편이 매우 어려웠다. 할아버지께 물려받은 농토라고는 적산 논(일본인 소유) 일곱 마지기 밭 여섯 마지기밖에 없고, 식구는 할머니를 포함해 열 명 가까이 되었으므로 아버지께서는 남의 논을 많이 빌려 그곳에 보리를 심어 양곡으로 쓰지 않으면 식구들이 먹을 양식이 모자라는 형편에 자식의 공부가 문제가 아니라 많은 식구를 굶기지 않는 것이 우선이라고 생각하셨다. 만약 중학교와 고등학교에 진학시키다 빚을 지게 되면, 우리 식구 모두 굶어 죽을 수밖에 없기 때문에 진학을 반대하셨다는 것을 내가 어른이 되어서는 이해할 수 있었다.
　화목 삼촌께서는 적산 논 세 마지기밖에 없고 남의 일을 하며 수입을 보태야만 처자식을 먹일 수 있는 어려운 처지였다. 아버지의 중학교 진학 반대에 부딪히자 일차 중학교 원서 접수 마감을 하루 앞두고 화목 삼촌을 찾아갔다. 삼촌을 찾아뵙고는 집안 사정과 아버지의 말씀 등을 드리고는 어찌해야 하는지를 여쭈었다. 그 자리에서 삼촌께서 "진영중학교에 원서를 써서 제출토록 해라. 모든 책임은 이 삼촌이 진다."고 말씀하셨다. 백만 대군을 얻은 기분이었고, 삼촌의 용기와 조카에 대한 믿음이 대단함을 느끼면서 삼촌의 그 용기에 지고한 존경을 표했다. 그러나 삼촌이 책임을 어떻게 질지는 생각하지 않았다. 그 뒤 삼촌께서는 형편이 되지 않아 경제적 부담은 질 수 없었으며, 아버지께서 삼촌에게 무슨 책임을 어떻게 지려고 원서를 쓰라고 하였느냐고 물었을 때 삼촌께서는 "중학교에 진학을 못 하면 아이가 어떻게 될지 모르는데 중학교 진학을 하도록 하는 것이 어른인 삼촌이 해야 할 일이라고 생각합니다."라고 대답하시고는 홀연히 집으로 가셨다. 그 뒤에도 내가 고등학교 여름방학 때 대구에 가서 사과를 사다 진영장에 내다 팔고 있을 때 삼촌 숙모님께서 남은 사과를 진례 장터에 나가 다 팔아 주셨다. 숙모님은 나에게 많은 용기를 주셨으며 관심을 가지셨다. 만약 삼촌 내외가 경제적인 힘이 있었다면 나의 공부를 끝까지 시켜 주셨을 것이라고 믿고 싶다.

중학교 삼 학년 졸업이 가까웠을 때 다시 진학 문제에 부딪혔다. 나는 집안 사정을 아니까 아버지께 고등학교 진학을 적극적으로 고집하지 못하였고 어머니께 슬쩍 진학에 대해 여쭈었으나 어머니께서도 힘이 없어 어떤 결론을 내리지 못하고 있었다. 이때 아버지께서는 우리 면에 누구누구는 초등학교만 졸업하여도 면서기도 하니 너도 중학교 졸업장만 있으면 농사꾼은

면할 수 있을 것이니 고등학교 진학 얘기는 이제부터 하지 말라고 하셨다.

나의 진학에 대하여 결론을 내리지 못하고 있을 때 부산에 계시는 외삼촌께서 시골 외할머니 댁에 볼일이 있어 오셨다. 외삼촌께서 집안 분위기가 우울해 보이니까 어머니께 "왜 이리 집안 분위기가 어두워 보입니까?" 하고 물으니 어머니께서 "찬이가 집안 형편도 되지 않는데 자꾸만 고등학교에 가겠다고 하여 그런다." 하시자 외삼촌께서 외숙모님하고 상의도 없이 찬이 숙식은 내가 책임질 터이니 수업료는 자형과 누님이 감당하시라는 제안을 하셨다. 그 당시에는 수업료보다는 하숙비가 훨씬 비싼 시대였으므로 아버지는 더는 할 수 없다는 말씀은 하지 않으셨고, 어머니께서도 너무나 고맙고 미안하여 동생에게 그런 무리를 해도 되겠느냐고 묻고는 그렇게 하기로 묵시적 합의가 되었다. 그리고는 외삼촌께서 찬이 너는 고등학교를 졸업하고는 취직을 하여 집안을 돕고 일으켜야 하니 상업고등학교를 가도록 하라 하시고는 부산으로 내려가셨다. 그래서 나는 외삼촌 집에서 가까운 경남상업고등학교에 가게 되었다.

세상 어디에 이처럼 고마운 외삼촌이 계실까? 나중에 찬이가 삼 년 동안 우리 집에 있을 터이니 그렇게 알라는 외삼촌의 통보에 외숙모님은 얼마나 기분이 상했을까? 요즈음 여자들 같으면 도저히 받아들일 수 없는 남편의 일방적 처사가 아닌가? 그래도 삼 년 동안 외숙모님과 나 사이엔 큰 불편함 없이 지내왔다는 사실에서 외숙모님의 생질에 대한 배려와 남다른 관심이 있었다는 점을 온 세상이 알아주었으면 한다.

그러다가 고등학교 이 학년 때 외삼촌 살림이 기울어 내가 잠자고 공부하는 방마저 세를 놓게 되어 내가 잘 방이 없었는데 그때 서대신동에서 하숙을 치고 계시던 울산 아저씨께서 흔쾌히 나의 잠잘 곳을 마련해 주어 식사는 동대신동 1가에 있는 외삼촌 댁에서 잠은 서대신동 2가에 있는 울산 아저씨 댁에서 해결이 되어 고등학교를 졸업할 수 있었다.

내가 중학교 입학을 할 수 있도록 결정적 도움을 주신 화목 삼촌과 숙모님, 고등학교를 진학할 수 있게 결정적 도움을 주신 부산 외삼촌과 외삼촌의 결정에 말없이 따르며 내가 먹고 자는 데 도움을 아끼지 않으신 외숙모님, 그리고 나를 극진히 따라 준 외사촌 동생 명규, 진규, 여동생 옥선이, 외삼촌 집이 어려워져 내가 자고 공부하던 방을 세를 놓게 되어 잘 곳이 없을 때 나의 숙소를 제공해 주신 울산 아저씨 내외분 모두 다 나에게 사랑을 주고 공부하는 데 길을 열어 주고 불을 밝혀 주신 분들이다. 그 공을 갚지도 못했는데 저세상으로 떠나셨음을 생각할 때면 너무나 부끄럽고 그 은혜를 조금도 갚지도 못하고 어제도 보냈고 오늘도 보내고 내일도 그냥 보내고 있을 것 같다.

이 세상에 나와 같은 후안무치한 사람만 있다면 어느 누가 은혜를 베풀 것이며 어려울 때 자비를 베풀겠는가? 이러한 죄인이 어찌 후배에게 가르침을 줄 수 있으며, 동생들이나 자식들에게 사람의 도리를 가르칠 수 있겠는가? 나 자신이 부끄러워 고개를 숙인 채 은혜를 다 갚지는 못하더라도 갚으려고 생각하고 노력하는 인간은 되어야 한다고 후배들에게 얘기하고 싶다.

배가 고파 공부가 안되던 시절

　서대신동 2가 울산 아저씨 댁에서 숙식하면서 고등학교에 다닐 때이다. 하루는 우리 반의 석씨 성을 가진 친구가 하교 시간에 나를 보자고 하였다. 그 친구는 공부도 못하였으며 영도 아이였다. 우리 학교 학생 중 영도 아이들은 조금 거친 편이라 단체 기합을 줄 때도 영도 아이들은 먼저 불러내어 어려운 단체 기합을 가하고 나서 전교 학생들에게 단체 기합을 주었을 정도로 영도 아이들은 매우 거칠고 성적도 나쁘고 같은 학생들에게 용돈을 뺏기도 하고 폭력을 쓰기도 했다. 이처럼 다른 지방 아이들보다 품행이 좋지 못한 영도 출신의 석 군이 하교 시간에 나를 보자고 하는 것은 그리 기분 좋은 일은 아니었다. 석 군은 우선 부산 영도 출신이고, 나는 김해 시골 출신인 데다 싸움에서도 나는 별로 싸울 줄도 모르고 석 군은 싸움을 잘하는 편이라 더욱 기분이 좋지 않았다.
　수업 시간이 끝나고 교실 앞 운동장에서 그와 만났을 때 석 군은 자기를 따라오라고 하면서 학교 아랫동네인 서대신동 3가의 고급 주택들이 즐비한 골목으로 끌고 다니며 아무런 이유도 없이 그냥 건방지게 굴었다. 그러더니 공부 잘한다고 건방지게 굴지 말라면서 나를 구타하였다. 주먹으로 머리 쪽을 때리는가 하면 가슴, 허리, 다리 할 것 없이 자기 손과 발이 닿는 대로 마구 때렸다. 한참 때리다 지치면 왜 그리 건방져! 공부가 다냐고 하면서 조금 쉬기도 하였다. 그렇게 주먹질, 발길질을 한 시간 남짓 하는 사이에 내가 사는 서대신동 2가까지 왔을 때 다음부터는 절대로 건방지게 굴지 마라! 그리고 오늘의 이 사실은 비밀로 하라고 하면서 돌아갔다.

　나는 너무나 억울하여 눈에 눈물이 핑 돌면서 나의 죄는 자기보다 공부 좀 잘한 것과 부산 도시 놈이 아닌 김해 촌놈이라는 죄밖에 다른 죄는 없다는 생각을 하면서. 억울한 마음을 달래며 집에 오자 울산 아저씨께서 내 얼굴을 보시고는 누가 너를 이렇게 때려 상하게 했느냐? 내일 나와 같이 학교에 가도록 하자 하시고는 상처를 치료해 주었다. 이때 나는 "아저씨! 만약 내일 학교에 가서 선생님에게 말하게 되면 석 군은 정학이나 퇴학을 당하게 되므로 한창 젊은 고등학교 학생이 한때의 잘못으로 학교에 다니지 못하게 된다면 그 석 군의 장래를 망치게 되며, 이렇게 망가진 석 군은 나에게 복수를 하게 될 것이 분명하므로 차라리 참고 지내는 것이 최선이라 생각되니 아저씨께서도 그렇게 아시고 모르는 체하시면 고맙겠습니다."라고 아저씨에게 진지하게 여쭈며 건의하였다. 그때 아저씨께서는 그 말도 일리가 있다고 하시면서 그러나 너의 억울한 심정은 어떻게 풀 수 있겠느냐고 하시면서도 내 제안대로 학교에 찾아가시지는 않았다.

그리고는 내 마음을 추스르기 위해 밖으로 나왔을 때 아이스케키 파는 소년이 아이스케키 통을 메고 아이스케키라고 외치면서 내 앞을 지나가고 있었다. 나는 갑자기 아이스케키가 먹고 싶었다. 이유 없이 맞으면서 몸도 마음도 아팠고, 억울하고 분하기도 하였지만, 집에 와서는 아저씨께서 강경하게 석 군을 응징하려 한 것을 오히려 내가 말리는 형국이 되어 아이스케키 생각은 아예 없었는데, 지금 왜 아이스케키가 먹고 싶은지 나도 모를 일이었다. 그 나이에 아이스케키가 무척 먹고 싶었는지도 모르겠지만, 묘한 순간이었다.

그 시절에도 제조업을 하거나 도·소매업이나 어업에 종사하는 아버지를 둔 가정은 비교적 부유하여 먹고 싶은 것은 모두 먹을 수 있었으나 도시의 일반 서민이나 농촌에서는 형편이 어려워 자식의 수업료를 감당하기도 힘들었다. 그런 형편에 대개가 자식이 한둘이 아닌 여럿이라 더욱 어려울 수밖에 없어 자식을 모두 학교에 보낼 수도 없는 데다 수업료 이외에 외식비로 용돈을 주기란 매우 어려운 사정이었으며, 조금 형편이 나은 가정에서는 저녁에 외식 정도는 할 수 있었다. 지금과 같이 잘사는 시절이라면 저녁에 공부하다가 배가 고플 일도 별로 없을 것이며, 외식을 하더라도 고래고기나 찹쌀떡, 아이스케키, 단팥죽 같은 음식을 먹지는 않을 것이다.

옛날 내가 고등학교에 다니던 1950년대 후반은 대개의 가정이 어려운 형편이라 자식에게 먹고 싶은 대로 먹일 수가 없어 학생들이 배가 고파 공부가 안될 정도로 가난하게 살아가던 시절이었다. 지금의 상식으로는 배가 너무 불러 졸려서 공부가 안되는 것이 맞는 얘기다. 그러나 그때는 배가 너무 고파 공부가 안되는 때였다.

하등의 합리적인 이유도 없이 석 군에게 실컷 두들겨 맞고, 그것도 그저 건방지다. 공부 좀 한다고 매우 건방지다는 이유로 얼굴을 맞고 발에 차여 온몸이 골병이 들어 아픈데도 아이스케키! 하는 소리가 생생하게 나의 귀에 들려 입에 침이 고이는 것은 나의 배고픔이 골병이 든 내 몸의 아픔보다 더 절실했었는지도 모른다.

그 당시에는 먹을 것이 귀하고 가진 돈도 없는 형편이라 공부하는 동안에도 얼마나 배가 고팠던지 아무거나 배를 채울 만하면 무조건 먹고 싶었다. 공부하다 밤 10시쯤 서대신동 2가 장이 서는 곳에 가면 고래고기를 삶아 팔았다. 요즈음 돈 가치로 천 원 정도만 있으면 대여섯 조각의 고기를 사 먹을 수 있었다. 이 고래고기는 열두 가지 맛이 있다고 하여 맛이 있는 부분은 아주 맛있다. 이 삶은 고기를 소금에 찍어 대여섯 조각 먹으면 푹 꺼져 있던 배가 일어나 다시 기운을 차리고 몇 시간 더 공부할 수 있었다.

그 당시 경남고등학교 3학년에 다니는 형이 같이 하숙하고 있었다. 이 형은 가정이 부유하여 아버지가 용돈을 많이 주어 식후 별식을 자주 하는 편이었고, 그 형을 따라 서대신동 시장에 갔을 때는 고래고기를 실컷 먹을 수 있었으므로 언제 형이 불러줄까 하고 은근히 기다린 적이 한두 번이 아니었다. 그리고 저녁 9시나 10시쯤 찹쌀떡 장수가 지나가면서 찹쌀떡! 하고 외치면 그 찹쌀떡도 무척 먹고 싶은 음식이었다. 찹쌀떡 속에는 달콤한 팥이 들어 있어 매우 달고 쫄깃쫄깃하면서 맛이 있었다. 이 떡을 대여섯 개만 먹어도 몇 시간 견딜만한 영양보충제가 된다. 그리고 보수동에 단팥죽집이 있었는데, 그 집은 너무나 유명하여 부산에서는 모르는 사람이 없을 정도였다. 단팥죽 맛도 아주 좋아 한번 먹어 본 사람은 계속 그 집으로 가게 된다. 단팥죽과 같이 주는 떡은 별미였다.

1950년에 육이오 전쟁이 일어나 1953년에 휴전이 되었고, 내가 고등학교 다니던 때는 1950년대 후반이었다. 그때는 전쟁으로 우리나라의 국토가 파괴되어 있었고, 파괴된 건물, 산업설비, 도로 등 복구가 시급한 때였으므로 가정 형편들이 대부분이 어려울 수밖에 없어 지금의 학생들은 상상도 할 수 없는 배가 고파 공부가 안되던 시절이었다.

나의 젊은 시절

제4부
대학 시절과 군대 시절

상과대학에 입학하다

　고등학교 2학년 말 때 상업고등학교에서는 취업반과 진학반으로 나누어 수업을 했다. 취업반은 금융기관, 국영기업체 등 취업에 필요한 과목인 주산이나 상업경제, 상업부기, 은행부기 등의 실업과목을 중점적으로 수업을 받게 되며 진학반은 이과와 문과로 나누어 이과는 사관학교나 공과대학, 자연과학대학, 의과대학, 약학대학 등의 이과계통 대학을 가고자 하는 학생들이 지원하고, 문과는 사회과학대학, 인문과학대학, 상과대학, 법과대학 등에 가고자 하는 학생들이 지원하여 자기의 전공대학 입학을 위한 수업을 받게 된다.
　고등학교 2학년이 되었을 때 같이 하숙하고 있던 법대 선배이면서 시경에 다니시던 윤일식 선배님께 자문했더니 너희 세대는 대학을 졸업하지 않고는 출세할 수 없으니 무조건 대학을 가야 한다고 권하면서 등록금 일부가 모자랄 때는 자기가 책임지겠다고 말씀하셨다. 그의 말을 좇아 상과대학에 입학하기로 하고는 진학반 중 문과반에 편입하였고, 그 이듬해 부산대학교 상과대학에 합격하였다. 대학에 입학할 수 있다는 합격 통지서를 본 순간 한편으로는 기뻤으나 또 한편으로는 대학등록금과 입학금이 워낙 많아 나의 머리는 걱정으로 꽉 차게 되었다. 지금도 잊지 못하는 걱정근심의 순간이었다.

막상 대학에 합격하여 등록하려 하니 국립대학이라도 농촌 실정으로 보아 그 금액이 보통이 아니었다. 첫 등록은 아버지께서 논 일부를 팔아서 대학 등록금을 장만해 주셨고, 다음부터는 사촌 자형 등 지인들의 도움으로 해결하였으며 군대 갔다 와서 복학 후는 내가 취직하여 번 돈으로 해결하였다. 대학 진학반에 들어가 공부할 때만 해도 나의 앞길은 깜깜하여 보이지 않았으나 하느님의 도우심이 있어 졸업까지 할 수 있었다.

고등학교 졸업을 앞둔 어느 날 가정교사 자리가 확정되었다. 이것은 영동 고모님이 소개하여 얻게 된 가정교사 자리였으며, 그 집에는 중학교 1학년 큰딸과 초등학교 5학년의 장남 그리고 초등학교 3학년의 둘째 딸과 1학년의 셋째 딸이 있었다. 주로 가르치는 학생은 초등학교 3학년 둘째 딸이었고, 셋째 딸도 한 번씩 가르치고 나머지 큰딸과 큰아들은 모르는 것만 물으면 가르쳐 주라는 것이었다. 어찌 되었건 밥 먹을 자리를 구하였으니 대학 다니는 비용의 반은 해결된 셈이어서 매우 기뻤다. 이 집에는 할머니가 계셨는데 우리 할아버지를 잘 아시는 분이셨고, 일가는 아니나 외가로 인척이 된다고 하시면서 할머니는 나에게 많은 사랑을 주셨다.

가정교사 시절에는 아침 4시에 일어나 여러 마리 개들을 데리고 구덕산으로 올라가 개를 산책시키고, 집에 돌아와 200평 대지의 정원에 샘물을 두레박으로 퍼서 정원수와 꽃들과 정원석 바위에 물을 주고 아이들이 학교 가기 전에 한 시간 정도 아침 공부를 시켰다. 학용품을 챙겨 아이들을 학교에 보낸 후 비좁은 버스나 전차를 타고 대신동에서 멀리 떨어진 대학에 도착하여 첫 강의를 들었었다. 오후 강의가 끝나면 다섯 시까지 도서관에서 공부하다가 귀가하여 저녁 식사 후 아이들 세 명 정도를 나누어 가르치다 보면 거의 자정이 되었다. 그때부터 약 2시간 정도 내 공부를 하고 나면 잠자는 시간은 두세 시간 정도밖에 되지 않았으니 통학 중 버스나 전차에서 잠을 자기 일쑤였다. 그러나 이 가정교사 일은 나를 구해 준 구세주였다.

대학 재학 중 가정교사 할 때

대학 시절의 여자 친구

이십오 리 길을 통학하며 중학교에 다닐 때 가을이 되면 철길 양쪽에서 바람에 한들거리던 코스모스와 대학 통학 때 버스 정류장에서 대학 정문까지 도로 양쪽에 빨간색, 하얀색, 분홍색 꽃들이 한데 어울려 늘어섰던 코스모스 길을 생각하면서 여러 상념에 잠기곤 한다.

코스모스는 순정, 애정, 조화란 꽃말이 있다. 순정이란 어떠한 사심도 없이 보답을 바라지 않는 순수하고 아무 욕심이 없다는 뜻이며, 애정이란 사랑하는 정 또는 사랑하고 귀여워하는 마음이나 이성을 그리워하며 끌리는 마음이다. 조화란 대립이나 어긋남이 없이 서로 잘 어울리고 균형이 잘 잡힘을 의미한다. 이런 뜻의 꽃말을 가진 코스모스는 빨간색 분홍색 하얀색 등 여러 가지 색상이 어울려 어느 하나의 색상이 그 아름다움을 주도하지 않아 조화미의 극치라 할 수 있다.

나와 ₩인연이 아닌지 결혼까지 못 간 옛날 대학 시절의 그녀와 코스모스 핀 거리를 거닐면서 우리나라 경제를 논하고 농촌경제를 논하면서 마치 우리나라 경제를 책임질 일꾼이 된 것처럼 건방을 떨었던 때가 있었다.

어느 가을 코스모스 꽃밭에서 손수건을 깔고 앉아 우리들의 장래를 이야기하였다. 경제학보다는 회계학 쪽이 앞으로의 취업 등에 유리할 것 같고, 내 형편으로 보아 군 의무를 마치고는 졸업 후 빨리 취직을 해야 한다는 얘기를 하였다.

그녀도 어마어마한 장래 계획을 얘기하지는 않았고, 나처럼 현실적이고 보편적이고 실현 가능한 이상을 얘기했다. 엊그제께 미화당백화점 음악 감상실에서 감상했던 고전음악에 대하여는 서로가 얘기하지 않았다. 지금 생각해 보면 그녀나 나나 모두 고전음악에 대한 깊은 지식이 모자랐기 때문이었을 것이다.

어느 날 그녀가 해수욕 가자는 제의를 했다. 나는 수영을 정식으로 배우지 않고 시골 저수지에서 쳤던 개헤엄 정도라고 얘기하면서 남녀가 수영복만 입고 몇 시간씩 같이 지내는 것은 부끄럽기도 하고, 있을 수 없는 일이라 생각되어 그 제의를 거절했다. 지금 생각해 보니 여자의 해수욕 제의에 남자가 거절해서 무척이나 실망했을 것 같다. 그 당시 내가 아주 순진한 건지 보수적인 건지 어쨌든 내 생각이 그렇다 보니 우리는 손 한번 잡아 본 일도 없고, 일요일이면 미화당백화점 5층 음악실에서 음악 감상 아니면 영화 감상, 커피 마시는 일 이외에는 더 가까워질 말이나 행위는 없었다.

나는 해마다 가을이면 코스모스 핀 거리를 한없이 거닐면서 그녀를 생각하였다. 세월이 지나서 코스모스 피어 있는 가을 거리를 거닐면서 내 연애의 실패 원인이 무엇이었는가를 곰곰이 생각해 보았다. 그러나 아무리 생각해 보아도 그 해답은 떠오르지 않았다. 그렇게 50년이 지난 어느 날 내 연애의 실패 원인은 나의 적극성 결여도 있었지만, 그녀가 나를 적극적으로 사랑하지 않았다는 것을 깨닫게 되었다. 그 뒤로 코스모스 핀 가을 거리를 걸어도 추억에 사무쳐 찡하던 마음은 사라졌다.

그러나 코스모스가 핀 가을 거리를 지나노라면 대학 시절 사귀었던 그녀가 행복하게 잘 살고 있는지 궁금해지는 것은 어찌 할 수가 없다. 그래서 지금도 나는 코스모스 피어 있는 거리를 한없이 걷고 싶다. 그녀가 나를 사랑하지 않았든 사랑하였든 그 문제를 떠나서……

친구야 옛날 그때로 돌아가자

나는 대학 3학년을 마치고 학적보유병으로 군에 가기로 했다. 그 당시 학적보유병(학보병이라고도 함)은 1년 6개월의 단기복무 혜택을 주었는데 대학 재학생으로 입대하는 자에 한해서다. 군번도 00으로 시작되었고, 일반병의 군번은 8개단이었으나 학보병은 7개단 군번이었다. 대학 3학년 겨울방학을 마친 1961년 초 3월경 진주지구에서 입영 지원을 하였으나 너무 경쟁이 치열하여 입영하지 못하였고, 그다음 달 마산지구에서 입영하는 케이스가 있어 원호와 나, 홍만이 등이 지원서를 내고는 그 결과를 알기 위하여 마산 하포초등학교 교정에 모여 이름이 불리기를 기다리고 있었다. 마침내 원호, 나, 홍만이 모두 이름이 불려서 논산훈련소로 가게 되었다. 그 초등학교 운동장에서 징병관이 내 이름을 부르던 그 소리가 얼마나 반가웠던지 지금 생각해 보아도 반가웠던 소리다.

그때 호명이 되지 않았으면 대학 졸업 후나 그 이전에 일반

군인과 같은 3년 장기복무를 해야 했다. 그렇게 되면 사회 진출이 그만큼 늦어지게 된다. 그러나 나는 다행히도 1년 6개월의 단기복무를 할 수 있었고, 군 복무를 1년 이상 단축함으로써 졸업 후 사회진출이 그만큼 빨라졌다. 또 그때는 교적 보유자로서 학교 선생님의 경우에는 1년의 단기복무만 하면 제대하게끔 혜택을 주기도 했다.

나와 내 친구 원호와 홍만이 등 입대할 자들은 껌껌한 밤에 검은 기차에 몸을 싣고 달리고 달려 그날 밤 12시경 연무역에 도착하여 조금 걸어서 논산훈련소 수용연대 막사로 갔다. 그곳에는 머리를 빡빡 깎은 장정들이 한 막사에 4, 5명씩 있었는데 취침 중이었다. 그때 경상도 아이들의 무척이나 떠들어대는 소리에 잠이 깨어 우리를 보고 크게 꾸짖었다. "왜 이렇게 떠들어! 조용히 들어와 취침토록 해!" 하면서 반말로 명령하는 것이 아닌가. 그러자 우리와 같이 온 아이들이 머리 빡빡 깎은 그들과 싸우려 하였다. 마침 그때 기관사병이 나타나 우리를 보고 크게 나무랐다. "이 병사들은 어제 입대하였으나 군번을 받지 못하여 본대에 넘어가지 못한 병사다. 너희보다는 하루 고참이다. 하루 먼저 입대한 선배에게 그 예를 다하여야 할 것이다. 따라서 선배의 명령에 절대복종하여야 한다." 그 기관사병의 말씀은 추상같았다.

우리는 아무 소리도 못 하고 쥐죽은 듯 조용히 그 막사에서 모포를 덮고는 곤히 잠이 들었다. 그 이튿날 군번을 받는 날인데 원호는 어떻게 한 건지 조금 빨리 군번을 받아 150번이 되었고(0028150) 나는 18번 뒤인 0028168번이었고 홍만이도 내

갈매기의 꿈 165

번호와 비슷했다. 그리고는 수용연대에서 본대인 23연대로 넘어가게 되었다. 원호, 홍만이 모두 같은 연대, 같은 중대, 같은 소대에서 훈련을 받게 되었고, 원호 어머님, 홍만이 어머님께서 면회 오시는 날 우리 셋은 함께 면회장으로 갔다. 전반기 훈련 6주 중에서 두 번이나 면회에 참석하게 되었다. 그리고 지금도 잊을 수 없는 것은 홍만이가 화장실에서 수통까지 걸린 허리띠를 잃어버려 이를 보충하느라 꽤 수고하였고, 훈련소 밥으로는 배가 고파 일석 점호시간에도 매점에 가서 무엇을 사 먹느라고 지각하는 일이 종종 있어 주번사관에게 야단 듣던 일이 생각난다.

전반기 6주 훈련이 끝나고 후반기 4주 훈련도 끝나 기성부대로 진출하게 되었을 때 원호 군번까지 부르면서 명 3보충대라고 했다. 그 뒤 군번 중 나와 홍만이는 명 101보충대라고 하여 원호는 3보충대인 춘천으로 가고 홍만이와 나는 101보충대인 의정부로 가게 되었다. 그때 원호는 나랑 홍만이랑 헤어지는 것도 섭섭하고, 3보충대는 강원도 전방부대로 간다는 소식에 눈물을 글썽이면서 헤어지게 되었다. 이처럼 우리 셋의 훈련소 생활은 친구 중 누가 없으면 못 살 것처럼 우정이 매우 각별했다.

그 뒤 제대한 후 물어보니까 원호가 복무한 곳은 모 사단이 있는 강원도 화천이었고, 나와 홍만이는 그 옆에 있는 강원도 김화였다

원호는 군대 생활 중 상사의 명령으로 밤중에 막걸리를 사서 귀대하다가 나무에 목을 맨 장병의 군화에 얼굴이 부딪쳐 매우 놀란 그 후유증으로 오랫동안 시달렸고, 제대 후 부산에서 공익

기관에 근무하면서 교사와 결혼하여 행복하게 지내고 있었다. 나는 제대 후 부산시청에 3년 근무하다가 국세청으로 근무명령을 받아 서울에서 근무하게 된 뒤로 원호와 만날 기회가 별로 많지 않았다. 자연히 원호와 나 사이에는 가끔 전화로만 안부를 물어보곤 했다. 지금까지 그 친구가 사는 얘기나 부모님의 돌아가신 일이나 기일, 동생들의 근황 등을 자세히 물어볼 기회가 별로 없었다. 하기는 내 부모님이 돌아가신 일이나 내 동생들에 대한 자세한 소식을 그 친구가 모르는 것이나 다를 것이 없다고 스스로 내 마음을 위로하지만, 지금부터라도 친구와 만나고 싶고 친구의 부인과 인사도 나누고 싶고 친구의 자식들에 대한 소식도 듣고 싶어 4, 5년 전쯤 나의 아내 엘리와 같이 부산역에 내려서 점심이나 저녁을 같이 할 수 있느냐고 물었더니 오늘은 어머님 기일이라 하여 그날은 바로 다른 볼일을 보고는 귀경하였다.

그 뒤 어느 해에도 원호가 보고 싶어 만나자고 전화를 하였으나 전과 마찬가지로 어머님 기일이라 나갈 수 없다는 것이었다. 분명히 나와 만나는 것이 탐탁지 않아 거절하고 있음이 오늘의 전화에서 드러났다. 왜 그러는 걸까? 내가 무엇을 잘못하였던가를 생각해 보아도 생각이 나지 않는다. 그래서 홍만이에게 전화해서 그 이유가 무엇이겠냐고 물어보았으나 답이 나오지 않았다.

고등학교 시절 아주 친하게 지냈던 나의 친구 원호가 요즈음은 조금 마음이 변한 것 같다. 이 친구는 대학도 같은 대학에 들어갔고, 군대도 같이 갔던 친구다. 고등학교 시절 나는 원호네 집에 일주일에 한두 번은 들렀고, 그 친구 부모님도 매우 친절히 나를 반겨주었다. 대학 시절에도 그 친구 집에 놀러 다니는 것은 마치 우리 집에 드나들 듯 만만히 여기며 들렀고, 친구 할머님께서도 나를 매우 좋아하셨기에 아무 거리낌 없이 놀러 갔었다. 또 원호 친구는 동생이 여럿 있었는데 그중에서 부산여고에 다니는 바로 아래 여동생이 나를 오빠라고 부르며 친오빠같이 대해 주었고, 나도 그녀를 친동생같이 사심 없이 대했다.

산수를 맞는 원호 친구와 마주 앉아 식사하면서 옛날얘기도 하고 자식 얘기도 하면서 지냈으면 좋으련만 원호가 왜 그러는지 매우 안타깝고 슬픈 일이다. 친구도 변하는 것일까? 그동안 내가 섭섭하게 한 일이 있는지 내가 모르는 어떤 일이 있다면 얘기해 주면서 풀 수는 없을까.

군대에 함께 입대하여 함께 훈련을 받던 세 친구 중 홍만이 친구는 불행하게도 2년 전에 암으로 고인이 되었으니 이제 너와 나 둘만 남았구나. 원호야 우리에게 남은 시간이 많지 않은데 이제부터라도 서로 손잡고 호찬아! 원호야! 하고 크게 부르며 옛날처럼 지낼 수는 없을까?

옛날의 원호로 돌아오기를 기도한다.

군 생활

1961년 초 대학 삼 학년 수료가 눈앞에 닥쳤을 때 학보병(학적보위병)으로 지원하여 입대하기 이틀 전이라고 기억되는데 그날 내가 좋아하는 여학생에게 사랑의 편지를 끼워 넣은 책을 선물로 주면서 내 마음을 그녀에게 전했다. 그녀에게 내 마음을 전했다가 혹시나 거절당할까 봐 그때까지 속으로만 가슴을 끓이고 있었는데, 군에 입대하면서 내 마음을 전한다면 거절당하더라도 그 어색함이 조금 덜할 것 같았기 때문이다.

입대하는 날 해가 질 무렵에 논산행 열차를 타고 밤새 달려서 밤중에 연무역에 도착하여 잠시 쉬고는 다시 논산훈련소 수용연대에 도착하여 그다음 날 군번을 부여받고 훈련소 제23연대에 배치되어 6주간의 훈련을 받았다.

훈련소 전반기 6주를 마치고 후반기 4주 훈련을 위해 약 삼십 리 떨어진 익산으로 행군하여 도착했다. 후반기 교육 기간 중 밤중에 내무반 보초 근무를 마치고 고향 생각, 부모님 생각을 하면서 이불을 덮고 내무반에서 담배를 피우던 중 주번사관이 들어오는 것이 아닌가? 이때 재빨리 피우던 담배를 모포 속으로 숨기고는 자는 척하였다. 그때 주번사관이 내 곁에 와서는 모포에 불 번지면 큰일 나니까 모포 밖으로 끄집어내어 피우도록 하라는 지시와 동시에 주번사관 자신이 새벽 담배를 무척 좋아하여 이해하니깐 특별히 용서해 준다는 것이었다.

훈련이 없는 어느 일요일 산 넘어 저수지에서 훈련소로 물을 끌어오기 위한 공사 때 모래를 산 위까지 지고 운반하는 작업이 있었다. 하루 세 번 운반하면 된다고 하여 열심히 세 번을 운반하고 쉬려는데 운반했다는 표시로 팔에 찍어 주었던 고무인이 땀이 흘러 하나는 지워져 보이지 않자 세 번을 운반하지 않고 상사에게 거짓말한다는 오해를 받게 되어 나중에 중대본부로 오라고 했다. 그날 중대본부에서는 세 번 운반하였다는 나의 진실은 통하지 않았고, 나중에는 반성문을 쓰게 되었다. 반성문 내용에 따라 벌을 주느냐 여부가 결정되었다. 이때가 1961년 6월경이어서 5월 16일에 이미 혁명이 나서 그 공약에도 있다시피 군대가 민폐를 끼쳐서는 안 되며 군은 모범이 되어야 한다는 게 분위기였으므로 그 공약에 맞추어 반성문을 썼다. 그 반성문을 읽은 담당 장교가 "논문은 박사 논문이다" 하시면서 훈시와 동시에 용서해 주었다. 이처럼 군대에서는 인정할 만한 근거가 없으면 억울하더라도 군대 집단의 규칙에 따라야 한다는 것을 배웠다.

그 뒤에 의정부 보충대로 와서는 그다음 날 강원도에 있는 어느 기성부대에 배치되었다. 기성부대에서는 내가 제일 계급이 낮은 졸병이었고, 내 위에 일등병, 상등병, 병장, 하사, 중사, 상사, 장교 골고루 계급을 가진 부대원들이 있었다. 나는 맨 졸병이라 부대원 누구든 나의 상사여서 그들의 명령에 복종해야 했다. 기성부대에서는 훈련 아니면 작업이 계속되었고, 졸병은 쉴 사이가 없었다. 쉬는 시간에는 세탁이나 피복 보수나 총기수입 등을 해야 했다.

군대 생활에서는 모든 일이 안 되는 것이 없다. 즉 아무리 어려워도 인간이면 무엇이든 할 수 있다는 사실을 깨달은 것이다. 군대 생활을 통해서 우리나라 국군이 얼마나 심적 육체적 고생이 심한지를 직접 체험했기 때문에 그 어려움을 알 수 있었다. 그리고 군대 생활은 참고 견디며 어려움을 헤쳐 나가는 힘을 길러 주었다. 그 힘은 사회생활을 하는 데 큰 도움이 되었다. 지금 생각하면 고생스러운 군대 생활은 이 나라 남아가 반드시 거쳐야만 하는 자기 발전을 위한 과정이고, 지나고 보면 아주 그립고 아름다웠던 추억이라고 표현해도 좋을 것 같다.

군인의 인내심

　군에 입대하여 근무한 사람이라면 군 생활이 얼마나 고단한지 얼마나 고생스러운지 얼마나 참아야 하는지를 체험하였을 것이다.
　군대에서는 보고 싶은 부모님이나 형제, 애인 등을 보지도 못하고 참으면서 훈련을 하거나 작업 등을 하러 다닌다. 요즈음은 훈련소에서 정기적인 면회가 허용되나 1960년대에서는 훈련소 면회가 일요일 오직 하루만 허용되었으므로 경남의 시골 산골짜기 동네에서 아들 면회 오는 어머니의 경우는 전날에 출발하여 밤에는 논산 근처 동네에서 자고는 아침 일찍 연무대로 가서는 훈련병 아들의 이름을 적어 면회신청을 하면 많은 면회 신청자가 일요일 하루 일시에 신청하게 되어 면회 신청을 받은 훈련병은 면회 복으로 갈아입고 면회장에 나가 어머니를 만나 뵙게 된다.
　이때 어머니들께서는 까맣디까만 자식의 얼굴을 보고는 눈물을 흘리시면서 우시는 분도 있고, 고생이 많구나! 훈련은 고되냐고 물으시며 위로하는 어머니도 있다.

그리고는 어머니께서 밤새 장만하여 오신 떡, 과일, 밥 등을 먹으면서 고픈 배를 채우곤 하였다. 어머니께서 자식 친구들까지 면회 신청을 하시게 되면 아들 친구들까지 면회할 수 있었고, 성심껏 장만하신 음식을 모두 나누어 먹곤 하였다. 그렇게 배불리 먹는 것만 하여도 훈련병에게는 상상할 수 없는 행복이었다. 그리고 훈련받는 병사들 모두에게 면회의 행복이 오는 것은 아니었다. 부모님 형편이 가난하여 면회 갈 처지가 되지 않는 경우에는 훈련소나 기성부대 면회는 갈 수가 없었으므로 자식이 아무리 보고 싶어도 자식에게 떡이나 맛있는 밥을 먹이고 싶어도 집안 형편이 여의치 않아 면회하러 갈 수가 없었다.

요즈음은 통신수단이 발달하여 아들 목소리도 수시로 들을 수 있고, 집안 소식을 자세히 전할 수도 있으나 그 당시에는 요즈음 같은 통신시설이 되어 있지 않아 부모와 자식 간에 소식 등을 목소리로 통화할 수 없었다.

거기다 경상도, 전라도, 제주도 등에서는 우리 전방과 거리가 멀어 한 번씩 내왕하려면 차비도 보통이 아니고 길을 몰라 찾아오기도 힘들고 하여 자연히 보고 싶은 사람을 보지 못하고 인내로 참는 길밖에 없었다.

그러나 그 당시에 서울에서 여자대학을 다니는 애인이 강원도 김화 골짜기에서 근무하고 있는 학보병 애인을 찾아 면회 왔던 일이 생각이 난다.

매우 드문 일이며 얼마나 사랑이 짙었으면 이런 사건이 있을 수 있을까? 그때가 한겨울이어서 강원도에는 유난히 눈이 많이 내리는 곳이라 그날따라 우리 부대까지 오는 길이 눈이 쌓여 다리 전체가 눈에 푹 빠지는 형국이었다. 그날 중대에서 면회신청을 받은 남자 병사의 외출을 허가하여 김화 시내에서 보내도록 조치하였었다.

지금은 그 두 분이 결혼하여 할아버지 할머니가 되었을 것이라고 상상해 본다. 그때의 아름다운 꿈을 꾸면서……두 아름다운 청춘남녀 대학생이 그들의 사랑을 용감히 실현했던 두 분의 행복을 진심으로 빌며, 그 눈밭을 헤치고 산골짜기 부대까지 발걸음을 옮긴 그 여대생을 마음속 깊이 존경합니다. 만약 두 분이 그럴 리 없겠지만, 결혼이 이루어지지 않았다면, 그 남학생에게 세상에서 제일 못된 욕설을 퍼붓게 될 것이다.

나도 대학 다니면서 그만큼 적극적인 사귐을 가지지는 않았지만, 마음속 깊이 좋아하였던 경험이 있으나 그 여인은 눈 오는 전방까지 장화가 눈에 푹푹 빠져 다리가 보이지 않는 상황에서 강원도 김화의 산골짝 부대까지 오지는 않았을 것이다. 그녀의 나를 향한 사랑은 아주 얇고 옅어서 그럴 용기는 아예 없었으니 당연한 결과를 얘기하는 것이다.

군 생활이란 지독한 인내심이 필요하다는 점을 강조하고 싶다. 보고 싶은 사람을 보지 않고 참는 것도 커다란 인내심이 필요하며, 상사로부터 잘못을 저질러 구타를 당할 때도 참고 견디어야 한다. 잘못을 저질러 엎드려뻗쳐하고는 선임하사, 소대장, 분대장에게 엉덩이에 참나무 몽둥이나 곡괭이 자루, 침대 자루 등으로 맞으면서 그 매의 숫자를 세고 있을 때도 울어서도 안 되고, 고향 생각이나 부모 형제 생각을 하여서도 안 되며, 오직 이것 모두가 나의 잘못이며, 내가 감당할 몽둥이이므로 다시는 이런 잘못을 저지르지 않겠다는 결심을 하면서 나의 잘못을 뉘우치는 자세가 필요하다 하겠다.

군 생활에서는 모든 나무람, 모든 잘못이 이유가 없다는 신념을 가지고 나를 원망하거나 책망하는 자세가 필요하지 억울하다든지 두고 보자는 식의 자세는 군 생활에 있어 인내심을 가지는 자세가 아니다.

모든 군 생활은 지독한 인내심을 가지고 하루하루를 참고 견디다 보면 어느덧 고참이 되고, 군 생활에 적응 능력이 생겨 웃으면서 즐겁게 군 생활을 영위하는 능력이 생겨날 것이다.

**육군 근무 시절
펜팔이었던 초등학교 5학년
여자아이와 그 어머니**

명령은 반드시 복종해야 한다

실내 청소를 하려고 우물에서 물을 길어 가야 하는데 두레박이 없었다. 내 옆에는 나보다 일주일쯤 먼저 입대한 훈련병이 서 있어서 물을 퍼 가야 하는데 두레박이 없어요. 어떻게 물을 길어 가야 할까요? 하고 그 방법을 물었다.

그 훈련병은 "군대에서 이유가 어디 있어 밤송이로 XXX를 까라면 까야지! 하면서 아주 거만하고 마치 분대장쯤 되는 고참인 양 나의 물음에 하대하면서 방법을 가르쳐 주지 않았다. 내 마음속으로 아주 기분이 나빴고, 일주일 정도 먼저 군번을 받았다고 하여 나의 애타는 물음에 답변이라고 하는 것이냐? 어디 가면 두레박이 있으니 그것을 가져와서 물을 푸도록 하라든지 두레박은 필요한 소대에서 각각 보관하고 있는 장비이니 각 소대에 가서 알아보라든지 등 두레박을 구할 방법을 가르쳐 주어야지, 두레박을 구할 방법은 가르쳐 주지 않고 군대에서 이유가 어디 있어! 내가 무슨 이유를 달았다고 이유 운운하는지 이해가 가지 않았고, 자기도 며칠 전 입대한 훈련병이면서 마치 일 년 이나 이년 전에 입대한 선임처럼 말하는 태도가 매우 마음에 들지 않았다. 그러나 나는 실내 청소를 하려면 물을 퍼 가야만 해서 아니꼽지만, "저는 그저께 군번을 받고 어제 이 부대에 전입해서 전후 사정을 너무 몰라 선임병님께 여쭈는 것이니 구체적으로 가르쳐 주시면 대단히 고맙겠습니다." 그때서야 그 선임병은 내가 매우 딱하고 불쌍해 보였던지 "저기 보이는 건물 안에 가면 여러 가지 도구들이 있고 두레박도 그곳에 있으니 가져와 물을 푸고는 반드시 있던 곳에 다시 갖다 놓고 가라."는 것이었다. 나는 선임병에게 "대단히 고맙습니다." 하고 인사하고는 그 선임병이 시키는 대로 물을 다 푸고는 있던 곳에 그 두레박을 갖다 놓고는 내가 기거하는 내무반으로 물을 가득 담아 가지고 갔다.

내가 훈련소에서 훈련받을 때가 1961년 4월부터 그해 5월 하순 중반까지니까 57년이 지났다. 훈련소 23연대 연병장이나 내무반이 그때와 같을까? 다를까? 무척 궁금해지기도 한다.
그리고 그해 훈련 중에 5·16혁명이 일어났으며 혁명공약을 일석점호 시에는 꼭 암기하였으며 하루아침에 직속상관 관등성명이 바뀌어 암기하는 데 매우 머리를 쓴 기억이 나고, 그 기억이 자꾸만 새로워지는 것 같다. 매일 기상 후의 일조점호 시에는 우리 대대 앞 연병장에서 전 대대원이 모여 중대별로 점호를 취하던 기억과 일조점호 시 잠이 모자라 일어나기(기상)가 싫어 기상 시간을 많이 소요하여 기합을 받았던 기억, 일석점호 시간에 우리 동료 육홍만이가 없어져 주보로 뛰어가 잡아 왔던 기억도 생생하다 이 홍만이는 앞에서 예기했다시피 이미 고인이 되었다. 그만큼 세월이 지났다.

그리고 상사가 자기에게 억울한 명령을 하달하였을 경우에는 그 명령이 옳지 않다거나 불공평한 명령이라 하더라도 일단은 그 명령에 따라야 한다. 물론 부당한 명령에 따를 때는 부하로서 깊고 넓은 인내가 필요하다. 나중에 기회가 오면 그 상사에게 그 명령은 이행하기에 너무나 부당하였음을 참고로 얘기하게 되면 그 상사도 앞으로 명령 하달에 참고로 하리라 믿는다. 그렇다고 하여 그 명령의 부당성만 고집하면서 상사의 명령에 따르지 않는다면 분대, 소대, 중대, 대대, 연대의 작전이 와해되어 적으로부터 패배만이 안기게 될 것이다.

상사의 명령이 명령을 받은 부하에게 불리하다거나 매우 억울할 경우에는 일단 군대 명령이니까 그 명령에 복종하면서 시행하고는 시행 후 평가에서 더욱 좋은 명령이 있었다든지 이번 명령이 아군에게 더 불리한 결과를 초래하였음을 평가하고 다음부터 이런 명령은 부당 명령으로 하여 바로잡는 것이 합당하다 하겠다.

그렇다고 하여 명령이 개인 부하들에게 불리하거나 어느 정도 아군의 피해가 있는 점을 들어 명령에 복종하지 않는다면 더욱 큰 피해가 아군에게 주어지는 경우가 생기게 되므로 그 명령이 억울하다 하더라도 일단 시행을 하되 반드시 사후 평가하는 자세가 필요하다.

또한, 상사의 명령이 부하가 평가할 때 부당하다든지 실효성이 없다든지 한다고 하여 상사의 명령에 복종하지 않으면 안 된다. 상사의 명령이 하달되면 일단 그 명령에 따라야 하며 그 명령이 부당하여 부하의 희생이 많았다든지 아니면 성과가 미흡했다든지 또한 그 명령 수행에 인적 희생은 많지 않았다 하더라도 금전적 지출이 배가되어 명령 수행에 실효성이 부족했다든지 하는 문제는 그 명령 시행 후 사후 평가에서 논의하여 파면이나 징계 사유에 해당하느냐 아니면 감봉이나 견책 경고, 인사이동 등에 해당하느냐에 따라 부당명령 부적합명령에 따른 문제는 해결될 것이다.

군대 생활 중 받은 사랑의 편지

군에 입대한 1961년 4월쯤 내가 좋아하는 사람이 생겼다. 그 사람은 훈련소에 입소한 때부터 고단한 군대 생활에서 무사히 훈련을 받고 군 생활을 마치게 하는 데 대단히 중요한 역할을 하였다.

내가 훈련소 입소 후 얼마 되지 않아 아직 군 생활이 몸에 배지 않았을 때 잠도 제대로 자지 못하고 쉬는 시간도 모자라 하루하루의 군 생활이 매우 고단하고, 고향 생각 부모 생각 좋아했던 사람 생각이 나서 매우 보고 싶고 그리워질 때쯤 군사편지가 날아왔다. 지금의 고단한 군 생활을 인내로써 이겨 내야 나의 앞길이 보일 수 있다는 용기를 주고 오늘도 참고 내일도 참으면서 하루하루를 보내다 보면 영광의 훈련을 마치는 날이 올 것이고, 제대 날도 오게 된다는 말과 함께 사랑의 메시지도 보내곤 하였다.

보내 준 메시지 중에 "오늘의 고단함을 참고 견디면, 구름

한 점 없는 명랑한 내일이 올 것입니다."라는 문안은 그 당시 나의 마음에 매우 딱 맞게 닿았고, 나에게 용기를 주고 나의 하루하루 군 생활을 수행하는 데 금쪽같은 금언이 되었다.

구름 한 점 없는 명랑한 내일은 어떤 내일일까. "구름 한 점 없는 내일"은 구름 한 점 없이 파란 깨끗한 하늘처럼 어떤 방해도 받지 않는 평온한 내일이 되기를 바라는 마음이고, 명랑한 내일이란 영적으로 깨끗한 내일, 즉 매일 훈련하느라 몸은 매우 고단하더라도 정신적으로는 매우 건전하고 즐겁고 희망적이면서 티 하나 없는 순수한 내일이다. 이러한 그녀의 메시지는 훈련병인 나의 몸은 비록 훈련으로 고단할 것이나 정신적으로 맑은 영혼이 꽉 차 있는 내일만이 그대에게 있으라는 좋아하는 이에게 진정을 다 하여 자기 마음을 드러내는 표현이 아닐까 하고 생각해 본다. 너무나 고단했던 논산 훈련소 시절에 보내온 소식과 격려 중에서 이 문안은 그의 진심이 실려 있다고 보아 아직도 잊지 않고 나의 뇌리에 숨겨져 있다.

논산 훈련소 전반기 6주 훈련을 마치고 다시 후반기 교육장으로 이동하게 되었다. 후반기 교육장에서도 편한 교육은 아니었으나 무사히 훈련을 마치고 전방인 김화에 있는 모 부대에 배속되어 소총중대 화기소대에서 근무하게 되었다. 일 년 중 가장 추운 겨울철이나 가장 더운 여름철에는 혹한기 훈련 혹서기 훈련 등을 하면서 때로는 부대를 떠나 야영하면서 훈련하였다. 봄가을 철에는 관측소에 가서 작업을 하거나 아니면 지휘검열

감찰검열 등 수많은 검열을 감독기관으로부터 받아야 했다. 일요일에는 부대 자체에서 동원되어 청소 등을 하였으므로 조금도 쉴 겨를이 없는 군 생활이었다. 전방 기성부대 생활에서 봄 가을의 각종 검열은 청소와 장비 보수 등으로 이를 수행하자면, 밤잠이나 쉬는 시간 일부를 빼앗거 가며 완수해야 했다.

군 생활에서 각종 검열 준비, 총기의 수입, 장비의 수입, 매트리스 보수 각종 의류의 보수, 실내외 청소 등 쉴 틈 없이 계속되는 작업으로 몸이 너무 지치고 마음도 매우 상하고 지쳐 만사 의욕이 없어지게 된다. 이럴 때 좋아하는 사람에게서 온 격려의 편지에 용기를 얻곤 하였다. 그러나 한참 동안 소식이 없을 때는 나에 대한 관심이 멀어지지 않았나 의심도 해 보고 원망도 해 본다. 그녀의 사정이 어떠한지를 모르면서 그 사정을 이해하려 하지도 않고는……

그러나 사랑의 말이 담긴 편지가 그녀에게서 자주 왔기 때문에 큰 위로가 되었고, 앞으로 사랑을 나눌 수 있는 희망을 품게 되었다. 그해 12월 20일간의 정기휴가가 있어 부산으로 내려갔다. 내가 좋아하는 그녀를 만나보려 하였으나 학사시험 관계로 도서관에서 공부하느라 만나볼 수 없었다. 그 뒤 만났을 때도 군대에서 주고받은 편지 내용과는 다른 모습을 보였었다. 그 이유를 알 수가 없어 안타까운 마음만 가슴속 깊이 파고들어 마음의 병이 생기고 있었다.

내가 제대 후 취직을 하면서 사회인이 되었고, 나는 그녀보다 먼저 결혼했다. 내가 군대 있을 때 그녀는 나를 사랑한다는 편지를 수없이 보냈으면서 왜 다른 남자와 결혼을 하는지 그 이유도 모른 채 결혼 후 15년 정도 지나서 두어 번 서울에서 만난 적이 있었는데 그때도 그 이유를 얘기해 주지 않았다. 세월이 흐르고 흘러 내 나이 칠십이 훨씬 넘어서야 그 이유를 알 수 있었다. 그것은 그녀가 나를 사랑하지 않았기 때문이었다. 이러한 사실을 알게 되기까지는 대학 때부터 따지면 오십 년이나 지난 뒤였다. 그것도 나 스스로 알아낸 것이 아니고 타인에 의해 알게 되었으니 멍청하고 미련한 사랑을 한 결과라고 해야 할 것 같다.

손자 규연이 아기 때

제5부
나와 엘리사벳과 세 아들

엘리사벳이 대모로 대녀의 세례식장에서

장남인 나의 결혼관

 1965년 아버지께서 신장염으로 부산 송도에 있는 복음병원에 입원하셨다. 입원 중 아버지께서는 육십을 바라보는 연세에 며느리도 못 보고 손자도 못 보고 돌아가시겠다고 말씀하시는 것을 들었다. 나는 장남으로서 아버지께 불효를 저지를 수도 있겠다는 생각에 입원 중인 아버지께서 퇴원하시게 되면 열심히 선을 보아 될 수 있으면 빨리 결혼을 하도록 하겠습니다. 하고 약속했다. 그때 나는 부산시 서구청에 근무할 때이고 대학 때 나 혼자만 오랫동안 좋아했던 아가씨만 있는 터라 사실상 연애는 실패했고, 사귀는 아가씨도 없을 때였다. 그 뒤 아버지의 병세가 호전되어 퇴원하게 되었고, 그때부터 주말이면 어머니께서 김해로 오라 하시면 토요일에 가서 맞선을 보고 일요일이면 부산으로 내려왔다.
 어느 일요일 어머니께서 중매인과 같이 김해 대저면 과수원집 규수와 선을 보시고는 나의 의사를 물었다. 나의 대답은 괜

찮습니다. 라는 것이었다. 그러나 어머니께서는 반대였다. 그리고 그 전에 할머니와 같이 남성여고 출신의 아가씨와 선을 보고는 나에게 물어보았다. 그때도 괜찮습니다. 하고 대답하였으나 할머니는 반대였다. 이유인즉 처녀가 물을 들고 방으로 들어올 때 문지방을 밟았다는 것인데, 이런 행동은 가정교육이 제대로 되지 않았다는 것이었다. 또 어느 주일은 진영역 철로 밑에 사는 규수와 선을 보았다. 주로 어머니께서 반대를 많이 하시어 결혼으로 이어지지 않았다. 또 어느 주일은 창원군 대산면 최 교장 딸이라는 처녀와 선을 보았는데 어머니 마음에 드신다고 하셔서 우리는 결과를 기다리고 있었다. 그러나 아무런 소식이 없었다. 나중에 안 사실이지만, 부산시청에 나와 동명이인이 있었는데 그 사람은 결혼한 사람이었다. 이름이 같다는 죄밖에 없는데 졸지에 결혼한 사람이 또 결혼을 하겠다고 선을 보는 부도덕한 사람이 되고 말았다.

이처럼 거의 매주 선을 보고 다니던 중 아버지와 어머니께서 사돈네 큰딸이 정말 아까운데 하시면서 매우 안타깝게 여겼다. 사돈네는 지금 장인어른을 말하는 것으로 나의 재종숙부와 장인어른과 처남 남매지간이기 때문에 그렇게 부르셨다. 지금의 아내가 그 당시에는 나이가 삼십이 다 된 노처녀로 수녀가 되겠다고 수녀원에 들어갈 시험을 치고는 입원할 날을 기다리고 있었다. 그래서 부모님께서 그 처녀가 시집을 가지 않고 수녀가 되는 것을 매우 안타깝게 여겨 그 처녀 아깝다고 했지만, 며느릿감으로 좋다는 뜻도 포함되어 있었다. 그러나 나보다 나이가 세 살이나 위였으므로 부모님께서 과감히 장가를 가라는 말씀을 못 하였고 처녀 집 의사도 물어보지 않았기 때문에 그냥 그 처녀가 수녀가 되는 것이 너무 아깝다는 말씀이었다.

내가 부산으로 가기 바로 전날 부모님께 여쭈었다, 그렇게 아까우면 저에게 시집올 의사가 있는지부터 물어보시라고 하면서 비로 결정하지 마시고 민약 처녀 집에서 좋다고 하시면 최종적으로 다시 저의 결심을 확인해 주시기 바란다고 하고는 부산으로 내려갔다. 정확히 일주일이 지나 아버지께서 부산으로 오셔서 "너 결혼 먼 데서 할 것 있느냐?"고 하셨다. 그 순간 아차! 수녀가 되려고 결심했던 아가씨를 어떻게 설득하셨기에 결혼을 하도록 했는지 의아하면서 만일 세 살이나 나이 많은 아가씨에게 장가들어 한평생 마음 상하지 않게 할 수 있을지를 생각하게 되었다.

옛날 어른들은 신랑보다 서너 살 위의 신부가 많았다. 대개가 그 신랑은 첩을 데리고 살거나 하여 사실상 본처와 별거하는 경우가 많은 것을 보았다. 그리고 학벌 문제를 생각해 볼 때 가정에서 서로가 의사소통만 되면 되는 것이지 학문 토론의 장을 열 것은 아니므로 큰 문제는 없을 것 같았다. 그리고 나이 문제는 같이 살다 보면 그 차이를 의식하지 않을 것 같고 나이나 학벌보다도 부부 각자의 책임을 다하여 남편은 가정을 이끌어 나가기 위해 경제적인 문제를 책임지며 가정의 화목을 위해 아내와 자식들에게 잔잔한 사랑을 베푸는 의무를 다하고, 아내는 집안 살림을 다독이며, 남편을 보필하고 육아 등 자기가 해야 할 일만 충실히 한다면, 가정의 행복은 커 나갈 것이기에 여기에 나이나 학벌이나 재산 등이 큰 문제가 되지 않을 것이라 굳게 믿고 아침에 아버지께 부모님이 정하여 준 처녀에게 장가 들도록 하겠다고 했더니 아버지께서는 아침 식사가 끝나자마자 김해로 떠나셨다.

　결혼 날짜가 정해졌다. 1965년 2월 27일 장소는 진영성당이었다. 결혼이 정해지자 이웃 어른들께서 내가 부자가 되는 꿈을 꾼 분들도 계시고, 많은 관심과 지원을 해 주셨다. 우리 속담에 천생연분이라는 말이 있고, 천생연분에 보리 개떡이라는 속담도 있다. 이는 보리 개떡을 먹을망정 부부가 의좋게 삶을 이루는 말로서 나의 결혼은 하느님이 정하여 준 천생연분이라 생각하고 있다.

　장남과 차남이 집안을 위한 생각은 많이 틀린다고 본다. 장남은 가정 전체의 화목과 번영을 생각하면서 자라고 또 그렇게 조치를 한다. 그래서 장남은 배우자를 선택할 때도 첫째 가정 전체를 고려하기 때문에 나이 학벌 재산 등에 연연하지 않고 우선 남편에게 어떻게 할 것인가 둘째 부모님께 효도할 것인가 셋째 나의 남동생이나 여동생들과도 우애 있게 지낼 수 있는 인물인가 등을 고려하여 혼자만의 행복이 아닌 가정 전체의 행복이라는 측면에서 판단하여 선택하게 된다.

　칠 남매 중 장남인 나의 경우에도 우선 부모님이 좋아하시고 내가 판단하여도 가정주부로서 한 가정의 며느리로서 시동생의 형수로서 시누이의 올케로서 그 소임을 부드럽게 수행하리라 믿었기에 과감히 선택하였다는 것이 나의 솔직한 고백이다.

　그러나 내가 장남이 아니고 차남이었으면 가정 전체를 생각하는 것이 조금 소홀할 수도 있고, 성격상 결함은 있어도 외모가 뛰어나든지 재물이 많다든지 학식이 뛰어나든지 하는 점을 고려하여 결혼 상대자를 선택했을지도 모른다. 그러나 장남인 나는 집안 전체의 화평이 중요하고 맏며느리가 지켜야 할 품위와 자질을 가졌는가가 무엇보다 중요하다고 생각했다.

장모님과 신부에게 한 약속

내가 결혼할 때 한 약속이 있다. 첫 번째 약속은 장모님께 했고, 두 번째 약속은 첫날밤에 신부에게 했다.

결혼식이 있는 바로 전날 옆 동네에 있는 처가에 들렀다. 결혼 말이 나온 후 장인 장모님께 처음으로 인사를 올렸다.

결혼 말이 있기 전에는 누나라 부르며 자연스럽게 대하며 밥이나 차를 대접받으며 세상의 여러 얘기를 나누곤 하였다. 이 세상에서 흔히 일어나고 있는 얘기들을 서로 전하며 친절하고 극진히 나를 대접하는 누나였다. 오히려 처제는 나와 나이가 동갑이라 서로 부끄러워하고 어색한 사이로 대화 내용도 서로 유식해 보이려고 예의상 실수하지 않으려고 알아듣기에도 어려운 철학을 논하거나 세상 젊은이들의 사고와 행위가 너무나 앞서 나가 부모님이나 정상적 가정교육을 받은 젊은이들에게는 비판의 대상이 되고 있다는 그런 쪽의 대화가 주로 오가곤 했다. 그래서 그 당시에는 처제와 마주 앉아 대화하는 것이 오히려 어른들께서 속으로 야단치거나 못마땅하게 여길까 봐 의식적으로 누나와 같이 세상 얘기를 하면서 잠깐 쉬다가 옆 동네인 우리 집으로 가곤 하였다.

그렇게 대하기 편안한 누나와 결혼을 하루 앞두고 마주 앉아 이야기를 나누도록 어른들께서 공간을 마련해 주셨는데 막상 그 방에 들어갈 때부터 얼굴이 화끈거리고 부끄러워서 어떤 얘기를 하여야 할지 생각도 나지 않았고, 엘리사벳도 얼굴에 홍기를 띄운 채 어색한 분위기 속에서 아무 말도 하지 않고 나의 말을 기다리고 있었다. 잠시 후 내가 말문을 열었다. "나는 천주교식 결혼식을 본 일이 없어 어떻게 해야 할지 걱정이 됩니다." 이때 엘리사벳이 "본 혼인미사가 시작되기 전에 신부님 사무실에서 간단한 감면혼배가 있을 것이고, 그다음 성당에서 혼인미사가 진행되며 혼인미사 진행 중에는 내가 앉으면 앉고 서면 서 있기만 하면 되고, 신자들에게만 드리는 성채는 신자 아닌 사람은 영할 수 없으므로 받아서는 안 된다는 점만 익히면 예식 진행에 큰 차질은 없을 것입니다."라고 대답하였다. 가톨릭 신자가 아닌 나는 그 말을 잘 이해할 수 없었지만, 내일 신부가 잘 인도해 주겠지 생각하고 더는 물어보지 않았다. 그리고는 엘리사벳에게 내일 결혼식장인 진영성당에서 만나자는 얘기를 남긴 채 방문을 열고 나와 집으로 가려고 하는데, 장모님께서 나를 바래다준다면서 우리 집까지 가는 길의 중간쯤에 있는 다리까지 함께 걸으며 두 가지를 질문하셨다.

하나는 이번 결혼 결정이 나의 의사가 주로 반영된 것인가 아니면 부모님의 의사가 주로 반영되고 나는 피동적으로 따른 것인가? 또 하나는 엘리사벳은 나보다 나이가 세 살이나 더 많은데 사십 대가 되었을 때도 내가 엘리사벳만 오직 사랑하며 살아갈 수 있겠는가? 하는 것이었다.

내가 대산면 아가씨와 맞선을 본 그날 저녁 진례의 집에서 자면서 부모님께서 무척 아끼고 애석하게 여기는 엘리사벳이 나에게 시집올 수 있는지 알아보시라는 말을 한 이후 장모님과는 처음 대하는 것이라 그동안 무척 궁금했던 것을 질문하신다고 생각하였다. 부모님과 장모님 사이에 결혼 여부의 대화가 오간 뒤 엘리사벳이 결혼을 하겠다고 했고, 바로 아버지께서 부산으로 내려오셔서 내 생각을 알려고 하실 때 밤새 고민한 것이 바로 장모님께서 질문하신 것들이라 내가 아버지께 대답한 대로 장모님께 말씀드렸다. 이번 혼사는 저 자신이 결정하였고, 나이 차이에 대하여도 너무 걱정하실 필요가 없을 것이라고 과감히 말씀드렸다. 그때 장모님께 드린 두 가지 대답이 결혼에 대한 첫 번째 약속이 된 셈이다.

두 번째 약속은 호텔에서 첫날밤을 보낼 때 많이 떨고 있는 엘리사벳에게 위로하며 조용히 얘기했다. 우리 둘이서 이 세상을 살아가다가 너무나 가난해져 거지가 되어 쌀쌀한 초가을 밤 다리 밑에서 잠을 자야 하는데 낡은 가마니때기 한 장밖에 덮을 것이 없어 내가 아내에게 가마니때기 이불을 덮어 주고 잠이 들었는데 새벽에 잠이 깨어 보니 가마니 이불이 나에게만 덮여 있어 나는 얼른 가마니를 당신에게 다시 덮어 주어 그 가마니 이불이 당신에게만 덮여 있고, 내가 추위에 떨고 있으면 당신이 나에게 덮어 주는 아니 가마니 이불이 당신에게만 덮여 있더라도 나에게 덮어 주지 않아도 된다고 약속했다. 쌀쌀한 가을밤 가마니때기 이불을 모두 다 엘리사벳을 위하여 덮어 주겠다는 것은 지고한 배려의 사랑, 희생의 사랑이 아니겠는가?

쌀쌀한 가을밤 가마니때기 이불 사랑을 나는 바라지도 않으며, 오직 엘리사벳을 위해 베풀겠다고 첫날밤에 약속했다.

이처럼 장모님에게 한 첫 번째 약속과 엘리사벳에게 한 두 번째 약속을 지키기 위해 지금까지 애써 왔으며 앞으로 남은 삶도 엘리사벳에게 가마니때기 사랑을 지키려고 최선을 다할 것이다.

장모님

첫 문패

　문패란 주소, 성명 따위를 적어 문 옆에 달아 그 집의 주인임을 알리는 패로서 영광과 부를 상징하고 있다. 요즈음은 전세를 든 사람이나 월세를 내고 사는 사람도 문패를 다는 경우도 있으나 옛날에는 집주인 이외에는 문패를 달 수 없었고, 편지 쓸 때의 주소는 ○○○방, ○○○하고 표시하였다. 이때 앞에 ○○○방이라는 것은 집주인의 이름을 쓰고 뒤 ○○○는 자기 이름을 써야 편지 등이 정확히 배달된다. 그리고 자기 문패가 있다는 것은 자기 집이 있다는 뜻이므로 남들이 볼 때 매우 부러운 일이었고, 집 없는 사람 모두의 소원이었다.
　1965년 2월에 결혼하여 나의 직장인 부산시 서구청 근처 서대신동 로터리 옆에 일제 강점기부터 있었던 목조건물의 방 한 칸을 얻어 그곳에서 첫 살림을 하게 되었다. 오래전이라 그곳의 지번은 기억할 수 없으나 방이 서너 개 있는 단층 목조 가옥이었고 나무 몇 그루가 있어 우리가 사는 방을 덮어 여름에는 햇

빛을 막아 주었다. 그 집 주인은 부산세관에 다녔고, 안주인은 전업주부로 경상도 사람은 아니었다. 그 집에서 100m쯤 떨어진 곳에 서구청이 있었으므로 나는 점심시간에도 집으로 와서 식사를 하고는 다시 귀청하여 업무를 볼 수 있어서 나의 점심 식사비는 절약될 수 있었다. 직장과 가까이 있어 신혼의 즐거움도 즐길 수 있는 장점이 있었으나 그 대신 아내는 나의 점심 문제 등으로 오빠 집이나 친척 집으로 놀러 갈 수가 없어 불편한 면도 있었다.

또한, 전세를 살다 보니 주인집 아주머니와 집사람 간에 묘한 불편한 점이 쌓이기 시작하여 서로가 말을 못 하면서 불편한 관계가 조성되어 가고 있었다. 화장실이 주인집 마루를 몇 발자국 밟고 가서 주인집과 공동 사용하게 되어 있었다. 그래서 나는 화장실 갈 일을 사무실 화장실에서 해결하고 가능한 한 집에 있는 화장실을 사용하지 않는 편이었고, 소변은 요강을 사용했다. 집사람은 하는 수 없이 요강을 사용하기도 하고 주인집 화장실을 사용하기도 하였다. 화장실 가는 데에는 마루를 이용하게 되며 이 화장실을 가기 위하여 사용하는 마루만 집사람이 닦고 청소를 하면 주인집 아주머니가 마루 전부를 닦지 않는다고 야단을 치면서 집사람을 나무라곤 하였다.

그리고 직장에서 회식이 있어 조금 늦게 퇴근할 때 우리 집으로 통하는 벨을 눌러서 집사람이 대문을 열어 주더라도 대문 여닫는 소리가 주인집에 들려 잠을 깨우지나 않을까 하여 매우 미안하고 조심스러웠다. 그 집에서 주인집 사정으로 몇 달 살지도 못하고 다시 동대신동 2가로 이사하게 되었지만, 몇 달 사는 동안 우리가 사용하지도 않고 자기들이 주로 사용하는 마루까지 닦지 않는다고 집사람을 나무라는 주인아주머니의 행동을 이해할 수가 없었다. 몇 달밖에 살지 않은 것이 매우 다행이었다는 생각이 든다.

서대신동에서 3개월 정도 살다가 주인집 사정으로 이사한 동대신동 2가에는 석회 형님 내외와 식구들이 살고 있었고, 그 옆에는 친척 형님인 당시 이사관급인 부산시청 중구청장인 배석권 씨가 살고 있었으므로 그 옆으로 이사를 하면 좋겠다고 하여 형님 댁에서 얼마 떨어져 있지 않은 곳의 아래채에 달아낸 방으로 이사했다. 그 집은 서대신동 집보다 여름에는 상당히 더웠고 겨울에는 상당히 추웠다. 집의 본채가 아니라 아래채에 달아낸 가건물로 집의 기둥이나 벽, 지붕 등이 아주 약하고 얇아 냉방이나 난방에 있어 서대신동 집에 비교하여 건물이 좋지 않았다. 이 집 주인은 시집가지 않은 딸을 데리고 사는 할머니로 위채에서 살고 있었고, 우리가 사는 집은 별도의 아래채로 독립 가옥이었다.

따라서 주인집 할머니가 청소 등으로 집사람을 나무라는 일은 없었으며, 주인과의 관계는 매우 편안하였었다. 그런데 오빠 집 옆에 있다 보니 자주 오빠 집을 방문하게 되고 방문하다 보면 좋은 일만 있는 것이 아니고 두 내외가 싸우는 일도 있어 어떤 때는 입장이 곤란할 때도 있었다. 집사람이 첫 임신이 되었을 때 명절이 닥쳐 형님 집을 방문하였는데 어떤 문제로 형님 내외가 싸우기 시작하였고, 이로 인해 드디어 아기가 유산되었다. 그 첫아기가 어른들의 잘못으로 이 세상의 빛을 보지도 못한 점에 대하여 대단히 미안한 마음이 들어 그날 밤 나의 눈에는 눈물이 고이고 있었다.

그 일이 있었던 몇 달 후 가을이 되어 괴정동에 서구청에서 방 2칸짜리 가옥을 분양하는 것이 있어 나는 그것을 계약하고 그 건축공사가 끝나면 그곳으로 들어가 살기로 하였다. 그러던 중 건축공사가 자꾸만 지연되는 것 같아 같은 괴정동에 있는 장방형으로 길게 지은 방 1개짜리 가옥이 매물로 나왔다는 소식이 있어 그곳으로 이사하는 것이 좋겠다고 마음먹고는 가격을 알아 봤더니 살고 있는 집 전세금으로 살 수 있는 가격이었다. 그 집과 지금 짓고 있는 집과의 거리는 100m 정도밖에 되지 않았다.

첫아기를 잃은 동대신동 2가에서 빨리 떠나고 싶어 괴정동 방 하나짜리 집을 계약했다. 이 집은 옆으로 기다란 장방형의 건물로 방 1개짜리 집이 열 집쯤 있었고, 내가 계약한 집은 맨 가에 위치하여 사용할 마당이 조금 있었다.

드디어 1965년 가을에 괴정동 방 1칸짜리로 이사했다. 그곳에서의 생활은 너무나 마음이 편안했다. 비록 방 한 칸이라 하나 나의 집이기에 누가 청소 안 한다고 나무라는 사람도 없고 여름에는 동대신동 2가 집보다 뜨겁지도 않고, 겨울에는 외풍이 그리 심하지 않아 지낼 만한 집이었다. 누구도 간섭하는 이 없는 그야말로 나의 집이었다. 얼마 뒤 삼촌을 오시게 하여 담을 치고 대문을 달기로 하였다. 화목 삼촌께서는 맨 가에 위치한 가옥이라 마당이 제법 있다고 하시면서 경계에 블록 담을 쌓고는 출입문을 만들었다. 솜씨는 엉망이었으나 담을 쌓고는 적당히 예쁜 꽃나무를 심으리라 생각하였다. 삼촌이 만든 대문에는 콜타르를 발라 흑색 대문이 되었다. 콜타르는 석탄을 건류할 때 생기는 흑색의 끈끈한 액체로 방부 도료로 쓰인다. 이 대문에 문패를 달았다. 문패에는 '부산시 서구 괴정동 ○○번지 김호찬'이라는 글자를 새겨 넣었다.

지금까지 살면서 내 이름으로 문패를 달아본 적이 없었으니 괴정동 집의 문패가 처음이었다. 문패는 집주인만 달 수 있으므로 이 집의 주인은 다른 누구도 아닌 나였다. 단칸방 집에 아마추어 솜씨로 쌓은 블록 담에 적당히 맞춰 세워 놓은 어설픈 솜씨의 대문이지만, 그 위에 걸려 있는 문패는 누구의 간섭도 받지 않는 이 세상의 많은 집 중에 오직 김호찬의 집이라고 말하고 있었다.

지금도 처음으로 문패를 달고 기뻐했던 순간을 잊을 수가 없다.

엘리는 나의 사랑

    엘리는 나의 아내 엘리사벳의 애칭이다.
    나의 사랑 엘리가 내 곁으로 오는 일은 무척 어려운 일이었다. 엘리가 수녀가 되기 위해 수녀원에 들어갈 날을 기다리고 있을 때 양가 어른들 간에 나와의 결혼 이야기가 오갔다. 시집갈 본인은 수녀가 되겠다는데 그 마음을 바꾸기는 쉽지 않았다. 그러자니 집안 어르신께서 설득할 수밖에 없었다. 엘리의 마음을 돌리는 데는 장모님의 역할도 컸지만, 처조부님께서 수녀가 되는 것이 과연 효녀인가. 아니면 결혼하여 한 가정을 꾸리는 것이 효녀인가 둘 중에 선택하라고 강요하자 마음씨가 고운 엘리는 부모에게 불효를 저지르지 않으려고 결혼을 택하였다.

    엘리는 나보다 세 살이 더 많기도 하지만, 나와 살면서 누나처럼 넓은 마음으로 나의 모든 것을 이해하려고 했다.
    나는 성격이 급해서 참고 기다리지를 못했다. 나와 의견이

다를 때나 빨리 행동하지 못할 때 크게 소리치거나 짜증을 내게 된다. 특히 엘리에게는 더욱 심하게 소리치고 짜증을 냈다. 그것은 엘리가 미워서가 아니라 믿고 의지하는 아내라서 그렇게 한 것 같다. 이런 나의 행동은 부부간의 예의를 무시한 행동이었다. 그러나 엘리는 이런 나의 못된 버릇을 내색하지 않고 평생을 받아 주고 참아 주었다.

 이렇게 정신적으로 너그러운 엘리는 생활면에서도 넓은 마음으로 가정을 위해 노력했다. 가장인 나의 수입으로는 아이들 공부시키기가 어려울 때 엘리는 나를 도우려고 음식 장사를 두 번이나 했다. 첫 번째는 대치동에서 돼지갈빗집을 하였고, 두 번째는 잠실에서 추어탕집을 했다.
 엘리는 칠 남매의 장남에게 시집온 맏며느리로서 우리 가정뿐 아니라 시집 부모님과 형제자매들과 집안의 대소사를 이끄는 데 많은 책임을 떠안아야 했으나 남편인 나의 수입으로는 감당할 수 없었기 때문에 생활전선에 나선 것이다.
 음식 장사는 새벽부터 늦은 밤까지 중노동을 해야 하므로 몸은 무척 피곤하였고, 거기다 장사가 잘 안될 때는 스트레스를 받아 정신적으로도 피곤한 일이다.
 엘리는 음식 솜씨가 좋아서 식당 음식이 맛있다고 입소문으로 퍼져 단골손님이 많았다. 그래서 엘리의 음식 장사로 우리 가정은 경제적으로 많은 도움이 되었다. 그 대신 엘리의 몸은 도움이 된 만큼 더 고단했다. 자신의 몸과 마음을 다해 가정을 위해 희생한 엘리에게 뜨거운 고마움을 느낀다.

이러한 엘리를 50년 넘게 보면서 그녀에게서 배울 점이 너무나 많았다. 그중 몇 가지만 말하고자 한다.

첫째 큰 언니, 큰 형님, 큰 형수, 큰 매형 등 큰 사람은 그렇지 않은 사람보다는 다른 면을 지니고 있지만, 엘리는 남달리 위기 대처 능력이나 이해력, 인품 등에서 큰 면을 보여 준 큰 여인이었다.

둘째 천성이 너그럽고 어질어서 나의 실수를 감싸 주었고, 나는 엘리가 나를 용서하는 너그러움을 항상 느끼며 살아왔다.

셋째 성격이 매우 치밀하고 합리적이어서 자식 양육이나 집안 살림에서 실수가 적은 편이다.

넷째 근검절약하는 정신이 매우 강하였다. 적은 나의 봉급으로 자식을 키우고 부모님의 비위도 어느 정도 맞춰가며 효성을 다하였다.

다섯째 외유내강의 성품으로 이웃과 친하게 지내며 사랑을 나누는 부드러운 면을 보이면서도 나쁜 사람의 꼬임에는 속지 않았다.

여섯째 가족을 사랑하는 마음이 매우 강하며, 부모님이나 남편, 자식에게 강한 생활력을 솔선수범하면서 가르치는 성격이 있다. 특히 자식에게는 더욱 강했다.

이러한 엘리의 너그럽고 어진 인품과 치밀하고 합리적인 성격으로 솔선수범하는 가르침은 나를 여기까지 오게 한 힘이 되어 나를 직장과 사회에서 인정받고 쓰임 받는 사람이 되도록 이끌어 주었다. 나이 들어서는 작가의 길을 걷게 하는 데 많은 도움을 주었다.

그리고 아들 셋을 수재들만 간다는 서울대학에 입학시켜 자기 길을 훌륭히 닦도록 하고, 바른길로 자식을 인도한 것 또한 어머니로서의 엘리의 위대함을 보여 준 것이다.

큰 여인인 엘리에게 경의를 표하면서 나의 사랑이라고 말해야겠다.

엘리는 나의 눈
엘리는 나의 귀
엘리는 나의 선배
엘리는 나의 사랑

엘리는 밝은 빛과 어두운 빛 중 밝은 빛을 보게 한 나의 눈

엘리는 좋은 소리와 나쁜 소리 중 좋은 소리만 듣게 해 주는 나의 귀

엘리는 어떻게 사는 것이 자식이 살아야 할 길이고, 장남이 살아야 할 길이며, 사회를 위한 길인지를 가르쳐 준 격의 없는 나의 선배

엘리는 몸과 마음을 송두리째 희생하여 오직 나만을 위하고 가족을 위하는 뜨겁고 끝없는 나의 사랑

나의 눈 나의 귀 나의 선배 나의 사랑이 없는 이 세상을 나는 상상도 하지 않았다.
항상 내 곁에 있으리라고 믿기 때문이다.

세월이 흘러흘러
나는 할아버지가 되었고
엘리는 할머니가 되었다
엘리는 나이 들어서 움직이기도 귀찮고 다른 이들을 위한 봉사가 건강상의 문제로 줄었어도

나에게는 눈이 되고, 귀가 되어 힘겹게 움직인다.
나에게는 아직도 좋은 선배가 되고
가없는 사랑이 되어 온 마음을 다하여 움직인다.
무딘 나의 감정에도 뜨거운 고마움을 느끼게 한다.
나도 엘리의 눈과 귀가 되고 진한 선배가 되며 사랑이 되겠다고 고마운 마음과 나의 작심이 스쳐 지나간다.

엘리는 이제 팔십이 넘었지만, 지금도 남편과 자식들을 위해서라면 무엇이든 희생할 것이다. 나는 그런 엘리에게 인제 그만 쉬라고 말릴 것이다. 앞으로 얼마나 더 남은 시간이 있을지 모르지만, 그 남은 시간을 엘리 자신을 위하여 살기를 바라기 때문이다.
사랑하는 엘리여, 항상 건강하고 행복하시기를 빕니다.

사랑하는 세 아들

1966년 총무처 시행 세무직(국세청) 시험에 합격하여 서울 종로세무서에 6월 20일에 착임하려고 기다리는 중이었다. 6월 6일 새벽 3시쯤 엘리사벳에게 진통이 왔다. 그때는 통행금지가 있어서 새벽 4시가 되어야 밖으로 나갈 수 있었다. 그때 나와 엘리사벳은 산모는 예외라는 것을 모르고, 산통이 와도 병원에도 못 가고 통행금지가 해제될 때까지 기다렸다. 또한, 산모의 산후조리를 위해 와 계신 백모님도 모르셔서 산통을 지켜보다가 새벽 4시가 되어 동네에 사는 산파를 오게 해서 5시경에 첫 아들이 태어났다.

나는 6월 19일에 상경하여 20일에 종로세무서에 착임계를 제출하고 그때부터 세무공무원이 되었다.

얼마 후 서울의 신촌에 방을 얻어 셋이서 살았다. 그 방은 난방이 잘 안 되어서 조금 따뜻한 곳에는 아기를 눕히고, 우리 내외는 차가운 방바닥에서 이불의 온기로 밤을 지내기도 했다.

베드로가 세 살 때 거기서 둘째 바오로(김진용)가 태어났다. 그 방에서 네 식구가 살자니 비좁아서 집값이 싼 모래내에 대지 45평 정도에 방이 세 칸인 집을 132만 5천 원에 사서 이사했다. 이 집에서 셋째 그레고리오(김진서)가 태어났다.

첫째 아들과 둘째 아들은 충암국민학교에 다니고 있었다. 셋째 그레고리오는 너무나 착실하고 정직해서 어른들이나 형들이 집을 보라고 하면, 화장실 가는 것 말고는 온종일 마루 끝에 앉아서 밖에서 친구들이 놀고 있어도 나가지 않고 집을 지키고 있었다.

베드로가 초등학교 5학년이었을 때 나와 엘리사벳은 명문대학 입학률이 높은 강남 학군으로 집을 옮기고 싶은 마음이 간절했다. 그러나 강남의 집값이 워낙 비싸 대치동, 압구정동, 청담동 같은 강남 요지로는 옮길 수가 없었고, 강남 학군인 잠실로 옮기기로 하고 베드로가 5학년 겨울방학 때 모래내 집을 판 돈에 상당한 돈을 보태서 잠실 5단지 주공아파트를 사서 이사해서 5단지 내에 있는 신천초등학교에 다니게 되었다.

그때 나는 국세청을 그만두고 상장회사 부장으로 옮겼고, 이사로 승진하였다. 상장회사 이사가 되자, 전속 차량과 운전기사, 여비서가 배치되었고, 내 사무실도 독방으로 따로 있었다. 매월 약간의 기밀비가 나와서 아랫사람인 부장, 차장, 과장 등이 업무상 수고가 많았을 때 밥을 사 주거나 가벼운 운동비로 쓰게 되었다. 공무원 시절 월급으로는 생활비가 모자라 돈을 빌려서 생활비를 충당할 때가 많았는데, 회사로 옮긴 후로는 그런 일은 없게 되었다.

세월이 흘러 큰아들 베드로는 신천중학교와 영동고등학교를 졸업하고 1년 재수해서 서울대학교 외교학과에 입학하게 되었고, 둘째 아들 바오로는 신천중학교와 경기고등학교를 졸업하고 서울대학교 공과대학 금속학과에 입학하여 재수한 형과 같은 해에 입학하였다. 그때 나와 엘리사벳의 기쁨은 말로 표현할 수 없을 정도로 컸다. 셋째 그레고리오는 잠실중학교를 거쳐 잠실고등학교를 수석으로 졸업하고 서울대학교 경제학과에 입학하게 되었다. 이렇게 세 아들이 모두 서울대학교에 다니게 되었다. 아들 셋이 수재들만 들어간다는 서울대학에 입학했으니 어깨가 우쭐해지기도 했다.

그때 나는 회사 중역으로 있어서 나의 월급으로 세 아들의 학비 문제는 걱정하지 않아도 될 정도였으나 아들들이 장학금을 받게 되어 등록금을 주지 않아도 되었고, 용돈도 아르바이트해서 스스로 벌어서 썼다. 아들들의 학비 부담은 거의 없었다.

그러나 좋은 일만 있으란 법은 없는지 큰아들 베드로에게 대학 생활 중 문제가 생겼다. 베드로가 증산도에 심취되어 대전에 있는 증산도 본부에서 증산도의 지도자가 되기 위해 공부하느라 1년쯤 있다가 돌아왔다. 그러다 보니 외무고시에 필요한 공부는 제대로 하지 않아 결국은 졸업 후 현대그룹에 취업하게 되었다. 그때 정주영 회장의 대통령 출마로 그 선거 캠프에 합류하여 일하다가 정주영 회장이 낙선된 후 현대그룹으로 복귀하지 않고, 쉬다가 증산도에 갔다 왔다 하다가 증권회사에 취직하여 그곳에서 같이 근무하던 아가씨와 결혼하여 규연, 세연 두 아들을 낳았다. 그러더니 증권회사의 업무가 적성에 맞지 않는 다며 사표를 내고 조금 쉬다가 음식점 자영업을 하더니 그것도 여의치 않아 정신적 스트레스에 시달리다 병원 치료까지 받게 되었다. 그 뒤 아버지인 나의 도움으로 자신의 전공과 아주 다른 세무업무를 배워 취직을 했으나 그 월급으로는 생활하기 어려우므로 가족의 도움으로 고시원을 경영하게 되었다. 그러다 얼마 후 중소기업에 간부로 취업하여 열심히 일하며 현재는 두 아들을 사랑하며 희망에 찬 생활을 하고 있다.

둘째 바오로는 서울 공과대학을 졸업하고 전자현미경이 있는 포항공과대학에서 석사학위를 받은 후 미국으로 건너가 카네기 메른 대학에서 공부하던 중 이화여자대학교를 졸업한 재원인 아가씨와 결혼하여 둘이 미국에서 공부하여 둘 다 박사학위를 받았다. 아들은 국책연구소에 취업하여 오랫동안 근무하다가 몇 년 전에 그만두고 국책연구소보다 규모가 좀 더 작은 연구소에서 일하는 중이다. 둘째 며느리는 치과 계통의 기술자 자격증을 취득하여 그 일을 열심히 하고 있다. 두 딸을 두었고, 큰 딸은 대학 졸업 후 상급학교에 다니는 중이며, 애인이 생겨 사귀는 중이라는 반가운 소식이 전해왔다.

셋째 그레고리오는 서울대학교 경제학과를 졸업한 후 대기업에서 고급 간부로 있으며, 두 아들을 낳아 즐겁고 행복하게 살고 있다.

둘째 아들 진용과
셋째 아들 진서와
함께

둘째 아들 진용 셋째 아들 진서

나와 엘리사벳의 세 아들들이여!

너희들은 자식들을 낳아 대를 잇게 하여 이 부모에게 큰 기쁨을 주었고, 거기다 이 부모가 살아온 것보다 훌륭히 자신의 길을 닦아 좋은 결과를 만들었으니 그 또한 부모에게 큰 기쁨을 주었다. 그리고 아들들아! 훌륭히 살아 주어서 고맙고 예쁜 손자 손녀들의 할머니 할아버지로 살게 해 주어서 고맙다. 이제 나와 엘리사벳은 당장 너희들과 영원히 이별한다 해도 아무 걱정 없이 편한 마음으로 웃으면서 떠날 수 있을 것 같다.

둘째 아들 진용이가 미국 카네기 메른대학에서 박사학위를 받았을 때

엘리의 무거운 짐

아버지께서 돌아가신 지 30년이 되는 2009년 가을이었다. 엘리와 나, 큰아들 베드로와 큰 며느리 그라시아, 손자 두 명 모두 여섯 식구가 모여서 외식을 하게 되었다. 식사가 끝날 무렵 나는 큰아들 내외 앞에서 중대한 발표를 했다.

"너의 어머니가 나이 30에 우리 집안으로 시집와 너희 삼 형제를 낳아 훌륭히 키웠고, 할아버지 돌아가신 뒤 제사를 모셔온 지 30년이 지났다, 이제는 할머니도 돌아가셔서 기제사는 1년에 두 번이고, 설, 추석 명절 차례까지 네 번을 모셔야 한다. 거기다 큰댁의 할아버지 할머니 백부모님의 기제사와 명절 차례까지 신경을 써야 하고, 가을 시제까지 해서 모셔야 할 제사가 너무 많다. 그런데 너희 어머니는 80을 바라보는 연세에 건강도 좋지 않으니 너희들이 너희 할머니와 할아버지 기제사와 명절 차례를 모셨으면 하는데 너희들 의사는 어떠냐?"고 물었다.

　갑작스러운 나의 물음에 아들과 며느리는 한참 동안 대답이 없었다. 하기는 생각지도 않던 질문이라 선뜻 대답하기는 쉽지 않은 질문이었다. 엘리도 한참 동안 말이 없었다. 나는 이 문제는 엘리 본인의 문제이기도 하여 자기가 모시겠다고 할 수도 있어서 엘리에게도 미리 의논하지 않았다.

　한참 후 그라시아가 입을 열었다. 갑작스러운 말씀에 당황하였고, 제사의 인수 문제는 생각해 본 적이 없으나 아버님 말씀에 동감한다고 하면서 제사 음식을 잘 할 수 있을지가 걱정이라고 했다. 그러자 베드로가 그라시아가 준비가 될 때까지 두 분께서 계속 지내셨으면 좋겠다고 했다. 아들의 말에는 그라시아에 대한 배려와 아버지의 제사권을 받는 것을 사양하는 뜻도 있는 것 같았다. 드디어 엘리가 입을 열었다.

　"아버지의 말씀대로 제사를 너희에게 넘길 때가 된 것 같다. 몇 년간은 내가 제사 음식 만드는 데 같이 참여할 것이니 너무 걱정하지 말고 제사를 받도록 하여라."라는 엘리의 말에 아들 내외는 다음 제사부터 지내기로 하였다. 나의 제사 문제에 대한 제안에 엘리가 동조한 것은 남편의 제안을 존중한다는 뜻을 자식에게 보여 주고자 함이며, 또 자신의 힘든 것을 감안한 것이라고 생각한다. 그리고 큰며느리에게 제사를 넘긴다는 것은 큰며느리의 위상을 높여 주는 뜻도 있었을 것이다.

엘리는 독실한 가톨릭 집안에서 자랐으므로 유교적인 제사에 대하여는 잘 몰랐으나 우리 집안으로 시집온 다음부터는 시집의 풍습을 따르려고 노력하면서, 특히 제사 문제는 전적으로 시집의 풍습대로 하려고 했다. 그래서 아버지께서 돌아가신 그때부터 30년간 정성껏 제사를 모셨다. 나는 베드로 내외에게 "너희도 제사를 지낸 지 30년쯤 되거든 너희 자식들에게 제사를 넘기면 좋겠다."고 했다.

아버지께서는 생전에 며느리인 엘리를 아끼고 좋아하셨다. 그것을 잘 아는 엘리는 시아버님 제사에 음식도 많이 하고 정성껏 모셨다. 어머니 기제사에는 아버님 기일에 같이 모시고, 어머니 기일에는 성당에서 연미사로 대신하기로 하였다.
 한평생 시집 어른들을 모시는 일에서부터 남편의 뒷바라지와 자식들 키우는 일에 온 힘을 다한 엘리였고, 이젠 몸이 많이 약해져 제사와 같은 힘든 일은 덜어 주어야겠다는 생각으로 제안한 제사 문제는 잘 마무리되었다.

그 후 큰집 사촌들과 의논하여 사촌들이 모시던 할아버지 할머니 제사를 가을 시제로 옮겨 지내도록 결정하고, 사촌 식구들과 우리 식구들이 매년 5월 둘째 월요일에 산소에서 만나 함께 성묘하기로 했다. 수십 년 동안 의정부의 사촌 집에서 지내는 할아버지 할머니 제사에 참석하러 갔지만, 우리 내외도 나이가 들어 왕래하기 힘들고 요즈음처럼 바쁜 생활에 재종간인 아이들이 할아버지 할머니 제사를 모시러 오가는 것은 너무 복잡하므로 제사 참여는 생략하고 1년에 한 번씩 산에서만 보기로 했다.

80이 다된 우리 내외가 움직이기 힘들므로 집안 행사에 참여하는 것을 줄이는 수밖에 없었다. 그런 한편으로는 며느리인 그라시아에게 부모님 제사를 넘기면서 그라시아의 일을 줄여 주기 위해 시골 형제들에게 명절 차례에는 참여하지 말고, 아버지 제사에만 참여하도록 하였다.

이런 조치는 동생들에게도 집안일을 줄여 주는 결과가 되었고, 엘리도 제삿날이나 명절 때 한가롭게 여유를 가지게 되어 그 모습이 참으로 좋아 보여 행복했다.

사랑하는 엘리와 함께

장남의 무거운 짐

　내가 태어난 1930년대의 장남들은 태어나면서부터 많은 짐을 지게 된다. 옛날 어른들은 아이들을 생기는 대로 낳아 기르다가 두서넛은 홍역 등 병으로 잃어버리고 일곱에서 열 명 정도를 키우게 되어 보통 형제 남매가 칠 남매에서 십 남매 정도 되는 대가족을 형성하게 되며, 이중 맨 처음 태어난 사내아이가 장남이 된다. 그러나 나처럼 차남으로 태어났으나 형이 어릴 때 죽어 원하든 원치 않든 장남이 되기도 한다. 우리 때의 장남은 어릴 때는 형제자매들에게는 명령적 우위권을 가지게 되며, 부모님을 봉양할 의무를 진다. 특히 가난한 집안의 장남은 행세할 권한은 별로 없고 의무만 많이 부여받아 어릴 때부터 어깨가 무거워 키가 별로 크지 않는 것 같다. 머릿속은 항상 복잡다단하여 최선의 길이 무엇인지 명료하게 판단하기 힘들 때가 많다. 부잣집 같으면 재산을 많이 물려받을 수 있어서 그 재산으로 경제적 문제는 일단 해결되며, 부모님 문제와 조상숭배의 문제만 남게 되어 머리가 훨씬 가벼운 편이나 가난한 집안의 장남은 물려받을 재산이 없어 경제적 문제부터 해결해야 하는 매우 난감하고 어려운 문제에 부딪히게 된다.

나는 대학을 졸업하고 공무원으로 취직했다. 옛날 우리 시절에는 은행이나 국영기업체 그 외는 대개 공무원시험에 응시하여 공무원이 되는 경우가 많았다. 그 공무원도 공부를 잘하지 못하는 사람은 그것마저 기회가 주어지지 않지만, 백 대 일, 이백 대 일의 경쟁을 뚫고 공무원이 되어 봤자 그 수입은 매우 적어 생계유지에도 힘이 들 정도이며 엘리사벳과 같이 가정형 주부도 살림을 꾸려 나가는 데 돈이 부족하다는 얘기를 할 정도였고, 여기에 업체에서 차비 정도의 돈이라도 받았다는 사실이 적발될 때에는 파면이나 교도소를 가게 되어 5·16 혁명 이후 공무원 기강이 매우 엄격하였다.

이러던 차에 매년 고향의 부모님을 조금씩 도와드려도 매년 부채만 늘어나고 아무 소용이 없었다. 그러나 가난한 집안의 칠남매 장남으로 부모님을 봉양하고 동생들이 밥을 먹게 하고 시집 장가를 보내야 하는 중차대한 의무를 지고 있으니 이 의무 이행에 너무나 고생을 한 사람은 엘리사벳이었다. 어느 날 엘리사벳의 제안으로 매년 조금씩 시골에 보태 주어도 아무 도움이 되지 않으므로 우리가 먹는 것을 조금 더 바짝 줄여 저축하여 가난을 해결하고 동생들 문제를 처리하도록 하자는 의논을 하였고, 그래서 그다음 달부터 생활비는 최대한 줄이고 손님이 오셔도 최소한의 대접만 하고 일정 금액을 1년 또는 2년 만기 적금을 들기 시작하였다. 그 당시 1년에 적금을 넣으면 십만 원씩 탈 수 있었다. 지독한 소비 절약이 시작되었고, 우리 아이들 과잣값도 대폭 줄어들어 동네 아이들 먹는 것을 보고는 부러워하기도 하였으나 엘리사벳이 아이들을 잘 설득시켜 나갔다. 그런 결과 어떤 해는 논을 세 마지기 사게 되고 어떤 해는 여동생 시집갈 돈을 마련할 수 있어 하나씩 해결해 나갔었다. 그리고 남동생들은 내가 직접 취직을 시키기로 하여 남동생 넷 중 셋은 취업을 시키고 나머지 한 명은 아버지를 도와 농사를 짓겠다고 하여 그렇게 조치하였다.

그 뒤 세월이 흘러 농촌에서는 어느 정도 부자라는 말을 듣게 되었다. 그러나 가을이 되면 자꾸만 농비 때문에 빚을 졌다고 청구가 있어 하나하나 따져 보기도 하였으나 아무 소용이 없어 어떤 해는 아버지와 말다툼을 하기도 했다.

농사지을 논을 어느 정도 많이 사 드렸는데도 매년 적자가 났다고 아버지께서 서울로 올라오셔서 지원을 요청하시는 말씀에 조금씩 도와드렸다. 그 빚은 아버지께서 저지른 것이 아니고 농비도 아닌 엉뚱한 자식 하나가 저지른 것인데 아버지께서 말씀을 못 하시고는 큰아들에게 큰소리도 못 치시던 모습을 생각하면 너무나 몹쓸 불효를 의식적으로 행한 것 같아 지금까지도 아버지께 죄송스럽다.

"대단히 죄송합니다. 아버지! 진즉에 적자 요인을 정직하게 저에게 말씀하셨더라면 빨리 병폐를 고칠 수도 있었을 터인데 그 자식을 보호하시느라 아버지 입장만 곤란하셨던 것 소자 다 이해합니다. 그러나 그 원인을 알아 다음 해에는 그런 적자가 나지 않게 하려고 그 당시에는 그렇게 대하였던 것입니다. 동생 셋을 취직시킬 때도 내가 아는 친구들에게 동생들이 공부를 많이 못 한 사정과 내 처지를 설명하고 취직을 부탁하면서 나의 자존심은 강물에 던져 버린 것을 어느 형제나 부모님이 알겠습니까? 그것도 모르고 그 동생들은 아직도 나에게 감사는커녕 불평을 하며 어떤 동생 내외는 몇 년이 되어도 전화통화도 한 번 없습니다."

경조사비 지출을 줄이지 않으면 살림이 되지 않았기에 부모님 경사나 형제자매 결혼 등을 제외하고 다른 친인척 친구나 동창 등의 경조사비를 기본금을 정하여 그 안에서 지출하였고, 참여 여부도 최소화하여 여비를 줄이기 시작했다. 그렇게 하자 때로는 엘리사벳에 대한 어머니의 오해가 생겨 가정불화가 심해져 가므로 아버지와 단독 비밀 면담을 하여 요즘 엘리사벳과 어머니 사이에 조그마한 오해가 있어 매우 불편한 관계가 되었으므로 아버지께서는 어머니를 설득해 주시고 엘리사벳은 제가 달래면서 설득시키도록 하자는 나의 말에 아버지께서 협력하셔서 무사히 고부간의 오해가 풀리어 가정의 평화가 오게 된 일도 있었다.

장인 장모님께서는 유달리 맏사위를 사랑하고 믿으셨다. 김 서방이라면 팥으로 메주를 쑨다 해도 믿었고, 유달리 부드럽고 정겨운 사랑을 주셨다. 그러나 그 믿음과 사랑에 보답하지 못한 죄에 대하여 용서를 빌 뿐이다. 특히 장모님 편찮을 때 한 달이라도 모시지 못한 점 더더욱 가슴에 사무친다. 이처럼 후회뿐인 삶을 뒤돌아보면서 가슴이 아파 온다.

칠 남매 장남의 짐은 매우 무겁고 한이 없었지만, 나의 운명으로 알고 살았고 최선을 다하였다. 그러나 나의 형제 중에는 나를 원망하는 사람이 있고, 아버지 어머니께도 보다 잘하려고 하였고, 장인 장모님께도 더욱 잘하려고 했으나 부모님은 기다려 주시지 않고 홀연히 떠나가셨다.

이 죄 많은 칠 남매 장남은 그 소임을 다함에 있어 최선을 다하여 살아보겠다고 결심하고 노력하였지만, 인간인지라 부모님, 동생들, 처가 어르신들 모두에게 잘못한 점도 많다. 너그러운 용서로 대하여 주시기 바라며, 세상살이가 지나고 보면 짧기만 하여 서로서로 이해하는 아량이 깃든 사랑으로 오늘을 살아가도록 다 같이 노력한다면 행복이 문 앞에서 기다릴 것이라 생각한다.

장모님과
어느 절에서

은평 처숙모님(왼쪽)과 은평 처고모님(오른쪽) 가운데 저자

제6부
사회생활

공직자 생활

　1963년 3월 부산시 지방공무원 5급을류 공채에 합격하여 부산시 서구청 남부민2동 근무 명령을 받고 동직원으로 근무하기 시작하였다. 동회 근무 기간은 두 달도 채 되지 않았으나 특히 수행업무 중 전국적으로 병역 일제신고가 있었고 정부 방출미 배급 업무가 있었다. 병역 일제신고는 병역의무 해당자가 거주지 동에 일제히 신고하게 함으로써 병역 기피자의 색출과 병역의무자의 파악 등으로 정부의 병역운용계획 수립의 중요 자료로 활용된다 하였으며, 정부 방출미 배급 업무는 시중에서 쌀, 보리 등의 가격이 폭등한 경우 가난한 서민에게 정부미를 시중가격보다 낮은 가격으로 공급하여 그 가격 인상을 억제하여 영세민에게 안정된 가격으로 공급하여 생활안정에 도움을 주는 제도이다.
　병역신고 업무의 수행에서는 신고율 제고를 위해 통반장을 통해 일일이 찾아 신고하도록 하는 업무 자체가 매우 피곤하고 책임감이 따르는 업무였으며, 정부미 배급 업무 수행도 2인 1조가 되어 이미 고시된 가격대로 돈을 받고 쌀, 보리 등을 큰 저울로 무게를 달아 배급하는 일이었으나 어떤 날은 쌀, 보리 등을 정해진 양보다 많이 배급하여 몇 가마니 모자라기도 하였고 어떤 날은 조금 적게 배급하여 남기기도 하였다. 그래서 동장님에게 무척 꾸중을 들었다. 남부민 2동에 한 달 이십일 정도 근무하면서 정부미 배급 업무는 아직도 잊지 못하는 좋은 추억으로 남는 업무였다.

그해 5월 6일경이라고 기억되는데 서구청 세무과에 발령이 나게 되어 지방세 징수업무 및 취득세 재산세 부과 업무를 담당하게 되었다. 그해 7월경 시청 취업 관계로 대학 4학년 과정의 수업을 들을 수 없었고, 따라서 학점이 나오지 않았다. 내가 입대하기 전에는 전공필수가 아니던 생산관리 과목이 제대 후에 전공필수 과목으로 되어 있어 졸업하기 위해서는 이 과목의 이수를 하여야 하느냐 안 해도 되느냐 하는 문제가 교수나 학생 모두 불명확하여 옥신각신하였다. 그래서 나는 전체 졸업학점 160학점은 초과하였으나 생산관리 과목만 문제가 되어 담당교수를 찾아가 취업을 해야만 하는 나의 집안 사정을 말씀드리고 리포트로 대신하여 학점을 달라고 애원하였다. 그러나 담당 교수께서는 그 자리에서 시험을 보라는 제안을 하였다. 그러나 공부를 하지 않아 시험 준비가 되지 않은 처지를 설명하고는 양해를 구하였다. 그 후 생산관리 과목을 D 학점을 받게 되어 형편없는 대학 4학년 평점으로 졸업시험을 통과하여 그 이듬해 2월에 졸업할 수 있었다.

부산시 서구청에서 3년을 근무할 때 시청 직원의 직급을 보면 나이 오십이 넘은 직원도 5급갑류로 있었고, 한 계에서 7급은 한 명으로 그 계에서 차석으로 있었다. 지방자치단체의 공무원 직급은 아주 하위직인 5급갑류 5급을류가 대부분이었고, 이런 형편에서 승진하여 국·과장이 되는 것은 큰 어려움이 있을 것 같아 1966년 총무처 시행 국가공무원 5급을류 세무직 공채가 있어 응시하여 합격하게 되어 종로세무서 조사과 근무발령을 받게 되었다. 바로 그해 재무부 공무원 교육원 법인기성반에 입교하여 교육을 받았고 졸업시험에서 수석을 하였다. 그 당시 수석 졸업자와 차석 삼 석 졸업자까지는 자기가 원하는 관서로 이동할 수 있어서 나는 국세청 본청 근무발령을 지원하였다. 그러나 본청에서는 5급을류 T/O가 없었으므로 하는 수 없이 서울지방국세청 법인세과에서 근무하게 되었다. 여기에서 5급갑류 승진 4급을류 승진을 하게 되어 조사 실무를 익히기 위해 중부세무서로 전출하게 되었다.

이때 법인세과 과장으로 부산에서 부임한 H 과장이 모 호텔 영업세 조사 결의서에 결재를 거부하는 소동이 일어났다. 나는 거부 이유가 이해되지 않아 그다음 날 결근을 하였고, 동료들의 권유로 출근하여 다른 사람에게 조사하게 해달라고 계장에게 건의하였다. 이때 입장이 곤란해진 P 계장이 중재를 서 부하직원인 내가 사과하는 형식을 취하여 결재를 얻은 후 지방청에 권형조사 서류로 송부한 사실이 있었다.

직장 상사란 조사 직원의 설명을 듣고 그 조사가 부진한 경우에는 재조사를 하든지 아니면 수긍하고 결재를 하든지 하여야 하나 그 당시 결재 거부의 뜻은 다른 데 있었다고 지금도 생각된다.

중부세무서 법인세과에서 처리상황보고 세표작성 세수예상 보고 등의 업무로 3년을 근무하고는 본청 조사국으로 자리를 옮겼다. 그곳에서 탈세 제보의 분류 및 조사 여부 결정 업무가 주였으며, 그곳에서 4급갑류로 승진하여 근무하다가 전국 법인세 시험 우수공무원 삼 인에 포함되어 법인세 계장(주무) 요원이 되어 남부세무서 법인세과 법인2계장으로 근무하게 되었다. 그곳에서 김갑열 서장과 같이 공저로 『소득세법 사례』를 출판하였다. 1년 후 김 서장이 본청 소득세과 과장으로 발령받았고, 나도 본청 소득세과로 발령이 났다. 그곳에서 1년 동안 소득세법 사례와 같은 교육용 실무교재와 종합소득세 신고요령 등에 대한 교재를 만들고 종합소득세 신고를 받는 준비와 조사요령 등에 대한 교육업무를 맡아 일했다.

그러나 3급을류 사무관 승진시험 준비를 위하여 학원에도 나가 강의도 듣고 공부할 시간을 얻어야 하는데 매일 오후 11시가 넘어 퇴근하는 형편이라 공부할 시간이 없었다. 그리고 박봉에 아이들은 자꾸만 자라나 생활비가 점점 많이 들게 되고 사무관이 되어 지방 근무 1, 2년을 하는 동안 경제적으로 버틸 수가 없는 형편이었으므로 사직을 결심하고 1977년 3월에 사직서를 제출하였다. 이로써 부산시청 3년 국세청 11년 모두 14년의 공직생활을 마감하고 민간 기업으로 자리를 옮기게 되었다.

공직생활에서의 보람이란 자기가 기안한 문서가 결재가 나

시행하게 되어 그 영향이 일정 지역 또는 전국적으로 미칠 때나 일반 국민을 설득시킬 때, 억울한 민원인의 호소를 해결했을 때의 보람이라 할 수 있다. 그러나 그 당시 공직자의 월급이 너무 낮아 최소한의 가정생활도 영위할 수 없을 정도였고, 사무의 올바른 처리에는 신경을 쓰지 않고, 자기의 사익을 위하는 데 머리를 쓰는 상사 공직자가 많았다는 점과 기관의 수용비 부족으로 차트 등의 작성 때 개인이 부담하는 일이 많았으며, 특근 때 시켜 먹은 식사 대금도 개인이 부담해야 하는 것 등의 그 당시 공직사회의 문제점이 많았다.

지금과 같이 승진시험을 없애고 근무 평점 등을 참작하여 승진시키는 제도는 승진시험으로 인한 장기적 업무 공백이 생기는 부작용이 없으므로 좋은 제도라 생각된다.

고재일 국세청장으로부터 표창장을 받았다.

회사 생활

　1977년 3월 국세청에 사표를 제출하고 상장법인인 동국무역 (주)으로 부임하고는 일반경리 업무를 제외한 회계와 세무, 재고자산 수불업무를 관장하는 부서를 신설하고 그 부서 이름을 계리부라 하여 부장으로 부임하였다. 부장 1년 근무 후 이사로 승진하여 수출액 5억$ 정도 실적을 올리는 섬유 수출 상장회사의 임원이 되었다. 나는 부임 이후 원자재나 제품 등 재고자산의 수불업무의 제도화 원가계산제도의 합리화 부가가치세 및 법인세 신고업무의 합리화 제도를 위한 사규화를 실현하였고, 사규화를 기하는 과정에서 반드시 이사회에 부의하여 관계 임원의 견해를 들으며 서로 토론하면서 규정화하였다. 그리고 수익성 분석을 통한 수익저조의 원인을 분석하여 이를 개선하도록 하였으며, 이 수익성 분석은 제품별, 주문별, 수익성 분석 공장별, 수익성 분석 해외지사별 수익성 분석 등을 사규에 의하여 정기적으로 시행하여 수익 저조 원인을 제거토록 하였다. 회사 생활 6년 동안 제도 개선과 수익성을 개선하기 위하여 열과 성을 다하였다고 생각한다.

회사에서 지급되는 월급이나 상여 등은 국세청에 근무할 때보다 많았으므로 생활비가 부족하다는 말은 나오지 않았고, 상여금이 지급될 때면 그것만큼 저축할 여유가 생기곤 하였다. 집안 살림이 안정되면 바깥에서 일하는 남자들은 심리적으로 안정감을 가져 업무능률이 그만큼 향상된다고 생각한다.

1977년 부가가치세가 처음 시행되고 영세율 첨부 서류에 대하여 무엇을 제출하여야 하는지가 입법관청부터 우왕좌왕할 때이다. 예를 들어 외상수출의 경우 신고 때까지 입금되지 않아 입금증명이 나오지 않을 경우 수출면장 사본을 첨부하는지 아니면 다른 서류를 첨부하는지에 대하여 시행령이나 시행규칙에서 명시된 바가 없어 상부관청에서도 뚜렷한 지시를 서면으로 해 주지 않고 세무서에서도 잘 알 수 없을 때는 세무서와 협의하여 적정서류를 첨부 신고하고 나중에 재무부에서 규정이 바뀌었을 때 바뀐 서류를 다시 첨부하기로 하고 부가세 신고를 할 수 있었다.

그런 협의에 따라 신고를 마친 며칠 후 어느 날 세무서 직원이 나에게 와서 재무부에서 정한 서류를 첨부하지 않았다는 확인서를 쓰라는 것이었다. 같이 합의하에 신고하고 규정이 바뀌면 바뀐 서류를 첨부토록 한다고 해 놓고 인제 와서 바뀐 규정에 의한 서류를 첨부하지 않았다고 확인서를 쓰라는 세무 관리의 요구에 무리가 있음을 직감하였다. 후배 공무원에게 눈물을 흘리면서 애원하였다. 내가 국세청에서 회사로 온 지도 4개월 정도밖에 되지 않았고, 이 영세율 첨부 서류 규정의 미비로 세무서와 합의하에 신고하였는데 후에 보완된 영세율 첨부 서류를 신고 당시 첨부하지 않았다는 확인서를 쓰라는 것은 나 개인을 잡겠다는 것이니 절대로 확인서는 쓸 수 없다고 완강히 거절하였다. 내가 눈물을 보이며 사정하자 그 직원이 이것은 자기의 뜻이 아니고 자기 계장의 뜻이라고 말하면서 가서 사정을 얘기해 달라는 것이었다. 그렇다면 좋다. 나는 절대로 당신 계장을 찾아보지 않을 테니 마음대로 하라고 하시오. 하고 그 직원을 보냈다. 그 뒤 그 계장은 전화도 오지 않았으며 첨부 서류에 대한 얘기도 없었다.

그 계장은 평소에도 말이 많았던 인물로 그 인품에 대해 이미 들은 일이 있었으므로 그렇게 대접할 수밖에 없었다. 내가 살아 있는 한 그 계장을 아는 이와 만나면 그의 근황을 물어보곤 하면서 남을 그렇게 비겁하게 울리면서 처세한 결과가 지금은 어떻게 잘되어 있는지 살피며 살고 있다.

짧은 회사 생활 중에서 생기지 않았으면 좋겠다고 생각한 일들이 생기곤 하였다. 근무 성적 등을 고려하여 입사 순서에 의한 경력순위가 조금 바뀌어 뒤에 입사한 자가 먼저 승진하게 된 경우가 있었다. 그 승진 누락자는 나에게 강력히 항의하고는 결국 회사를 그만두었다. 근무 평점에 의한 승진 서열을 인정하고 조금만 더 참고 견디었다면, 그리고 좀 더 분발하여 열심히 근무하였다면 나중에 차장이나 부장 승진 때에는 빠를 수도 있었을 텐데 매우 아쉽게 생각한다.

그리고 아는 사람을 회사 중간 간부로 특채하고는 꾸짖을 일이 있어 나무랐을 때 이 소문이 친구들 간에 돌아 결국은 친구들에게 "너무 그렇게 나무라지 마라"는 충고를 듣게 되어 중간 간부로 채용한 자체를 후회하였다.

나와 같이 원가관리 규정을 열심히 검토하며 만들 때 함께 일한 강 차장 지금은 어디서 무엇을 하고 있는지 그 얼굴이 그리워진다. 마음이 매우 여린 강 차장은 교회 장로로 누구보다 열심히 예수님을 믿는 분이었다.

회사 생활 중 공인회계사나 세무사는 특별수당을 지급하고 있었으므로 이에 자극을 받아 제14회 세무사고시에 응시하여 합격하게 되었다. 나는 회사 생활 중에 신경성 위장염이 발생하여 도무지 좋아지지를 않았다. 그래서 1982년경 회사에 사표를 제출하고 회사 생활을 청산하게 되었다.

나의 몸이 좋지 않았다는 점이 회사를 그만두는 주된 이유였으나 실제는 회사의 수익성이 점점 떨어지고 있어서 너무나 걱정이 되어 대구에 계신 회장님을 찾아뵙고는 수출이 되지 않는 품목은 과감히 생산을 멈추어야 한다고 건의 드렸다. 건의 내용은 수출부서에서 향후 1년간 수출 가능한 품목과 수량을 파악한 후 현재 가공 중이거나 창고에 쌓여 있는 재고 물량을 공제하고 남음이 있으면 그 차액만큼 앞으로 일 년 동안 생산하여야 할 생지수량이고 반대로 부족분이 산출되면 그만큼 현재 생지 재고가 과잉생산 되어 창고에 쌓여 있음을 의미하므로 즉시 그 생산을 중단하여야 한다. 쉬운 일은 아니지만, 만약 나의 건의대로 시행하였다면 재고생지 수량은 줄고 그만큼 자금 소통이 잘되었을 것이다. 이러한 제의 건의에 대구의 문제는 회장인 자기에게 맡겨 두라는 말씀을 하시고는 김 상무는 여기 걱정은 하지 말고 서울로 올라가도록 하라고 하셨다. 이러한 회사 사정 문제도 원인이었고, 당시 계리부 백 부장이 내가 그만둠으로써 이사 승진이 가능하다는 점도 주원인은 아니어도 부차적으로 생각한 것이었다.

  나의 회사 생활을 뒤돌아볼 때, 오직 회사를 위한 일이면 눈물을 흘리면서 매달릴 수 있었던 대구에서의 나의 용기가 어디에서 나왔는지 지금 생각해 보니 그 용기가 가상하게 느껴진다. 그리고 회사 규정들을 제정하면서 고생을 같이한 계리부 차장, 과장, 대리, 간부들. 지금 만나면 모두 중늙은이가 되어 있겠지! 지금 같으면 그 어려웠던 규정 제정 업무를 감당할 용기가 없겠지! 하고 옛날을 회상하며 빙긋이 웃어 본다.
  만약 대구의 회장님께서 지금 살아계신다면 어떻게 우겨서라도 재고가 넘치는 품목은 더 기계를 돌리지 말도록 적극적으로 건의할 것만 같다. 동국이라는 회사 이름이 이 세상에서 사라져 버린 점에 대하여 참으로 서글프고 부끄럽기도 하며 동국에 근무한 나의 얼굴에 먹칠한 것 같다. 이 모든 것이 내 탓이며 남을 탓할 수 없는 노릇이니 모두 애타는 마음에서 너를 불러보고 있구나! 동국이여!

세무사 개업

　회사 생활을 접고 세무사 사무실을 개업하게 되었다. 몸이 불편하여 그만둔다고 하니 손 전무께서 어떻게 도와주면 좋겠냐고 물었다. 그때 나는 고문료를 매달 삼십만 원 정도로 정하고 동국무역을 위시한 방계회사인 동국방직, 동국합섬, 동국전자의 세무조정업무를 주시면 좋겠다고 했다. 크게 무리한 요구가 아니었으므로 쉽게 구두로 합의가 되었다. 그리고는 신광현 세무사 홍용표 세무사가 계시는 사무실로 달려가 이와 같은 얘기를 하자 두 선임 세무사는 자리를 마련해 주면서 당분간 임차료를 내지 않아도 된다면서 처음 시작하는 나를 배려해 주었다. 내가 평소에 소개해 준 거래처는 나의 거래처로 돌려주고 실무는 그들의 직원이 하도록 하였으며 관리는 합동사무실 체제로 운영했다. 직원 인사(채용, 퇴직, 승진 등) 관계는 나까지 결재를 하도록 하고 나를 대표세무사라 칭하고 직원들 보기에도 상장법인 중역 예우를 톡톡히 해 주었다. 그때 이치언 전무

이경곤 상무 이경호 사장, 홍장표 사장, 조국래 이사 등이 우리 사무실에 자주 들러 화투놀이를 하였다. 이런 분들이 모여 후에 가조회라는 모임을 만들고 오늘날에는 부인들과 같이 모이게 되었다.

세월이 조금 지나 여러 명이 함께 쓰기에는 사무실이 협소해서 확장하게 되었다. 이참에 나는 직원 2명을 데리고 따로 독립했다. 두 세무사께서 내게 베풀어 준 호의는 지금도 잊을 수가 없다. 신광현 세무사는 지금은 조금 떨어져 있어서 자주 만나 뵙지 못하지만, 고마운 마음은 변함이 없다. 사무실 독립 후 손익관계는 사무실 유지는 할 정도였고, 매년 3월, 12월 말 법인의 세무조정 때는 조금 여유가 생길 정도여서 아들 셋을 결혼시키는 데 많은 도움이 되었다.

세무업무는 똑같은 업무의 반복이라 할 수 있다. 1월과 7월의 부가가치세 신고, 3월과 12월 말 법인의 법인세 과세표준 신고 등이 매년 반복되며, 세법 개정 내용이 없으면 전년 신고 요령과 같은 방법으로 신고하면 된다. 따라서 세무업무는 틀에 짜인 계획과 과정에 따라 진행하면 되고, 감성적 창의성은 필요하지 않다. 그리고 관청에서 업무효율을 높이려는 방안의 창안으로 예산을 대폭 줄이는 문제, 회사에서 판매금액을 증가시키거나 비용 절감을 위한 방안의 개발을 위한 창안자의 브리핑, 참모들의 의견 청취 창안 시행에 따른 비용 증가 등 부작용 발생 여부 등을 세밀히 검토하여 수정 보완하여 큰 계획을 창안 검토 시행하여 회사나 나라의 이익에 보탬이 되는 큰 일꾼이 되고 싶은 욕망이 이 나이에도 앞서가고 있다.

1987년에 사단법인 한국경영진단사협회에 경영대학원을 수료한 학생에게 자격을 주어 등록시킨 일이 있었는데, 등록 진단사에 대하여 소정의 교육을 하고 시험에 합격한 자에게 상공부 장관이 발행하는 경영지도사 자격을 수여했다. 중소기업 진흥 차원에서 법이 개정되어 경영지도사와 기술지도사가 필요하였던 시기다. 경영진단사는 협회가 있어 구성원과 경영진단의 경력자가 많으므로 제1회 시험에 한하여 국가고시 대신 이런 특별조치를 취한 것이다. 나도 경영진단사협회 회원이었으므로 소정의 교육과 시험을 거쳐 자격을 취득하게 되었다.

세무사 업무를 동료 세무사로부터 독립하여 운영한 지 삼사년 정도 되었을까 할 때 업무에 숙달된 여직원 하나가 사표를 제출하면서 한 달 안에 직원을 구하라는 것이었다. 그때만 해도 세무업무 숙달경력자를 구하기란 하늘에 별을 딸만큼 어려웠다. 신문에 몇 번을 공고하여도 구해지지 않았다. 내가 느끼기에는 완전고용상태 같았다. 인원 충원에 대하여 사무장과도 의논을 하였으나 별 뾰족한 방법이 없었다. 며칠 후 사무장마저 사의를 표했다. 나는 사무장에게 매달렸다. 사정해 보았다. 아무 소용이 없었다. 내가 매달릴수록 더 으스대는 것을 느꼈다. 그만두는 사유를 물었더니 일반 회사로 옮긴다는 것이었다. 너무나 답답하여 내 수입의 일정 비율을 연봉으로 주겠다는 제안을 할까도 생각했다. 그렇게 되면 나는 사무장의 고용인이 되는 것 같았다. 하루 이틀 사흘 계속 고민하다가 과감한 결정을 내리기로 했다. 고문과 조정업무는 종업원 없이 나 혼자 할 수 있었다. 기장업무는 신 세무사나 홍 세무사 중 한 분에게 주어 거래처 사장과의 친밀관계는 당분간 유지할 수 있겠다고 생각되었다. 우선 홍 세무사와 만나 사무실 사정을 얘기하고는 기장업무를 맡아 달라고 부탁하였다. 홍 세무사는 직원들이 많았으므로 나와 일하던 사무장만 데리고 가면 가능하다고 판단하고는 사무장에게 자기와 같이 계속 근무하도록 권유하여 같이 근무하게 되었다. 이때도 홍 세무사에게 사무장만은 고용하면 안 된다는 얘기는 하지 않았다. 사무장은 홍 세무사 고등학교 후배로서 애초 채용도 홍 세무사가 하였으므로 관계가 있다는 것을 이미 알고 있었고, 그렇지 않아도 인원이 모자라는 시기인데 전혀 그럴 필요가 없었다.

그렇다면 직원 한 사람이 사직하여 숙련된 경력자 한 사람을 급히 구하여야 하는 사정인데 사무장이 갑자기 나에게 사의를 표하는 뜻은 무엇을 의미하는가? 무엇이라 해석할 수 있겠는가? 그것은 고용주인 세무사가 힘이 없어 뒤로 밀리고 있을 때 자기의 개인적 조건을 충족하기 위하여 다시 구체적으로 말해서 자기의 연봉을 올려 받기 위한 시위의 뜻이 상당하였다고 생각한다. 나와 헤어지고 홍 세무사 사무실에서 4년이나 계속 근무한 것을 보아도 알 수 있다. 따라서 다른 회사로 옮기기 위해 그만두겠다는 말도 거짓임이 입증되었다.

비록 세무 종사 인원이 없어 기장업무를 할 수 없었고, 그로 인해 매월 수입이 없는 신세가 되었다 하더라도 사무장의 얄팍한 계획에 휘말리지 않았으며, 이는 세무사의 명예를 지킨 결과도 되기에 오늘도 꿋꿋이 사무실로 가기 위해서 출근길에 오른다. 그 뒤 홍 세무사 사무실에 내가 앉을 자리를 마련해 주어 날마다 출근하여 친구도 만나고 신문도 보고 세무 상담도 하고 무엇보다 시간이 나면 수필도 쓴다. 몇 년 전 사단법인 한국수필가협회에 '꽁보리밥'으로 등단하여 수필가가 되었고 문인협회 회원이기도 하여 하는 일은 너무나 많아 바쁜 일정을 소화하고 있다.

　어느 노교수가 하신 말씀이 기억난다. 노인은 할 일이 있어야 하고 또는 남을 위해 많이 베풀어야 한다. 나의 경우 세무업무뿐만 아니라 수필 쓰는 일을 합쳐 할 일은 그럭저럭 채워져 있으나 남을 위해 많이 베푼다는 데는 매우 약한 편이기에 이에 유념하면서 오늘도 내일도 살아가려고 한다.

회식에서
이경곤 사장과 함께
춤추다.

제7부
신앙생활

성모님께 처음 드린 기도

우리는 태어나기 전이나 태어나면서부터 신앙을 가지고 태어나지는 않는다. 그러나 무서운 밤길을 걸을 때나 무서운 짐승을 만나 위험할 때 "하느님! 이 길을 무사히 가게 해 주세요!" 하고 마음속으로 기도하기도 하고, 시험을 치를 때 "하느님! 이번 시험 잘 치게 해 주십시오." 또는 어떤 소원이 있을 때도 "하느님 저의 소원이 이루어지게 해 주십시오." 또는 위기에 처했을 때 "하느님! 이 위기를 무사히 벗어나게 해 주십시오. 하느님께서는 하실 수 있는 일입니다." 하고 기도하면서 하느님을 믿고 의지하게 된다. 이와 같은 현상은 나뿐만 아니라 인간이면 누구나 특정 신앙을 가지기 전에는 특별한 경우에 처했을 때 하느님을 찾게 된다. 이때 특별한 경우란 평화롭지 않을 때 위험이나 위기에 처했을 때, 무서움을 느낄 때, 매우 가난하여 힘들 때, 매우 슬픈 일이 생겼을 때, 즐거움보다는 고난이 계속될 때 등이며, 찾게 되는 하느님이란 기독교에서는 이 세상을 창조하시고 운영하시는 절대자인 하느님을 의미하며, 이와 같은 하느님을 보았거나 만났거나 들은 적은 없으나 그래도 이 세상의 절대자는 있을 것으로 믿는 막연한 그분을 의미하므로 기독교의 예수님, 이슬람교의 마호메트, 불교의 석가모니, 유교의 공자와 같이 각 종교의 최고의 신이나 신성시되는 분을 하느님이라 표현하였을 것이다.

　나는 가톨릭 신자와 결혼했고, 결혼할 당시 앞으로 천주교를 믿겠다는 선서를 하고 결혼하였으므로 이미 천주교식 결혼(혼배)식은 주례 신부님 집무실에서 간단히 치렀다. 그때 내가 정식으로 세례를 받은 신자였다면, 본당에서 혼인미사를 거행하였을 것이다.

　"우리 인간은 종교적 심성을 지니고 있다. 인간은 어디에서 왔고 어디로 갈 것인지에 대하여 궁금해하면서 그 해답을 얻고자 하며 인간은 진실하고 보람 있는 삶을 갈망하며 어쩌다 잘못을 저지르게 되면 양심의 가책을 받고 괴로워한다. 이와 같이 인간은 부족하고 나약하기에 절대자에게 의지하려고 한다(한국천주교 예비신자교리서 18~19p)." 그래서 인간은 하느님께 의지하려는 심성을 타고난다고 할 수 있다.

　동국무역 임원 시절 신경성 위장염으로 많이 고생하고 있을 때 명동 성모병원에서 위 정밀검사가 필요하다는 담당 의사 선생님의 의견에 따라 입원하여 검사를 받기로 하였다. 그때 검사는 위내시경 검사였다. 조금 전에 위 엑스레이 검사를 받았으나 그 결과가 별로 좋지 않다고 판단한 의사 선생님께서 정확한 진단을 위하여 위내시경 검사가 필요했다. 위 엑스레이검사도 99%의 정확도가 있다고 하였는데 그 1%가 의심되어 내시경 검사를 하라고 하니 병이 매우 심각한 것은 아닐까 많이 걱정되었다. 최악으로는 위암이 이미 진행되고 있을지도 모른다. 그렇다면 그 위암은 수술로 회복이 가능한 초기 단계일까? 아니면 회복 불가능한 3, 4기일까? 여러 가지 생각이 나의 머리를 스치고 지나갔다. 그런저런 생각으로 잠을 이룰 수 없었다.

검사 전날 잠은 오지 않고 걱정이 되어 한숨만 내쉬면서 시간을 보내고 있다가 다른 환자들이나 보호자들이 잠을 자고 있을 자정쯤 되어 아래층에 조용히 내려가 문을 열고는 마당 쪽으로 갔다. 마당 한쪽에 성모님 동상이 있었고, 옆으로 항상 맑은 물이 흐르고 있었다. 성모님은 웃으시면서 "이 세상을 살아가느라 지치고 힘든 자들아! 모두 나에게로 오라."고 하시며 어렵고 가난하고 마음이 약한 자들을 기다리고 있었다. 나는 성모님 동상 앞에 꿇어앉았다. 여태껏 마음속으로는 예수님이나 성모님 동상 앞에 꿇어앉아 괴로운 것이나 고민을 얘기하고 그 답을 구하고 싶었어도 마음의 벽이 허물어지지 않아서, 그럴 용기가 없어 그렇게 못 하였는데 오늘 저녁 모두가 잠든 자정에 성모병원 앞뜰에 계신 성모님 앞에서 나도 모르게 무릎을 꿇었다. 이제부터 성모님께 매달리며 청원하여 보리라 굳게 다짐하면서 내가 하고 싶은 얘기를 두서없이 하였다. 성모님에 대해 칭송은 하지 않고 나의 청원만 늘어놓은 격식도 갖추지 않고 예의도 없는 기도였고 청원이었다.

"성모님, 저를 살려 주십시오. 저를 위암에서 구해 주십시오.

저는 아직 자식이 어리고 저의 집안에서도 할 일이 많이 남아 있습니다. 저축한 돈도 별로 없어서 제가 잘못되면 집사람과 아이들은 당장 불행해질 것이고, 어머니와 동생들도 장남과 큰형을 잃어 정신적으로 우왕좌왕할 것입니다. 그리고 저는 개인적으로 하고 싶은 일들이 너무나 많습니다. 몇 가지 책을 출판해야 하고 세 아이 중 한 아이라도 박사학위를 받게 하여 아버님 영전에 바쳐야 합니다. 저는 박사가 돼서 대학교수가 되는 것이 젊었을 때의 저의 꿈이었습니다. 그러나 가정이 어려워 박사 공부를 하지 못하여 나의 나래를 펼 수 없었으나 내 아이 중 한 사람이라도 나를 대신해서 박사 학위를 받아 꼭 할아버지 영전에 바치면서 인사를 올리게 되면 저승에서 기쁨의 눈물을 흘리며 손자를 어루만지시면서 용기를 북돋워 줄 것입니다. 내일 검사에서 좋은 결과가 나오면 모든 것이 주님과 성모님의 은혜라 믿고 주님의 제자가 되겠습니다. 제가 결혼할 때 하느님의 제자가 되겠다고 약속만 해 놓고 그동안 세례를 받지 않았던 벌을 저에게서 거두어 주시면 퇴원 후 꼭 교리공부부터 시작하겠습니다." 하며 그 자리에서 한참 동안 참회의 눈물을 흘렸다.

  그다음 날 내시경검사가 시작되었다. 내시경검사 과정은 매우 고통스러웠다. 내시경 기구가 서양 사람에게 맞도록 제작되어 동양인에게는 너무 커서 목구멍으로 들어갈 때 매우 고통스러웠고, 내시경 검사를 시행하는 의사 선생님들도 이제 막 의대를 졸업한 인턴들이었기에 숙련도가 미숙하여 환자를 더욱 고통스럽게 했다. 그러다 어떻게 삽입이 되어 검사가 시작되었다. 그 위내시경 검사 결과는 암이 아니었고, 심한 신경성 위염이라는 담당 의사 선생님의 검사 소견이었다. 얼마나 반가웠던지 펄펄 날아가고 싶었다.

어제저녁 주님과 성모님께서 나의 기도를 들어주시었구나! 아마 성모님께서 주님에게 더 간곡히 부탁하시어 나의 생명을 연장해 주셨구나! 하면서 감사의 눈물이 주르륵 나도 모르게 흘러내렸다.

나의 세례식 후

하느님의 제자가 되다

 나의 위장병이 암이 아니라 심한 신경성 위장염이었다고 의사 선생님의 검사 결과를 듣고는 한없는 환희와 기쁨 속에서 새로운 희망을 품게 되었다.
 그러면서 내가 제일 먼저 할 일은 약속대로 하느님의 제자가 되는 것이었다. 내가 사는 곳은 잠실성당 구역이었고, 이 동네 성당에 다니시는 남자 교인의 인도를 받아 교리반 중 직장인반에 등록하게 되었다. 그리고 교리 공부에 하루도 빠짐없이 참석하였으며, 수업은 이병문 신부님이 직접 주관하셨다. 천주교 신자가 되려면 약 6개월간 교리를 수강해야 하며, 필기시험과 구두시험에 합격해야 한다. 출석 성적과 미사 참여 성적도 반영된다. 이때 필기시험이나 구두시험을 찰고라 하며, 이 찰고에서 일정 점수 이상을 얻어야 하고, 필기시험 대신에 구두시험만 보는 경우도 있고, 그 반대의 경우도 있다. 교리 수강을 받는 6개월 동안 주일미사에 참여하여야 하며, 이 미사 참여로 미사 진행 요령을 터득하게 되고, 예수님과 함께하면서 이웃 교인들과의 친목도 도모하게 된다.

교리 공부 시간에 궁금한 점이 많아 신부님에게 누구보다 많은 질문을 하였고, 신부님은 나의 질문에 친절히 답변해 주셨다. 성경을 읽고 교리 공부를 하는 중에도 성부와 성자와 성령은 한 몸, 한 분이라는 삼위일체 이론과 성모님의 아들이라고 직접 성경에서 기술하지는 않았으나 예수님의 형제 누구누구라는 이름은 성경에 나오므로 성모님이 평생 동정녀였다는 성모님 평생 동정론이나 성모님 승천론 등에 대하여 이해가 되지 않아 교리 공부 시간에 자꾸만 질문을 하게 되었고, 그에 대하여 신부님께서 자세히 설명해 주었으나 이해가 되지 않은 부분도 있었다. 그때 신부님께서는 자기가 가지고 있는 책을 빌려주면서 읽고 이해하도록 하거나 자기에게 없는 다른 책도 소개하여 보도록 권유하시면서 나를 이해시키려고 애쓰셨다. 이러한 의문은 그리스도의 가르침이란 책을 읽으면서 많이 해결되었고, 신약 외경에서도 많은 의문점이 풀리기도 하였다. 교리 공부 기간 중 구약과 신약의 통독을 비롯하여 『화란교리서』, 『그리스도의 가르침』, 『교부들의 신앙』, 『무엇들 하는 사람들인가』, 『일어나 비추어라』, 『천국의 열쇠』, 『칠층산』 등의 책을 다 읽었다. 교육과정이 끝나고 시험에도 무난히 합격되어 세례를 받게 되었다. 세례식 날 주위의 교우들이 와서 축하해 주었다. 세례식 중에 부르는 성가는 「기쁜 날」이었다. 그 성가는 이러하다 "주의 말씀 받은 그날 기쁘고도 복되어라. 기쁜 이 맘 못 이겨서 온 세계에 전하노라, 기쁜 날, 기쁜 날 주 나의 죄다 씻은 날 (후렴) 이 좋은 날 천한 내 몸 새사람이 되었으니 몸과 맘 다 바쳐서 영광의 주 섬기리라 (후렴), 새사람 된 그날부터 주 나의 것, 주 나의 것, 주만 따라 살아가며 복된 말씀 전하리라(후렴)」"저는 그동안 알게 모르게 많은 죄를 지었습니다. 하느님을 알아 뵙지도 못하는 미련한 눈과 머리를 가지고 하느님 말씀에 어깃장만 놓았습니다. 이렇게 몽매한 저에게 지난 옛날의 죄를 다 없애 주시고 새사람을 만들어 주셨습니다." 그런 하느님이 너무나 감사하여 끊임없이 눈물이 흘러내렸고, 그 눈물 때문에 나는 노래를 이어 가지 못했다. 주님에 대한 감사는 가슴속 깊이 새겨지고 주님의 용서하심은 한없이 넓기만 하시어 이 미련한 곰탱이에게도 기회를 주셨으니 그에 대한 감사의 뜻에서 나온 진하고 뜨거운 눈물이었다. 주님의 제자가 된 후 나의 마음속에서는 많은 변화가 있었다.

욕심에는 물욕, 성욕, 출세욕, 명예욕 등 여러 가지가 있겠으나 성욕, 출세욕, 명예욕 등은 나이가 들어 오륙십을 넘기면 저절로 약하게 되어 사람이 살아가는 데 크게 영향을 미치지 않게 된다. 그러나 물욕은 줄이지 않으면 행복한 삶을 영위할 수 없게 되고, 이 물욕은 좀처럼 줄어지거나 없어지지 않는다. 현재 나이가 들어 직장에서 은퇴하여 물적 수입이 없다면 가진 재산에 만족하고 오늘에 감사하며 살아야 한다. 마침 내게는 약간의 저축금이 있고 살고 있는 집이 있으며 3년 전에 전립선암 수술을 한 것을 제외한다면 아직은 큰 병 없이 건강하다. 이 세상에는 나보다 못한 사람이 훨씬 많은데 그 사람들에 비교하여 나는 얼마나 복 받은 인생인가 다시 한번 하느님께 감사드린다.

이처럼 하느님의 자녀가 된 후에 세상을 보는 내 사고의 변화와 항상 하느님에 대한 감사하는 사고의 변화는 현재의 적자 인생이 흑자 인생으로 느껴지면서 내 주위에 계시는 분들을 편안하게 해 주고 나 자신에게도 불안 대신 모든 일에 만족하며 살게 되었다. 이처럼 긍정적 사고는 그것이 커다란 거짓이 아닌 한 자기에게 더욱 많은 평안과 행복을 가져오지만, 부정적 사고는 남을 불신케 하여 남의 마음을 상하게도 하고 자기 자신도 마음의 상처를 입는 결과를 가져와 자기를 불행하게 만들고 주위 사람도 불편하게 만든다.

그래서 나는 현재의 내 형편대로 생활은 최소한의 돈으로 즐기면서 살다가 나와 엘리사벳이 건강하지 않을 때 남은 돈으로 치료받고 치료비가 모자라게 되면 집을 줄여 치료받을 예정이며, 그래도 남으면 그때는 자식에게나 불우한 이웃에게 돌아가게 하고 싶다.

부자가 천국에 들어가는 것은 낙타가 바늘구멍으로 들어가는 것보다 더 어려우며 재물은 하늘에 쌓으라고 주님은 말씀하셨다. 그러므로 우리는 이 세상에서 모은 재산을 건강 유지와 어려운 이웃을 위해 써야 한다. 하지만 나이 들어서도 자식을 위한다고 하여 지나치게 내핍생활을 하느라 노후의 행복을 놓치는 것은 바람직한 인생의 마무리가 아닌 것 같다.

그리고 주님의 제자가 된 후의 마음의 변화 중 큰 하나는 나보다 못한 약한 자에게 정신적으로나 물질적으로 위로를 줄 수 있는 배려와 나보다는 이웃을 배려하는 마음을 가지게 된 것이다. 이웃에 대한 배려는 물질적 배려도 중요하겠지만, 정신적 위로도 물질 못지않게 중요하다는 것을 잊지 말아야 하며, 물질은 자기 힘에 맞게 해야 하고, 적은 것이라도 서로 배려한다면 이 사회는 구름 한 점 없는 맑은 하늘처럼 맑고 밝은 마음들이 모여 행복한 사회가 될 것이다.

주님의 자녀가 된 후 주님의 가르침에 따라 살아가기를 애쓰면서 나에게 좋은 변화가 찾아와 내 마음을 흔들어 이웃 배려의 마음이 한 자리를 차지하더니 점점 자리를 넓혀 가고 있다. 나의 마음을 변하도록 인도하신 주님께 감사의 기도를 올린다.

1983년 6월 26일 천주교잠실교회에서 견진 기념사진

신앙인으로서의 삶

　내가 세례를 받은 후 나에게는 많은 변화가 일어났다.
　이 세상을 만드시고 우리 인간을 창조하시고 우주 속에 존재하는 온갖 사물인 삼라만상을 만드신 분은 하느님이시기에 우리의 생활 하나하나가 주님의 섭리로 이루어진다는 사실을 깨닫게 되자. 아침 일찍 일어나 운동을 할 수 있는 육체의 보존도 세끼의 밥을 먹을 수 있는 것도 하나님의 섭리요 하느님의 덕분이며, 지나간 세월을 회고하면서 되새겨 보고 싶은 추억을 내 머리에 떠올리게 하는 것도 하느님의 섭리이자 덕분이지만, 때로는 믿음이 허약할 때나 좀 더 견고한 믿음이 필요할 때, 주님을 잘 믿는다고 자만할 때 주님께서는 시련을 주신다는 것을 깨닫게 되었다. 그러므로 인생의 희로애락 그 자체가 하느님의 섭리이며, 우리는 이 섭리에 순종하며 감사해야 한다. 어떠한 상황에서도 주님을 슬프게 하거나 원망하거나 민망케 하면 안 된다. 우리의 주님은 항상 우리의 구원을 위하여 언제 어느 곳에서나 계시면서 애쓰시는 분이시기 때문이다.

나약한 존재인 인간은 주님에게 청할 것은 청하고 감사할 것은 감사하게 생각하고 의지할 때는 확실히 기대며, 언제나 어디서나 하느님과 대화해야 한다. 하느님과의 대화를 우리는 흔히 기도라고 말한다. 잠깐 주님 생각이 났을 때 "주님, 감사합니다."하고 화살기도를 할 수도 있다. 약한 인간인 우리가 구원받는 데 필요한 것은 우리의 죄에 대한 진실한 참회이다. 밤낮으로 언제나 짓고 있는 죄이기에 우리는 이 죄에 대하여 회개하면서 주님에게 구원이나 용서를 청하여야 한다. 주님께서는 우리가 아무리 청하여도 화를 내시는 분이 아니시다. 그리고 우리는 좋은 일이든 나쁜 일이든 아주 작은 일에도 항상 주님께 감사의 기도를 드려야 한다.

나는 운동을 하면서 구일기도를 시작하였다. 청원의 기도 27일, 감사의 기도 27일 총 54일 기도를 마치면 다시 조금 다른 청원을 하면서 또 구일기도가 시작된다. 이제 구일기도 자체가 생활화되었고 앞으로는 성경 신약과 구약 읽기에 정성을 다하려고 한다.

신앙인이 된 후 우선 마음의 변화가 오게 되었다. 그 첫째는 쓸데없는 욕심을 버리는 것이고, 둘째는 이웃을 사랑하고 이웃을 위해 봉사하는 것이다.

신앙인의 삶은 하느님의 사랑에 대한 감사와 이웃에 대한 사랑을 실천하는 것이다. 이웃에 대한 사랑은 이웃에게 베푸는 육체적 봉사나 물적 기부 등이며, 물적 기부는 자신의 물적 능력

범위 내에서 해야 한다.

물적 기부는 복지단체 등의 월 회원이 되어 조그마한 금액이나마 매월 얼마씩 기부하고 있으며, 단체에 따라서는 20년이 훨씬 넘는 단체도 있고, 현재 기부하는 단체 수는 열 개 정도 된다. 그러나 보육원이나 양로원을 직접 찾아가 목욕시키고 빨래하고 김치 담그는 육체적 봉사는 하지 않고 있어 육체적으로 사랑을 실천 봉사하는 분들에게 존경을 표하는 한편으로는 항상 미안한 마음을 가지게 된다. 특히 성당 연령회 회원들은 죽은 이를 깨끗이 닦아 주고 옷을 입히는 봉사와 기도 등 정말 어려운 봉사를 하고 있다. 존경스럽고 주님의 사랑을 참되게 실천하는 데 대하여 무한한 감사를 드린다.

나는 신앙인으로서 내가 할 수 있는 사랑의 실천을 하고자 마음에 되새기면서 첫째 하느님에 대한 사랑의 실천으로

① 주일미사는 꼭 참석하되 평일 미사도 간혹 참석하도록 노력하고,
② 주님에게 항상 감사한 마음을 가지도록 하고, 항상 겸손한 마음을 가진다.
③ 어려운 일이 닥칠 때는 항상 주님이 내리신 시련이라고 생각하고 이겨나가도록 기도하고 노력한다.
④ 성경을 쓰거나 읽거나 하여 항상 주님과 같이 있겠다고 다짐해 본다.

둘째 이웃에 대한 사랑 실천으로는

① 훌륭한 뜻을 가지고 일하고 있는 사회복지 단체에 물적 영적 돕기를 계속한다.
② 나를 대신하여 앓고 있고 어렵게 지내시는 이웃에 대하여 관심을 가지며,
③ 가까운 친구 친지에 대하여 살펴보고 내가 가능한 범위 내에서 영적 물적 돕기를 하며,
④ 나의 가장 가까운 친구인 엘리사벳의 건강을 위한 기도와 건강을 돌보는 일
⑤ 나의 큰아들 베드로가 훌륭하고 능력 있는 가장이 될 수 있도록 도와주시고, 멀리 있는 둘째 아들 바오로 내외와 그 아이들의 건강과 행복을 위하여, 셋째 아들 그레고리오 내외와 그 아이들의 건강 등을 위하여 기도한다.

이처럼 하느님에 대한 사랑의 실천과 이웃에 대한 사랑의 실천으로 내가 할 일을 몇 가지씩 정해 보았다. 앞으로 계속해서 열심히 실천해 나갈 수 있기를 기도한다.

윤찬이 동생이 월남전 참전하러 떠나기 직전 모습

제8부
형제자매들

초등학교 시절의 윤찬이

　나는 원래는 장남이 아니었다. 나보다 두 살 많은 형이 있었고 두 살 아래인 남동생이 있었는데 그 동생 아래 윤찬이 동생이 태어났다. 나의 형과 바로 아래 남동생은 나이 어려서 사망하였고 그 아래 동생인 윤찬이는 일본에서 태어났다.
　앞에서도 말했지만, 할아버지의 낭비 생활의 결과 가세가 기울어져 아버지께서는 기우는 집안을 일으키기 위해 만주와 중국에 가서 돈벌이하다 일본 북해도 탄광에까지 가서 채탄작업을 하게 되었으며, 작업은 위험한 일이므로 위험수당까지 포함된 고임금이 지급되었다. 그래서 처음에는 아버지 혼자 일본으로 가서 탄광에서 일하시게 되었고 그 뒤 내가 두 살 되던 해에 어머니 등에 업혀 아버지가 계시는 일본 북해도의 만지탄산이라는 곳으로 어머니와 함께 가게 되었다. 우리 식구는 기차가 다니는 기차역도 있는 시골 탄광 마을에서 여러 가구가 살 수 있는 일자집에서 살게 되었다. 주거용 일자집 앞에는 각자 집에서 사용할 수 있는 창고용 건물이 딸려 있어 그 창고용 건물 안에는 난방용 연료인 석탄과 그 석탄에 불을 붙일 수 있는 불쏘시개, 마른 장작 등과 눈을 치울 수 있는 도구, 삽, 곡괭이 등 연장 종류와 밭을 맬 수 있는 호미 등 여러 가지 도구들이 보관되어 있었다.

일본에서 생활하는 동안 내 나이 여섯 살 되던 해 동생 윤찬이가 태어났다. 윤찬이가 태어나고 그 이듬해 8·15 광복 후 우리 식구는 한국으로 귀환했다.

그 당시 한국에 있는 일본 사람들이 한국 사람들에게 구타를 당하며 일본 사람들의 살림을 부수는 사태가 일어나 일본 사람들은 자신의 생명을 보존하기 위해 서둘러 한국을 떠나고 있다는 소문이 들려오는 터라 일본에 있는 한국 사람도 귀국을 서둘게 되었다. 아버지께서는 무거운 짐을 지고, 어머니께서는 동생을 업고 또 짐을 머리에 이고 나의 손을 잡고 우리 네 식구는 기차를 타고 일본 열도 남쪽에 있는 시모노세키항으로 갔다. 그곳에서 다시 연락선이라는 배를 타고 부산항으로 가야 했다. 이 연락선이란 배는 사람을 많이 태울 수는 있었으나 배의 덮개가 완전하지 않아 하늘의 별이 보일 정도고, 파도가 세게 칠 때는 선객의 생명이 위험할 정도로 허술하게 지어진 배였다. 어머니 등에 업힌 아이가 빠져나와 떨어져 다치거나 바닷물에 빠지는 경우도 생겼다. 드디어 어둠이 사라지면서 날이 밝아오는 이른 아침이 되자 연락선이 부산항에 도착하였다. 선객들인 한국 사람들은 환호하면서 웅성거리기 시작하였다. 보고 싶은 고향

산천과 부모님 형제자매를 볼 수 있다는 기대에 찬 밝은 얼굴들이었다.

하선하여 아침밥을 먹고는 선객들은 각자 고향으로 향했다. 우리 식구는 김해군 진례면으로 차를 타고 갔다. 그때가 가을이었고 우리 식구는 고향에 도착하여 마당에 깐 멍석 위에서 밥을 차려 먹고는 그 멍석 위에 누워서 모처럼 고향의 가을 하늘을 바라보며 힘껏 맑은 공기를 마셨다.

멍석은 매우 깔끄러웠다. 그래서 나는 매우 깔끄러워 불편하다고 어른들께 말했으나 어른들은 나의 불평을 들어주지 않고 그저 웃으시기만 하였다. 멍석이란 짚으로 새끼 날을 만들어 네모지게 걸어 만든 큰 깔개다. 흔히 곡식을 널어 말리는 데 쓰나, 시골에서는 큰일이 있을 때 마당에 깔아 놓고 손님을 모시기도 했다. 짚으로 엮었으니 매우 깔끄러울 수밖에 없었다.

그 이듬해 나는 초등학교에 입학하였고, 윤찬이는 아직 어려서 거저 놀기만 좋아하는 개구쟁이였었다. 내 동생 윤찬이는 나와 다섯 살 차이가 나서 그때 세 살이었다. 세월이 흘러 내가 초등학교 6학년이 되었을 때 윤찬이 동생이 초등학교에 입학하게 되어 같이 학교에 다니게 되었으나 학교 공부를 마치고 귀가하는 시간은 윤찬이는 훨씬 빨랐고, 나는 오후 늦게 집으로 돌아왔다.

학교 방학 때나 일요일이면 아버지께서 나에게 윤찬이와 같이 뒷등 밭을 매고 쇠꼴을 한 짐 하라는 명령이 떨어진다. 그러면 동생을 데리고 쇠꼴을 한 짐 하려고 지게를 지고 그 위에 낫을 얹어 뒷등 밭으로 간다. 뒷등 밭 가장자리에는 돌이 많이 있고 그 돌밭 근처에는 독사가 많아 매우 놀라곤 하는 곳이다. 동생은 나보다 겁이 없는 편이다. 그래서 돌밭 근처에서도 뱀을 겁내지 않고 풀을 잘 뱄다. 주로 풀 베는 일은 동생이 하였고, 나는 밭 매는 일을 담당하였다. 그런데 동생이 돌밭의 풀을 뜯어도 뱀은 오지 않았다. 아마 뱀이 겁을 먹고 미리 도망갔는지도 모르는 일이다.

윤찬이는 매 맞을 짓을 하여 한 대 때리게 되면 눈을 지그시 감으며 매를 그냥 맞고 있었다. 나 같으면 아버지에게 매 맞을 일이 생기면 한두 대 맞고는 도망가게 마련인데 이 동생은 도망도 가지 않고 그냥 그 자리에서 맞고 있어서 한 대라도 더 맞았다.

동생은 어릴 때부터 남달리 간이 큰 편이며, 겁이 없어 겁먹을 일을 잘하는 편이고, 공부하는 일은 크게 취미가 없으나 옳고 그른 일을 가려내는 일은 매우 명석하여 남의 일, 내 일 가리지 않고 옳지 못한 일을 하면 가만히 보고 있지 않았다.

공부는 싫어한 윤찬이

　동생은 공부에 취미가 없는 편이었다. 학업성적은 뚜렷이 잘하는 과목이 눈에 띄지 않았다. 그리고 학교에 열심히 빠짐없이 다니는 편도 아니었다.
　지금 생각하니 공부에 별로 취미가 붙지 않았음이 확실하였고, 그 원인은 물론 동생 본인에게 있었겠지만, 도시처럼 아이들 공부에 관심을 가지는 부모가 되었다면, 동생의 장래는 달라졌을지도 모른다.
　동생이 학교 다닐 무렵에 육이오 전쟁이 터졌고 그 전쟁으로 인해 수도권 등에서는 남쪽으로 내려가 난을 피하고 있었다. 물론 김해 고향에서도 다니던 학교가 피난민 수용소가 되어 학교에 다닐 수 없게 되어 공부는 할 수 없었다. 동생이 초등학교 고학년이 되어서 피난민이 서울 등지로 올라가 학교는 비었어도 그 당시 공부를 가르치는 교사도 그리 많지 않았고, 따라서 학교 공부를 정상화하기에는 매우 어려운 점이 많았으므로 충

분한 교육을 받기에는 그 여건이 매우 좋지 않았다. 게다가 공부에 취미를 잃게 되고, 공부하지 않고 노는 것이 훨씬 좋다고 생각하는 것이 그 당시 어린아이의 마음이었을 것이다. 그래서 공부하기보다는 아이들과 같이 노는 것이 훨씬 재미있고 시간을 잘 보내는 계기가 되어 점점 공부에 대한 취미를 잃게 되었다.

내가 중학교에 갈 때가 1952년이므로 그 당시는 온 나라가 전쟁 때문에 살기 어려울 때였다. 아버지께서 나를 중학교 진학을 포기하라고 할 정도로 우리 가정도 매우 어려웠다. 이런 와중에 내가 중학교 입학할 때 동생은 초등학교 이학년이었고 내가 고등학교 입학 할 때는 초등학교 5학년이었다. 큰아들이 학교를 진학하느냐 못하느냐 하는 난리 통에 동생이 진학을 아버지에게 얘기할 수 있는 분위기는 아니었고, 진영중학교나 부산에 있는 상고에 진학할 수 있는 성적이 되지 않았으므로 아예 공부하는 문제는 일찍이 스스로 포기하고 말았다.

만약 동생이 공부에 취미가 남달라서 진학하려 하여도 그 당시 집안 형편이 장남도 보내기 어려운데 차남인 동생까지 진학할 수 없다는 사실은 미리 알고 있었으리라 생각된다.

동생이 장성하여 군에 입대하게 된다. 당시 9사단 백마부대에 배속되어 월남파병에 가담하게 되어, 월남전에 참전하여 주특기가 통신병이라 중대장 통신병으로 근무하게 되었다. 그때 죽을 고비를 몇 번이나 넘기면서 살아오게 되었다. 한 번은 총알이 자기가 짊어지고 다니는 통신장비의 안테나를 꺾고 지나가 통신장비의 기능이 마비되어 전투 수행에 막대한 지장을 초래하게 되었다고 한다. 지금 생각해 보면 동생은 행운아였고, 다시 살아 보라는 하느님의 관심과 배려였다고 생각한다. 목숨을 건 월남전 참전 공로로 국가 유공자가 되어 국가에서 약간의 연금이 나오고, 보훈병원의 치료비와 약값은 무료 혜택을 받고 살아왔다.

군에서 제대하고 어디에 취업하려 해도 자기 혼자서는 취업도 잘 안 되고 해서, 형수에게 형에게 말해서 많지 않은 돈을 빌려 달라고 부탁했다. 형은 대학까지 공부하여 공무원으로 취직을 하고 있으나 동생은 학벌이 낮아 어디 취업할 곳이 마땅치 않아 장사를 해 보겠다고 돈을 달라는데 나한테 직접 말했어도 형으로서 흔쾌히 주었을 텐데 형수인 집사람이 두말없이 돈을 빌려 주었다. 그 돈으로 양말 장사를 했다

그 뒤 양말 장사 일은 어떻게 되었는지 모르겠으나 무엇이라도 자기가 노력하여 살아보겠다는 의지의 표현은 마땅히 칭찬받을 일이고 박수를 받을 일이라 생각한다. 몇 년이 지나 양말 장사 결과를 아내에게 물은 적이 있는데, 별 재미도 보지 못하고 망했다는 말만 들었다. 애초부터 성공하리란 기대는 하지 않았기에 오히려 좋은 경험을 하였다는 말과 앞으로 살아가는 데 좋은 참고가 되기를 바란다고 했다. 이때부터 이 동생에 대하여 어떻게 조치해야 할 것인지를 고민하기 시작했다.

정확한 나이는 기억하지 못하나 이때쯤 현재 조카 진혁의 어머니와 결혼한 것 같다.

외항선 선원이 된 윤찬이

적은 자본으로 장사를 했는데 잘 되지 않았다.
소규모 소매업을 하는 사람이 종업원을 고용하여 영업을 한다는 것은 그 업을 지탱하기가 어려운 법이다.
내가 듣기로는 김해 장유에서 양말 장사를 하면서 혼자서 하지 않고 종업원을 고용하여 장사하다가 얼마 못 가서 그 영업을 계속 지탱할 수 없어 장사를 접었다고 했다. 자기가 배운 것이 없어 사무직으로 취직할 수도 없고 장사를 하여 생계를 유지하겠다는 생각은 매우 건전하다 하겠으나 조그마한 자본으로 소매업을 하는 사람이 처음부터 종업원을 데리고 업을 영위한다면, 그 업을 유지하거나 신장하기 어렵다. 왜냐하면, 어떤 상품을 최종소비자에게 직접 판매하는 소매업은 그 매출 규모나 매출 마진을 따져가며 가겟세와 인건비 기타 관리비 등을 충당하고 자본주 본인의 인건비가 떨어지겠는가를 계산하여야 하며 이러한 비용이 충당되지 않으면 그 가게는 문을 닫아야 한다.

문을 닫지 않고 유지하는 방법으로는 종업원을 두지 않고, 직접 본인 혼자서 구매, 판매, 기타 관리까지 다 했을 때 매출이익이 집세나 공과금 등을 충당하고 자기의 인건비가 남게 되는지를 따져 보고는 그 영업의 계속 여부를 판단하여야 한다. 이처럼 판단한 끝에 장사는 그만두게 되었고, 결과적으로 형수에게서 빌려 간 자본금은 다 날리게 되었다.

그 뒤 집에서 쉬고 있던 동생의 소식을 듣고는 무엇을 하려고 하느냐고 내가 물었을 때 외항선 선원이 되고 싶다고 하였다. 선원증을 가지고 있느냐고 물었을 때 학원에 다니면서 선원증을 취득하였다고 했다.

가난하기 짝이 없던 우리 집에서 이 형이 공부하느라고 동생이 공부를 할 수 없었다는 미안한 생각이 나의 온 머리를 감싸기 시작하였다. 물론 동생 자신이 공부에는 취미가 없었고 가정형편도 어려워 진학하지 못한 것이 객관적 사실이긴 하지만, 형인 나의 입장에서는 나는 대학을 나와 공무원이 되어 있고, 동생은 학벌이 낮아서 취업이 어려운 사정을 생각할 때 매우 미안하기도 하고 불쌍해 보이기도 하였다.

연세도 많으신데 많은 자식을 두어 하루도 편안할 날 없이 시골 농사일에 고생이 많으신 아버지 어머니를 생각해서라도 동생을 어디든지 꼭 취직을 시켜 아버지 어머니로부터 경제적으로 독립을 시켜야만 했다.

하루는 내가 아는 어선을 가진 회사를 직접 방문하여 동생 부탁을 하였다. 동생의 이력서와 자격증을 보고는 어선의 선원으로 취업이 결정되었다. 나는 너무나 반가웠다. 이제 동생도 돈벌이할 수 있어 좋고 아버지 어머니께서도 매우 기쁜 일이 되어 좋아할 일이기 때문이다.

그로부터 한 달 남짓 뒤 어느 날 동생이 찾아왔다. 나는 반가운 마음으로 그를 환영하였다.

동생이 배 탄 얘기를 들었다. 배가 어선이다 보니 고기를 잡는 일은 기계화되어 그물을 던지고 끌고 하는 것은 선장이 직접 관찰하며 행하고, 동생과 같은 신참 선원들은 선실에서 잡은 고기를 상자에 얼음과 같이 담는 일과 그 담은 고기 상자를 차례차례 쌓아 올리는 일을 하고 부산항 등에 만선이 되어 도착하면 선창에서 고기 상자를 위로 올리는 육체적 노동을 한다고 했다.

그 얘기를 듣고는 동생 일이 너무나 심한 중노동이라고 생각되어 기회가 되면 외항선에 승선케 하면 좋겠다고 생각했다.

그 당시 외항선 선원이 되는 것은 쉬운 일은 아니었다. 서울에 본사가 있고 부산사무소도 있는 모 상선회사의 중역 한 분을 평소에 알고 있었다. 그분은 부산고등학교를 나온 내가 아는 친구의 친구이기도 하였고 직위는 상무이사였다. 어느 날 나는 그분을 만났다.

그 상무는 평소에 나와도 잘 아는 사이였고 농담도 잘하곤 하였다. 나는 솔직히 내 사정을 말하고 동생의 취직을 부탁했다. "상무님! 오늘은 내가 애로가 있어 상무님에게 협조를 구하고자 하니 협조하여 주시면 고맙겠습니다."

그리고는 동생의 형편과 내 집안 형편을 얘기했다. 한참을 숙고한 후 그 상무님은 최선을 다해 노력하겠으니 조금 기다려 달라고 했다.

　사정인즉 배에 선원을 태우고 내리게 하는 것은 부산에 있는 해무사무소 상무의 업무 소관이고 내가 동생 취업을 부탁한 상무는 본사 업무담당 상무였으므로 선원의 채용문제는 자기 소관이 아니어서 부산사무소 해무담당 상무에게 부탁을 하여야 할 사항이므로 나에게 조금만 기다려 달라는 얘기를 한 것이었다. 그리고 이 회사의 배는 짐을 싣고 다니는 상선이었고, 세계를 항해하는 배였으므로 배가 자기 임무를 마친 일 년 후 부산항에 돌아오게 되었을 때가 선원들의 교대 시기이므로 다음 배가 입항하여 하선 선원과 승선 선원이 확정되는 시기에 선원의 교대가 있으므로 그때라야 승선할 수 있게 되어 있었다. 그것은 하선 선원의 직무 즉 기관실, 항해실, 갑판 등 그 직무에 종사하는 자가 하선 시 그 직무와 같은 자격을 가진 자가 승선할 수 있어 꼭 언제 승선할 수 있다고 답할 수 없는 실정이었다.

　그 얘기가 있고 난 뒤 한 달쯤 후 그 상무님으로부터 연락이 왔다. 빨리 동생을 부산사무소에 보내서 필요한 서류를 갖추고 부산사무소장의 지시를 따르라고 했다. 이 소식은 그때까지 내가 살아온 시간 중 가장 귀하고 보람되고 반가운 뉴스였다.

　나는 빨리 동생에게 연락하여 부산사무소장인 상무님을 찾아뵙도록 하였고, 그때 승선 수속을 하여 선원이 되어 원양상선에 승선한 선원이 되었다. 동생은 일 년에 한 번씩 부산항에 들어오게 되어 원양상선을 탄 후로는 동생의 얼굴을 자주 볼 수 없었다. 어쩌다 부산항에 하선하게 되면 동생은 외국에서 생산되는 간단한 물건을 한두 개씩 선물하였는데 그때만 해도 외국

물품을 구하기 매우 어려운 때라 향수 하나만 선물하여도 형수인 집사람은 매우 흡족해하였다.

원양상선을 여러 해 승선하였고 생활하는 것은 그대로 하는 듯하였다. 그러나 동생에게 항상 좋은 일만 있는 것은 아니었다. 부산 감천에서 살림을 차리고 제수씨께서 아이들 둘을 데리고 살았는데, 어느 날 동생과 심하게 다투고는 별거에 들어갔고, 얼마 되지 않아 혼인 생활이 파탄되는 불행한 사태가 일어났다. 아이들 둘은 시골 할아버지 댁에 맡겨졌고, 동생은 혼자 생활하게 되어 동생의 행복은 그때부터 깨지기 시작하였다. 따라서 어른들의 잘못으로 아이들이 조부모님 밑에서 부모의 정을 받지 못하고 자기 나름대로 기가 죽어가며 생활하게 되었다.

그로부터 몇 년 후 제수씨는 위암으로 생을 마감하게 되었다고 슬픈 소식이 전해졌다. 그 후 절에 모셨던 제수씨의 유해는 시어른이 계시는 선영으로 옮겨 집안에서 모시게 되었다.

70대 노인이 된 윤찬이

　동생의 나이 칠십이 되었을 때 옛날 아버지 어머니와 같이 살던 고향 집에서 노년을 보내게 되었다.
　몇 년 전 집사람과 같이 시골집을 찾아 집 안을 깨끗이 청소하고는 살림을 하나씩 점검 해 나갔다. 보일러는 가동되고 있었으나 연료비 때문에 거의 가동하지 않고 있었다. 냉장고와 김치냉장고가 그 기능이 시원치 않았다. 그래서 집사람과 같이 읍내에 나가 대형냉장고와 층계식 김치냉장고를 사서는 집에다 들여놓았다. 그 이후로는 음식이 상하지 않았다.
　동생이 시골집에 온 후부터는 진례 집에 자주 갔었다. 부산 동창회 모임이 있을 때도 진례에 와서 동생 얼굴 한번 보고 동생과 바둑 몇 판 두고 서울로 가게 되고, 아니면 진례에 사는 초등학교 동창들과 저녁을 같이 하고는 집에 와서 동생과 같이 바둑도 두고 하면서 동생과 많은 시간을 보냈다.
　내가 동생 집에 들르게 되면 꼭 아침밥을 차려 주었다. 동생과 명규(부산) 동생은 아침밥을 먹지 않고 커피만 한잔하고는 그것으로 아침밥을 대신하였으나 나는 아침밥을 조금이라도 먹어 왔기 때문에 동생이 꼭 아침밥을 차려 주었다. 지금 생각하니 너무나 고마운 아침 상차림이었다. 매우 귀찮은 일이었으나 그것을 귀찮다고 여기지 않고 갈 때마다 아침밥을 차려 주는 고마움을 지금도 잊을 수가 없다.

그리고 아침 세수를 하거나 샤워를 하도록 바깥 솥에 물을 가득 붓고는 장작불을 피워 데우곤 했다. 물을 가득 부었기 때문에 장작이 많이 소요된다. 그래도 소모되는 장작은 아랑곳하지 않고, 그 많은 물을 데워 목욕할 사람은 목욕도 하고 세수할 사람은 세숫물로 사용했다. 이때 땔감인 장작은 뿔당골이나 저수지 위쪽 산에 가서 누가 톱으로 베어서 죽어 쓰러져 있는 나무를 주워 와서는 집에서 톱으로 잘라 토막 내 장작으로 쪼개어 만들어 놓은 것이다. 이 나무를 집까지 옮겨 오는 일은 동생 혼자 힘이 달리니까 아들인 진혁이를 일요일에 동원하여 가져와 장작을 확보하였다.

동생을 찾아갔을 때는 저녁에는 주로 면 소재지에 나가 외식을 했다. 그리고 집에 돌아와서는 TV를 조금 볼 때도 있고 바둑을 둘 때도 있다.

바둑은 동생이 흑을 잡고 다섯 점 깔아 놓고는 집백을 한 나부터 두기 시작하는데 결과는 내가 조금 더 이기는 정도이다. 나나 동생이나 많이 이기려고 무리하게 두는 사람이 결과적으로 많이 지게 되며, 무리 없이 차분하고 냉정하게 두는 사람이 결과적으로 이기게 된다.

집백을 한 내가 실수를 하거나 욕심을 많이 내어 무리하게 상대 돌을 잡으려고 할 때는 오히려 내 말이 잡히는 경우가 많다. 이때 상대가 실수하지 않고 평소대로 둘 때는 대패를 하게 되어 중간에 돌을 던지게 된다. 다섯 점 접바둑이라고 조금 얕보아 둘 때는 큰코다치게 된다.

동생이 고향에 온 후의 생활은 일종의 전원생활이었다. 봄이면 가죽나무에서 가죽이 자라고, 가을이면 단감이 빨갛게 익어 가는 전원의 정취를 느낄 수 있게 지은 주택에서 자연과 더불어 살고 있었다.

동생은 매우 부지런하여 아침 일찍 일어나 사오십 마리 되는 닭의 모이를 주고 물도 바꿔 주고 닭장 청소도 깨끗이 해 주며, 강아지 집 주위에 지저분하게 흩어져 있는 찌꺼기 등을 비로 쓸고는 개밥은 제때에 일정량을 준다. 사람이 먹고 남은 밥을 개에게 줄 때는 반드시 끓이고 식혀서 주어 매우 위생적인 개 먹이를 주었다.

동생은 우리 형제 중에서 무척이나 부지런하여 몸이 아프지 않으면 무료하게 시간을 보내는 적이 없었고, 남의 물건은 아무리 좋아도 탐을 내거나 자기 것으로 삼지 않았으며, 남의 것은 남의 것 내 것은 나의 것이었다. 그리고 매우 정직하였다.

그리고 형의 말을 잘 듣는 편이었고, 형이 말을 하거나 제의를 하면 그대로 순응했다.

윤찬이가 하늘나라로

얼마 전 동생이 자꾸만 배 쪽이 아프다고 하여 보훈병원에 가서 검사를 하였으나 아픈 원인을 정확히 발견하지 못하였다.

그래서 보훈병원에서 부산대학병원으로 이송되어 부산대학병원에서 검사하기로 하였다. 그 검사 결과 위암이 너무 진행되어 옆 장기인 간장 췌장까지 전이되어 암이 퍼져 있어 수술이 불가하다는 진단 결과였다.

2년 전 보훈병원에서 위내시경 검사를 하면서 그 당시 혹 네 개중 두 개만 조직검사를 하였다. 그 당시 검사한 두 개의 혹은 양성으로 나타나 내시경 조직검사의 결과는 아무런 병이 아니라는 판단을 내렸었다. 그때 나머지 두 개의 혹도 조직검사를 하였더라면 나쁜 혹으로 판정 났을지도 모르며, 2년이 지난 오늘날 위에서 생긴 암이 간장과 췌장까지 퍼져 손 쓸 수도 없고 어떤 약물도 없어 오직 죽음만 기다려야 한다는 매우 서글픈 소식만을 들어야 하는 환자 본인과 환자 보호자의 입장은 어떤 심정이겠는가.

  2년 전 보훈병원에서 위내시경 검사를 할 때 네 개의 혹이 발견되어 그중 두 개의 혹만 조직검사를 하고 나머지 두 개는 조직검사를 하지 않은 것이 보훈병원에서 잘못한 것이라 생각된다. 종양 네 개중 두 개의 조직검사 결과가 아무 이상이 없었다면 나머지 두 개도 아무 이상이 없으리라고 추정하는 것은 의사로서 무리는 아니라 하더라도 목숨을 잃은 자의 가족 입장에서는 네 개 모두 조직검사를 하였더라면 그중에서 악성이 나타났을 것이고, 그때 악성 종양을 제거하는 수술을 하였다면 옆 장기에 전이되는 문제는 미리 예방하게 되었을 것이라고 생각된다. 아니면 위내시경 할 때 발견된 위의 네 개 종양 제거는 물론 그 이외의 장기에 종양이 생기지 않았는지 정밀히 검사하여 종양을 발견하였더라면 동생의 생명을 잃는 일은 없었을 것이라고 생각해 본다.

  모든 것을 운명에 맡긴다거나 하느님 소관이라고 말하기에는 동생의 죽음이 너무나 억울하고 애타게 느껴진다.

  부산대학병원에 입원해 있을 때 동생 면회를 하였다. 그때의 결과는 이미 위 이외 옆 장기까지 종양이 퍼져 있어 수술 불가 판정이었다. 너무나 기가 막힌 결과였다.

  생명을 구하는 어떤 수단도 없다는 결과였기에 동생 마음의 안정을 위하여 천주교에 입교하여 저세상 가는 길에 많은 위안을 주고자 수녀님을 오시게 하였다. 환자의 의사를 물었다. 환자는 거절하였다. 그리고 수녀님은 가셨다. 저세상 가는 길에 하느님의 도우심으로 위안이 함께하였으면 얼마나 좋았겠는가

하고 생각하면서 그저 안타깝기만 했다.

그동안 국가 유공자에게 무료로 치료를 해 주는 보훈병원의 치료기술을 믿고 무심히 있다가 동생을 보내게 되자. 진작 대학병원으로 일찍 가 보았더라면 하는 아쉬움만 남게 되었다. 그리고 하느님께 귀의했더라면 좁은 천국의 문을 열고 들어갈 수 있었을 텐데 하고 아쉬워해 본다.

동생이 아프다고 연락이 왔을 때 병원비에 보태라고 서울 형수가 그동안 살림하면서 모은 돈 일백만 원을 송금하였다는 얘기를 들었고, 그에 대하여 동생은 아픈 몸으로 형수에게 너무나 고맙다고 진심 어린 감사의 말씀을 올렸다고 한다. 그렇게까지 고마워하지 않아도 형수는 동생의 정직한 마음과 형수를 생각하는 마음을 알기 때문에 동생에게 항상 고맙게 여기며, 부인도 없이 혼자 생활하고 있는 시동생을 언제나 측은히 생각하고 동정심도 가지고 있었다.

동생이여! 동네 앞 선산에 계시는 할아버지들께서 입고 있는 옷을 깨끗하게 해 달라고 자꾸만 말씀하시는구나! 우리 집안의 고향살이는 이제 끝이 난 것 같구나!

막내가 집을 지어 산다고 한들 그것은 먼 훗날 얘기고, 항상 상주할지 아니면 가다 오다 들리게 될지는 모르는 일이라 우리가 자라던 진례 시례 생활은 이제 끝이라 생각하니 묘한 아쉬움이 내 마음을 슬프게 한다.

동생이여! 부디 편안히 영면하소서!

명규와 성규

　가난한 농부의 장남으로 태어나 고생 끝에 대학을 졸업하고 부산시와 총무처 시행 세무직에 응시 합격하여 14년간 공직생활을 하면서 어떻게 하여야 내 사랑하는 아들들을 대학까지 무난히 공부시켜 사회에 진출시키고 마음씨 고운 며느리들을 맞이하여 행복한 가정을 꾸릴 수 있을까 하는 문제와 내 동생 여섯 명을 어떻게 공부시켜 자기 밥벌이를 할 수 있도록 할까 하고 항상 걱정 속에서 살았었다.

　그런 중에 동생 명규가 중학 졸업 후 집에서 아버지를 도와 농사를 지었으면 하고 권하여 보았으나 그 동생은 농사짓는 일을 거절하고는 도시로 가서 자기에게 맞는 직장을 구해 살겠다고 했다. 나는 장남으로서 동생들의 앞길을 열어 주는 것이 마땅히 나의 할 일이라고 생각하고는 동생들을 취업시켜 독립시키기로 했다. 서울에서 가구 공장과 가구 직매장을 가지고 사업을 하는 친구에게 부탁하여 취직을 시켰다. 가구 공장에서 한 달도 되지 않아 일할 수 없으니 시골에 가서 아버지 밑에서 농사일을 하겠다고 했다. 친구에게는 매우 미안한 일이었으나 동생은 가구 제조용 약품에 대한 알레르기 반응으로 온 피부가 염증이 생기고 가려워서 일을 할 수 없었으므로 이 사정을 친구에게 알리고 매우 미안하다고 하고는 동생을 시골로 보내 아버지를 도와드리도록 하였다. 이렇게 하여 명규 동생은 농사일과 동네 이장직을 맡아 열심히 살면서 부모님을 모시게 되었다.

명규 동생은 이장직을 맡아 면사무소를 출입하면서 술과 친구를 좋아하게 되어 자기 수입보다 많은 지출을 하게 되어 가을이면 빚을 남기는 일이 종종 있었다.

명규 동생 내외와 어머니

물론 부모님의 많은 꾸중도 들었겠으나 그래도 시골에서 부모님을 모시는 칠 남매 중 착한 동생이라 생각되었다. 몇 년 뒤 이 동생은 이북면 진말부락에 사는 전씨 아가씨와 결혼하여 딸 셋을 두고 행복하게 생활하던 중 제수씨가 교통사고로 돌아가시고 지금은 장유면에 사는 둘째 딸 옆에서 자기 아내를 그리며 혼자 지내고 있다.

다섯째 동생 성규는 시골에서 농업고등학교를 졸업하고 군에서 제대 후 잠깐 쉬고 있었다. 그때 이 동생을 취직시켜 부모님 걱정을 덜어드려야 할 텐데 하고 걱정을 많이 했다.

그때 부산고등학교와 부산대학를 졸업하고 국세청에 잠깐 근무하다가 주택건설회사에 발탁되어 상무이사로 근무하던 친구에게 내 동생 성규의 성격과 근면성, 착한 마음씨 등을 설명하고 아파트 건설회사에 취업을 부탁하였다. 얼마 되지 않아 취업이 되어 현장 자재관리 사무를 보면서, 소장 등 상사의 신임을 받는 모범 직원이 되었다는 말을 친구에게서 들었다. 정말 흐뭇한 소식이어서 과연 우리 부모의 자식이고, 내 사랑하는 동생이라는 생각을 하면서 내 눈에는 눈물이 맺혔다.

아파트 건설회사에 있을 때 결혼하여 아들 둘을 낳아 손자까지 보고는 무척 손자를 귀여워하고 있다. 봉급자로 생활하면서 알뜰히 돈을 모아 부산에서 아파트도 장만하고 고향에다 논을 사서 농사를 지어 식량으로 쓰는 현명함을 보이기도 하였다. 현재 그 논의 값이 올라 몇억의 자산가가 되었다.

이 동생은 다른 동생들보다는 마음이 너그러워서 복을 받아 잘살 것이라고 생각했었다. 내 생각대로 하느님의 가호와 보살핌이 있는 것 같다.

 동생들을 교육시키고, 취직시키는 일은 부모님의 할 일로 생각되나 장남으로서 부모님을 도와드린다는 뜻도 있었으나 동생에 대한 책임과 동생이 잘돼야 형이 잘된다는 신념과 동생에 대한 깊은 애정으로 그 일에 최선을 다했다.

 이제 동생들도 다 회갑을 지나 노년이 되었다. 자손들과 같이 즐기며 여생을 행복하게 보냈으면 더 바랄 것이 없겠다.

막냇동생 동규

 막냇동생 동규는 나와는 18년 차가 난다. 내가 고등학교 삼학년 때라고 기억되는데 방학 때 고향 집으로 갔을 때 어머니께서 막내를 낳아 몸조리하고 계셨다. 그때 나는 동생을 낳으시느라 얼마나 고생이 많으셨습니까. 하고 인사를 올려야 당연한 일이었으나 인사도 어떤 위로의 말도 하지 않았다.
 그때 나는 내가 책임질 사람이 한 사람 더 생겨났구나 하고 순간적으로 가슴이 꽉 막히는 것 같아 웃을 여유도 없었고, 위로의 말도 생각나지 않았다. 지금 생각해 보면 그때 내 행동은 어머니께 큰 불효를 저지른 것이었다.

 그 아이가 자라서 고등학교를 졸업하고 병역의무를 마치고 막 사회에 진출할 무렵에도 집안 형편이 좋지 않아 대학 진학은 어려운 일이었다. 그렇다고 동생 혼자 힘으로 직장에 취직한다는 것도 마음대로 되지 않았다. 그때 부모님께서 나에게 막냇동생의 사회진출을 도와주기를 부탁하셨다.

그 당시 나는 동규 동생이 자기 스스로 취업 할 수 있으리라 생각하면서 깊이 생각하지 않았으므로 부모님께 확답을 해 드리지 못했다. 그리고 귀경하여 인문계 고등학교 졸업생에다 어학을 썩 잘하는 편도 아닌 동생을 어디에 심어야 장래가 펴나갈 수 있을지 생각하면서 인간적으로 나의 부탁을 들어줄 사람을 고르며 생각해 보았다. 그때 경남고등학교와 부산대학 법대를 졸업하고 중소기업인 무역회사를 운영하는 장 사장이 생각났다. 이 친구에게 진정으로 부탁하면 자기 회사에 써 줄 것 같았다. 친구와 식사 약속을 하고 같이 식사를 하면서 취직 부탁을 해 보기로 마음먹었다.

그 당시 나는 월급이 얼마 되지 않는 공무원이었기에 우리 두 사람이 만나면 식사비는 그 친구가 지불하곤 하였다. 식사가 끝나고 차를 마시면서 진심을 담아 동생 동규의 취직을 부탁하였다. 월급을 주지 않아도 좋으니 무역 일을 배우게 했으면 좋겠다는 생각이었다. 무역회사에서 경리 총무 업무는 배워도 장래 희망이 없고, 수출입 업무를 배워야 장래 독립하여 회사 운영도 할 수 있을 것 같아 무역 업무를 볼 수 있도록 부탁하였다. 몇 번이고 사정하며 부탁한 탓인지 아니면 그 당시 사람이 필요했는지는 알 수 없으나 동생의 이력서를 보고는 보내 보라고 했다.

바로 동규 동생이 취업이 되었다. 그 회사는 인형 등을 수출하는 회사였으므로 샘플 취집이나 바이어 픽업 등 무역회사 기초업무를 서투른 영어로 시작하였다.

그곳에서 업무를 배워 익히고 그곳에서 아가씨를 만나 결혼도 하고는 나중에는 홍콩으로 진출해 많은 돈을 벌게 되었다. 홍콩에서 비싸다는 집도 마련하고 사업을 중국, 호주, 유럽, 캐나다 등지로 확장하였고, 국내에서도 부동산 등에 투자하여 우리 칠 남매 중 가장 많은 부를 누리고 사는 형제가 되었다.

나는 막냇동생이 잘되기를 바라면서 내가 할 수 있는 최선을 다했다고 생각하지만, 막냇동생은 이 형의 노력은 당연한 형의 의무인 것처럼 여기는 것 같다. 나는 내색은 않지만, 그런 동생에게 조금은 섭섭함을 느낄 때가 있으니 이 또한 나의 나이 때문인가 싶다.

어느 형제를 만나도 동규 동생에 대한 얘기를 하지 않은 내가 이 글을 쓰면서 조금이라도 섭섭함을 표현한다는 것 자체가 나의 인격 형성에 불완전한 점이 아주 많다는 생각을 해 본다.

며칠 후면 나는 팔순을 맞는다. 형제자매들에게 저녁 식사를 베풀기로 하였는데 그때는 어른답게 큰형답게 좋은 말만 하도록 하자고 마음속으로 굳게 다짐해 본다.

두 여동생

나는 남동생이 넷이고, 여동생이 둘인 칠 남매의 장남이다. 첫째 여동생은 나와는 8년, 둘째 여동생은 15년쯤 나이 차이가 있는 것 같다. 살다 보니 동생들의 정확한 나이가 잘 생각나지 않는다.

장남인 오빠로서 두 여동생에게 마음에 걸리는 것이 있다면 학교 공부를 많이 시켜주지 못했다는 점이고, 시집가서는 편히 지내지 못하고 육체적으로나 정신적으로 힘들게 살았다는 점이다.

그 당시 우리 부모님께서는 장남만 대학을 보내면 저절로 형편이 풀릴 것이란 기대를 가지고 장남에게는 자랄 때나 학교공부에나 다른 자식들보다 더 많은 신경을 쓰다 보니 특히 여동생들의 학교 교육은 뒷전으로 밀릴 수밖에 없었다.

첫째 여동생은 주촌 최씨 집안으로 출가했다. 신랑은 김해농

업고등학교를 졸업한 청년으로 주촌에서는 밥은 굶지 않는 준부잣집이라고 했다. 첫째 여동생이 시집가던 날 아버지와 큰오빠인 내가 상객으로 가게 되었다. 상객은 잔칫날 최고의 대접을 받는다. 동생이 시집갈 때 오빠로서 최선을 다해 마련할 것은 마련해서 보냈건만 부족한 것은 없는지 시집에서 혼수가 적다고 구박이나 받지 않을는지 별생각이 다 들었다. 여동생을 최씨 집안에 떼어 놓고 진례 고향으로 돌아오려니 눈물이 한없이 흘러내리면서 발걸음이 떨어지지 않았다. 그날 어떻게 동생의 시집 동네를 떠났는지 지금도 잘 모르겠다.

여동생에게는 신랑인 최 서방이 있긴 하지만, 농사일도 많은데다 어른들 모시고 살자면 얼마나 고생이 많을까 하는 동생에 대한 애처로움과 동생의 말과 행동이 우리 집안을 욕되게 하지는 않는지 이런저런 염려로 나날을 보내게 되었다. 그러다가 서울에다 매제의 직장을 구해 주기로 하고 아주 큰 건설회사 현장 경리로 써달라고 부탁하였다. 마침 당시 그 회사 상무이사가 오케이 하고 대답하여 최 서방이 서울에서 취직하게 되었다. 그래서 첫째 여동생은 시집살이를 졸업하고 서울에서 살게 되어 마음속으로는 이제 편히 살겠구나 했는데, 그 뒤 매제가 회사를 그만두고 사업을 시작하여 결국 시골 논과 그동안 모아두었던 돈을 모두 날려 버리고 지금까지도 고생하는 모습이 안타깝기만 하다.

매제는 몇 년 전 대수술을 하여 몸도 약하고 요즈음은 눈마저 좋지 않다. 참으로 가슴이 찡하곤 한다.

첫째 여동생 복남이 결혼식

둘째 여동생은 한때 시집을 가지 않겠다고 고집을 부리는 바람에 부모님 요청에 따라 내가 김해까지 내려갔다. 그때 여동생에게 결혼에 대하여 잘 설명도 하고 설득을 시키고 하였으나 여동생은 별 대답이 없었다. 그 당시 시집을 가지 않겠다고 한 까닭은 지금도 알 수 없으나 결국은 시집을 가게 되었다.

그 당시 나는 도회지 월급쟁이 신랑을 구해 주겠다고 하였으나 월급쟁이는 싫고 시골 부잣집으로 시집가겠다고 했다. 그러나 나는 시골 부잣집 총각을 아는 사람이 없어 부모님께 동생의 뜻을 전하고 귀경하게 되었다.

그 뒤에 둘째 여동생은 원하던 대로 과수원과 많은 농토를 가진 부잣집으로 시집을 가게 되었다. 조금 마음이 놓였으나 과수원 일이며 하우스 일이며 농촌일 모두가 중노동이기에 편안한 월급쟁이보다는 훨씬 몸이 고단할 것은 보지 않아도 뻔하므로 항상 오빠로서 마음이 쓰이고 걱정이 된다.

집안이 가난하여 이 장남을 대학까지 공부시키느라 남동생들뿐만 아니라 두 여동생도 공부를 제대로 시키지 못한 점에 대하여 항상 가슴 아파하면서 좀 더 도와주어야지 하면서 살아온 세월이 흘러 어느덧 팔순을 맞게 되었다.

어찌 할꼬 내 여동생들!

형제들과 집안일을 함께하다

　엘리와 나는 1965년 2월 27일 결혼하여 살 집을 구할 전세자금 5만 원을 간신히 마련하였다. 그 돈은 아버지께서 할아버지께 물려받은 열 마지기 논 중에서 삼촌 살림나는 데 세 마지기를 떼어 주고 남은 일곱 마지기로 농사를 짓고 먹고살던 것을 나를 공부시키고 자식들 먹이는 데 모자라 네 마지기를 팔았고, 남은 세 마지기를 팔아 내가 결혼 후 살 집을 얻는 데 쓰게 되었다. 그때는 우리 집만 가난한 것은 아니었고, 팔촌 안의 온 집안이 가난 속에서 헤매고 있었다. 그런 때에 진주에 모신 오대조 할아버지와 할머니의 시제를 지내는 일과 산소 벌초 문제로 상당한 경비가 들어가게 되자, 벌초에 필요한 경비는 참석한 사람들이 나누어 충당하였으므로 서로 벌초에 참석하지 않으려고 했다. 시제에 필요한 음식 등은 주로 고향에 계시는 아버지께서 제공하셨다. 아버지께서 돌아가시고 동생이 시제 음식을 20년 이상 차려 왔으나 제수씨도 나이가 드니까 혼자서는 할 수 없다고 했다.

팔촌 내에서 회의를 열어 기금을 만들기로 하고, 잘사는 사람은 많이 내고 못사는 사람은 조금 내도록 하여 5년간 모은 기금이 상당한 금액이 모여 진주 산소 벌초 때와 시제 때 필요한 경비를 기금의 이자로 충당할 수 있게 되었다. 기금 마련에는 홍콩에 있는 동규 동생이 크게 기여하였다. 기금이 마련되기 전까지는 큰 부담은 아니었지만, 서울에 있는 나와 엘리가 부담했었다.

그 당시 나와 엘리는 동생들의 결혼이나 취직 문제, 흉년이 들었을 때 고향 부모님과 형제들의 생활비 문제 등으로 빠듯한 살림살이를 사느라 먹을 것 못 먹고 입을 것 못 입고 아껴도 적자를 면하기 어려웠다. 그리고 큰집 제사에는 주로 나와 엘리가 참석하게 되는데 그때 지출되는 경비도 많지는 않지만, 그런 행사의 횟수가 잦으니 사흘이 멀다고 지출이 발생하여 엘리에게 많은 스트레스를 안겨 주게 되었다. 그래서 우리 형제들이 기금을 모아 큰집 제사나 부모님 사후에 발생할 경비 등에 충당하자고 했다. 그 뒤 매년 설날에 모였을 때 기금을 모으되 형편이 나은 형제는 연회비 30만 원, 형편이 좀 못한 형제는 연회비 15만 원으로 정하여 20년 이상 회비를 모았다. 나는 이 기금 제안자로서 65세까지 연회비를 냈으나 다른 형제들은 회갑 때까지만 내도록 하였다. 기금은 사촌계로 하여 우리 집 아이들뿐만 아니라 조카들도 결혼을 하면 자동으로 회원이 되어, 연회비를 내도록 하였다. 단 여자 형제들은 기금 마련에서 제외시켰다.

기금에서 지출되는 금액 중 할아버지와 할머니의 제사를 시제로 지내게 되자 제사 등의 경비가 줄어들게 되어 대신 진례의 산소 벌초 경비로 일부 지출되었으면 해서 형제들과 의논하여 그렇게 할 생각이다. 기금을 만들어 집안일을 운영한 것은 집안의 친목과 형제간의 우애를 쌓는 데도 크게 도움이 되었다. 그동안 모은 기금만으로도 집안일을 처리하고도 여유가 있어서 몇 년 전에는 형제들 모두 함께 기금으로 중국 여행을 다녀오기도 하였다.

　시제 때의 음식은 돌아가면서 만들어 가져오는데 그 경비의 실비와 수고비를 기금에서 조금씩 주게 되자 시제에 참석하는 일가가 많아져 옛날보다 많은 친척들이 조상에 대해 관심을 갖게 되었다.

　우리 형제들도 나와 엘리를 중심으로 집안일에 관심을 가지고 잘 수행해 나가면서 다른 어느 형제들보다 형제간에 우애와 서로 사랑하는 마음이 깊다고 자부한다.
　이 모든 집안일들의 조치는 엘리의 협조가 있어 이루어질 수 있었고, 한편으로는 엘리의 수고를 덜어 주기 위한 조치이기도 했다.

도봉산에서

제9부
노년과 건강 문제

도봉산에서

아파 봐야 아는 것

나는 한두 잔 술에도 얼굴이 빨개지고 가슴이 두근거리니 체질적으로 술을 마시도록 타고나지 않은 것 같다.

첫 직장은 부산시 서구청 세무과이고, 둘째 직장은 국세청이었다. 그다음은 상장회사 회계담당 임원이 됐다. 그러하니 상대하는 사람들이 회사 간부 아니면 공무원이었으므로 술자리가 종종 있었고, 동료들 간의 회식 자리에서도 으레 술은 필수 음식이었다.

공무원으로 있을 때 무교동 어느 주점에서 술자리가 있었다. 주량이 소주 두 잔 정도였으나 그날은 맥주와 소주를 합쳐 맥소를 마시니 몸을 가누기가 힘들었다. 동료들에게 양해를 구하고 간신히 몸을 일으켜 화장실로 가서 먹은 것들을 토했다. 약 30분 이상 쭈그리고 앉아 심한 어지럼증에 시달리고 이마에 식은땀을 흘리면서 다시는 이런 음식을 과하게 먹지 않을 테니 제발 이 고통에서 구해달라고 간절히 기도했다.

　한번은 추운 겨울, 종로 2가 뒷골목의 주점에서 동료들과 함께 빈대떡과 막걸리를 먹었다. 먹는 동안은 견딜만했다. 어느 정도 마시고는 동료들과 같이 밖으로 나와 인사동 쪽으로 걸어오다가 정신이 아찔하면서 나도 모르게 앞으로 넘어졌다. 그 순간 턱 밑이 조금 아픈 것을 느껴 손으로 만져 보니 피가 많이 흐르고 있었다. 동료들의 도움으로 치료를 받고 집으로 왔다. 내가 넘어진 곳은 인사동에서 종로2가로 오는 길의 차도와 인도의 경계에 쇠 말뚝을 띄엄띄엄 박고 철판으로 연결해서 경계를 표시해 놓은 것이 있었다. 그 철판에 넘어지자 턱밑이 갈라지며 피가 난 것이다.

　사돈어른과 팔당으로 놀러 가 강가에서 술을 마시게 되었다. 너무나 경치가 수려하고 분위기도 좋아 술을 조금 과하게 마신 것이 화근이 됐는지 또 매우 어지러움을 느끼며 눈을 뜨지 못할 정도의 큰 고통을 느꼈다.

　또 한 번은 직장 선배 최 선생님과 같이 춘천세무서의 업무 점검을 마치고 저녁 식사를 했는데, 영하 10도 이하를 오르내리는 매우 추운 날이었다. 저녁 식사 후 춘천에서 하루를 묵고 다음 목적지인 홍천으로 가게 되어 있었다. 그날 저녁 식사 후에는 잠잘 일만 남아 있어서, 갈비와 함께 소주를 네 잔 정도 마셨다. 육류와 같이 마신 소주라 별로 취하는 것 같지 않아 동료들이 권하는 대로 다 마셨다. 숙소로 가기 위해 밖으로 나오자 역시 정신이 몽롱해지더니 어지럼증으로 발걸음을 못 옮기고 주저앉았다. 동료에게 몸이 이상하다는 말을 하고는 정신을 잃었는데 깨어보니 병원 응급실이었다. 주량을 무시하고 과음하여 동료들에게 피해를 준 것이 얼마나 미안하고 창피스러웠던지 지금 생각해도 얼굴이 빨개진다.

그런 일들이 있고 난 뒤로 매우 조심하며 되도록 술을 먹지 않으려고 노력했다.

내가 육십을 넘긴 나이였을 때 마산행 버스를 타기 위해 아내와 같이 강남 버스터미널에서 버스를 기다리는데 갑자기 메슥메슥한 느낌이 들면서 몸이 이상했다. 옆에 있던 아내에게 얘기하고 대기실 맨바닥에 드러누웠다. 바로 정신을 잃었는데 내가 그런 위기를 여러 번 겪은 터라 순발력 있게 아내가 내 머리를 낮추고 119 호출을 옆 사람에게 부탁하였다. 그러나 2분도 되지 않아 깨어나 119를 취소하고는 그동안 언제 아팠느냐는 듯 멀쩡하게 마산 여행을 한 적도 있다.

내가 오십 대 초반 한겨울에 산악회 회원들과 같이 불암산으로 등산하러 갔었다. 그때는 주일마다 서울 근교의 산이나 전국에서 제법 높다는 산으로 등산하러 다닐 때여서 등산은 어느 정도 자신이 있었다. 그날따라 나보다 나이 열 살 이상이나 적은 아주머님 회원들이 불암산 오르막을 사뿐사뿐 가볍게 오르고 있었다. 나는 남자니까 하는 오기로 무리를 하면서 아주머니들 뒤를 따라 힘겹게 정상에 올랐다.

정상에서 한참 쉬다가 3분의 1쯤 내려온 위치에서 갑자기 가슴에 심한 통증이 왔다. 이마에 식은땀이 흐르고 가슴이 따가워 숨을 쉴 수가 없을 정도로 고통이 심하였다. 같이 산행하던 동료들이 내 상의를 모두 벗기고 차디찬 겨울바람을 쐬게 해도 조금도 시원하지 않고 온몸에 땀이 나서 속옷이 다 젖어 들기 시작했다. 가슴 통증이 그치지 않자 일행 중 이경곤 회원이 한참 아래에 있는 절에 가서 우황청심환을 구해왔다. 그 청심환을 먹어도 아픔은 그치지 않았다. 거의 한 시간쯤 온몸에 땀을 흘리며, 심한 아픔과 싸우는 중에 어느 순간 막혔던 나의 숨이 펑 뚫린 듯 통증이 덜해지면서 서서히 호전되고 있었다. 그때 나는

제2회 화우회 창립 기념사진(1989년 9월 24일)

얼마나 아파야 사람이 죽는 것일까 하고 죽음에 대하여 다시 한번 생각하게 되었다.

10년 전에는 아침에 세수하고 뻣뻣이 서서 안압 약을 넣는 순간 정신을 잃고 그대로 앞으로 넘어져 경대 모서리에 받혀 코뼈가 부서지고 말았다. 얼마나 아팠던지 부엌에서 아침밥을 준비하고 있던 아내를 불렀는데, 너무나 아파서인지 소리가 나오지 않고 부를 수도 일어날 수도 움직일 수도 없었다. 그 상태로 약 5분 이상 아픔을 참으며 견디고 난 후에야 아내를 모깃소리로 불렀다. 그 소리를 듣고 아내가 방으로 들어와 아이들에게 연락하여 119 구급차를 불러 삼성병원 응급실에 옮겨졌다. 그 뒤 성형외과에서 코 수술을 하여 약 10일 정도 입원 후 퇴원했다. 신경과에서도 같이 협진을 하였다. 정확한 병의 원인은 알 수 없으나 순간적으로 혈압이 떨어져 그 혈압이 40 정도가 되면 심한 어지러움을 느끼며 정신을 잃게 된다고 했다.

잘 못 마시는 술을 기분이 별로 좋지 않을 때나 차가운 겨울에 과음했거나 술을 마시지 않았어도 기분이 좋지 않을 때 순간적으로 혈압이 떨어져 실신할 수 있다는 사실과 그와 같이 혈압이 내려갈 때는 머리 쪽을 낮게 하여 뇌 쪽으로 피를 빨리 흐르게 하는 것이 무엇보다 중요함을 알게 되었다.

술을 과음하여 오는 저혈압 상태의 어지럼증으로 인한 고통, 거기다 온몸에 식은땀이 흐르는 아픔의 고통, 심장으로 들어가는 핏줄이 막혀 피가 잘 통하지 않을 때의 견디기 무척 힘든 가슴의 따가움과 한겨울 추위에도 온몸에서 흐르는 땀, 코뼈가 부러지는 순간적인 졸도와 그 심한 아픔, 그런 고통을 직접 겪으면서, 인간이 살 만큼 살다가 아프지 않고 하느님 나라로 가는 것이 얼마나 행복한 것인지를 실감했다.

내 주위의 부모 형제, 친척이나 친구들이 아파서 병상에 누워 있을 때 많은 아픔과 고통이 있었겠구나 하고 이해가 되었다. 그나마 돈이 없어 병원에 입원도 못 하고 무료 요양원이나 집에서 아픔과 싸우며 견디고 있는 어려운 이웃의 고통이 얼마나 심할까 그들에게 측은한 마음과 동정과 애정을 보내곤 한다.

사람이 얼마나 아파야 죽는 것인가를 생각하면서 앞으로 좀 더 길게 살아달라는 기도보다는 고통 없이 주님께 귀의하게 해달라는 기도가 먼저임을 알게 됐다.

낚시를 하며

조직검사 통보

약 10년 전부터 오줌을 자주 누게 되고 그 오줌의 양도 매우 적었고 특히나 밤에 자다가 여러 번 깨어 오줌을 누는 버릇이 생겼다. 그래서 대학병원 비뇨기과에서 여러 가지 검사를 하면서 진찰을 받았으나 치료가 깨끗이 되는 약은 없었고, 오줌 누는 횟수를 조금 줄여 주고 오줌의 양을 조금 더 많게 하는 약뿐이었다. 약을 먹고 또 매년 정기적으로 검사하는 것이 반복되어 우리 동네의 비뇨기과로 옮겨 치료를 받기로 하고, 매년 초음파 검사와 피검사 등을 하면서 약을 타다 먹었다.

나와 같은 증세는 남자가 나이 들어 전립선이 비대해진 결과 생기는 현상으로 나의 경우는 그리 심하지 않은 편이라고 했다. 그런데 2013년 4월 매년 실시하는 초음파검사, 피검사 등 비뇨기과에 필요한 정기검사를 한 결과 PSA 수치가 3.75였다. 의사 선생님께서는 종전에는 0.2 정도였는데 갑자기 3.75까지 올라갔다면서 이 수치가 4.0을 넘으면 조직검사가 필요하다고 했다. 별로 기분 좋은 말씀은 아니었고 그 원인은 무엇이며 치료는 어떻게 하여야 하는지는 설명해 주지 않았다. 다음 6개월 후 2013년 10월 중 다시 피검사를 하여 그 수치를 관찰하자고 했다. 그래서 나는 그 의사 선생님의 지시 겸 권유에 따라 그렇게 하기로 하고 10월이 오기를 기다려 다시 피검사를 하였다. 그 결과는 PSA 수치가 5.57이었다. 이제는 기준선인 4.0을 엄청나게 넘어선 것이었다. 그때 의사 선생님께서 전립선의 조직검사 필요성을 말씀하시고는 대학병원 같은 큰 병원에 가서 조직검사를 하도록 권유하시며 자기의 견해가 기록된 진료의뢰서를 써 주었다. 조직검사를 하려고 여러 병원을 알아보았으나 빨리 검사를 해줄 곳이 나타나지 않았다.

이때 생각한 것이 며느리 글라시아가 근무하고 있는 S 병원이 생각났고 그곳 비뇨기과 사정을 알아보라고 부탁하였다. 알아본 결과 약 7, 8년 전에 그곳에서 치료받은 적이 있었고, 마침 옛날 치료해 준 교수님이 아직도 근무하고 있어서 글라시아의 부탁으로 며칠 후 교수님에게 치료를 받을 수 있었고, 수면검사가 아닌 초음파로 검사하여 전립선 살점이 12군데가 떨어져 나간 끝에 검사는 끝났다. 살점이 떨어져 나갈 때 그 아픔을 견디기 위하여 하느님께 기도하였다. 이 모든 아픔은 주님이 주시는 것이기에 참고 견디면서 기쁨으로 여기겠나이다. 저의 육체를 받아들이시어 주님의 뜻대로 하옵소서. 조직검사는 끝났다.

조직검사가 필요하다는 동네 비뇨기과 의사의 통보를 받고부터 나의 마음에는 이상한 동요가 일기 시작하더니 조직검사가 끝난 후에도 마음이 그리 편치 않아 결과가 나올 때까지 매우 불안하고 평소와 다른 마음의 동요가 일어나고 있었다. 매우 부정적 반응으로는 사람들을 대할 때마다 겉으로는 점잖게 얘기하고 있으나 속으로는 다른 사람은 그렇지 않은데 하필 나는 암에 걸릴 확률을 상당히 가지고 기다려야 하는가. 하고 내 신세를 탓하고 비하하고 매우 신경질적 반응을 보이면서 평소 가졌던 인간의 올바른 이성은 어디 도망가고 인간이 가져서는 안 될 못된 생각들이 내 가슴을 꽉 메우고 있었다. 그러다가 성모 마리아를 생각하게 되자 긍정적 반응이 내 마음을 흔들며 조용히 자리 잡게 되었다.

처녀의 몸에 아기를 잉태하였다는 사실에 성모 마리아는 인간적으로 얼마나 크나큰 고뇌에 빠졌겠는가? 그 당시에는 돌팔매질 당하며 죽어야 할 죄인데 성모 마리아는 "주님의 종이오니 그대로 내게 이루어지게 하소서."하고 천사에게 아뢴다. 이러한 성모 마리아의 하느님에 대한 믿음과 하느님 말씀에 대한 순명정신을 따라야 한다는 생각을 하게 되었다. 이때 나는 "주님이시여! 저의 속 좁음을 용서하소서! 저의 영혼과 육체는 주님에게서 왔으므로 아니 주님이 주셨고 주님의 소유이기에 나의 마음도 주님을 따라야 하며 나의 육체도 주님이 시키는 대로 따라야 한다는 사실을 알게 해 주셔서 마음의 평안을 찾게 되었습니다."라고 하나님께 고하였다.

따라서 조직검사를 해야 한다는 통보를 받고 난 후나 조직검사 후 그 결과를 기다리는 때도 이러한 시련을 주신 하느님께 원망하여서는 안 되며 나를 사랑하기에 시련을 주시는 하느님이기에 오히려 감사한 마음을 가지고 하느님을 찬양하고 흠숭하며 하느님의 뜻에 따라야 하므로 나의 온 마음과 육체를 하느님께 바치고 의탁하며 하느님을 믿고 오히려 하느님의 뜻인 사랑을 나누고 자비를 베풀고 가난한 자를 돕고 나누며 의탁하는 마음으로 하느님께 기도하고 하잘것없는 이에게 베푼 것이 바로 나를 위한 것이라는 주님의 말씀에 따라 행동하는 자세가 필요한 때라고 느꼈다. 이렇게 긍정적 마음을 가질 때 부정적 마음은 다 도망가고 내 마음속엔 조직검사 결과와 관계없이 희망과 행복이 가득하게 될 것이다.

비뇨기과 의사 선생님께서 검사 결과를 보시고는 너무 걱정하지 않아도 된다고 했다. 다시 말해서 양성으로 나타났다는 것이었다. 나는 마음속으로 매우 기뻤다. 그런데 피검사 결과에 관하여 물었다. "선생님! PSA 수치가 내려가서 옛날과 같이 1 이하가 될 수 있습니까?" 이때 선생님께서는 내려갈 경우도 있고 내려가지 않을 경우도 있으니 6개월마다 혈액 검사를 하여 체크해야 한다고 말씀하셨다. 다음 4월에 피검사를 하기로 하고 병원에서 떠나 집으로 엘리사벳과 같이 돌아왔다. 엘리사벳은 너무나 담담해 보였으나 속으로는 좋은 결과를 기대했을 것이다. 늘 보던 엘리가 아니고 구세주나 엄격한 수간호사 같은 느낌이 들었다. 고마운 나의 짝 엘리! 엘리가 아플 때 꼭 내가 직접 옆에서 심부름하며 돕고 위로하며 치료비도 빨리 내가 내고 각 과에 연락도 내가 빨리하겠다고 다짐하며 물끄러미 쳐다보며 뜨거운 고마움을 느꼈다.

죽고 사는 것

우리 몸에 있으면 병이 되는 종양을 조직검사 할 때 그 심경은 매우 착잡하며 겁이 나기도 한다. 그 종양이 음성이면 일단 암이라는 병이 되어 수술 여부를 결정해야 하며 그 종양이 여러 장기로 퍼졌을 때는 수술도 할 수 없는 경우도 있어 이때에는 방사선 치료 등 순서가 있으나 그 환자의 상태가 좋지 못하면 그 방사선치료마저 받을 수 없는 경우도 있다.

이처럼 종양의 조직 검사를 하기 전이나 조직검사 후 결과를 기다릴 때 인간의 나약함이 그대로 드러난다. 왜 하필 내가 이 병에 걸려야 하느냐고 하느님을 원망하기도 한다. 이런 생각은 거리에서 건강하게 걸어 다니는 많은 사람을 볼 때나 식당에서 열심히 식사를 하는 사람을 볼 때, 지하철이나 버스를 타고 자기 목적지로 이동 중인 건강한 사람들을 볼 때, 그리고 내일의 희망을 위해 도서관에서 공부하고 있는 사람들을 볼 때도 그 많은 사람 중 하필 내가 이 병에 걸렸을까? 하며 자책하기도 하고 누군가를 원망하기도 하면서 이 병으로 시달려야 하는 자신의 무릎을 쳐 본다.

　조직검사 결과가 음성일 경우에는 암의 전이 여부에 따라 수술 여부를 결정하여야 하며 그 수술도 건강 회복을 100% 보장하지는 못한다. 그러나 그 결과가 양성일 경우 큰 행운이라며 우선 하느님께 감사하게 되며 배우자나 자식들에게도 새삼스럽게 고마움을 느끼게 되고 세상의 모든 것이 고맙게 생각되어 새 사람으로 거듭나 새로운 인생 설계를 하게 될 것이다.

　그럴 때 나는 우선 나의 가장 가까운 친구 엘리가 나에게 요구하거나 부탁하는 것은 특별한 경우를 제외하고는 그에 적극적으로 따르겠다고 생각을 새롭게 하였다.

　옛날 엘리가 서른의 많은 나이에 가난한 우리 집에 그리고 나에게 시집와서 무척이나 고생하였다. 엘리의 마음고생은 시가의 어른들과 시동생 시누이를 돌보는 것과 나의 급한 성격을 이해하고 나의 말에 따라주느라 많은 스트레스를 받았다고 생각되어 이것이 가슴 아프도록 미안한 것과 내가 아플 때 병원에 따라다니며 나를 위로하고 간호하던 엘리에게 보답하기 위하여 연세가 많은 처가 어른들을 찾아뵙고 위로하는 것, 식사 전후 엘리 도와주기, 가락시장에 가서 장보기, 엘리가 아플 때는 내가 함께하여야 한다는 것과 엘리가 오래 아파 누웠을 때는 가능한 한 요양병원에 보내지 않고 내 손으로 간호하기, 아플 때 돈 아끼지 않고 치료하기, 국내외 여행하기, 마산 친구나 동창들 모임에 적극적으로 보내 주기, 엘리의 건강을 위해 기도하기 등을 나는 최선을 다해 할 것이다.

그러면서 내가 불치병에 걸렸을 때 쓸데없는 연명 치료 등은 하지 말고 편안한 마음으로 하늘나라에 가도록 조용하고 마음이 뜨거운 기도를 엘리에게 부탁하고 싶다. 그리고 나의 자식들에게도 아버지가 치료할 수 없는 질병에 걸렸을 때는 너무 아프면 진통제는 쓰되 단순 연명치료를 그만두도록 부탁하고 싶다. 그리고 아버지 어머니를 진심으로 생각하며, 효를 다한 자식들에게 즐겁게 사랑을 주고 싶고 뜨겁고 진실한 사랑을 주고 싶다.

조직검사라는 반갑지 않은 일이 갑자기 생겨난 후 검사과정과 검사결과 등은 오로지 주님의 소관이라고 믿으며 더욱이나 그 결과가 나쁘든 좋든 그것 또한 주님의 소관이라 믿고 오직 주님에게 의지하려고 하였다.

검사 후 시간이 흘러 그 결과가 양성으로 판정이 났다. 한 번 더 새로이 태어난 것 같다. 큰 행운을 나에게 주셨고 이 또한 전지전능한 하느님의 말씀으로 되었으니 그분께 마음속 깊이 감사의 기도를 드린다.

전지전능하시고 저희 인간을 사랑하시는 주님!
주님이 하잘것없는 저에게 새로운 영광과 행운을 주셨으니 나와 가장 가까이 있는 엘리에 대하여 최선을 다하여 사랑하겠으며 나의 아들 나의 예쁜 며느리들 그리고 손자 손녀들에게도 큰 은혜를 베풀어 주신 주님께 마음속 깊이 우러나오는 감동으로 기도드리도록 하겠으며 그 은혜의 당사자인 저 도미니꼬는 앞으로 남은 삶을 자만하지 않고 겸손하며 남을 미워하거나 다투지 않을 것을 주님에게 맹세하며, 세상의 어려운 사람에게 나누어 주고 힘든 사람에게 봉사하며 주님의 자비로움을 조금이나마 따르려고 노력하겠습니다. 어른들이나 동료나 손아랫사람들에게도 친절하고 어진 사람이 되겠나이다.

또한 우리 사무실에서 종이 상자나 못 쓰는 종이를 거둬 가시는 할머님들, 우리 아파트에서 청소하는 아주머니, 차를 밀어 주고 재활용 쓰레기 등을 정리하시고 순찰을 열심히 하시는 경비아저씨들, 어미가 버린 갈 곳 없는 아이들, 교도소에서 출소한 분들, 열심히 교회사를 쓰고 연구하고 계시는 분들, 북한 동포들에게 국수 밀가루 등으로 도와주시는 민족화해위원들, 성인 김대건 신부님의 기념사업을 수행하시는 분, 국토방위의 임무를 성실히 수행하는 군인들을 위한 군종 교구 사제들, 외방선교를 위한 사업을 하시는 분들, 멀리 아프리카 남수단에서 봉사하고 계신 수녀님들을 위한 월정헌금도 더 많이 하여 조금이라도 더 보탬이 되도록 하겠다고 다짐해 본다.

죽음을 앞에 두고

　우리가 이 세상을 살아가는 일 자체가 모두 즐거운 것은 아니며 매우 괴로울 때도 있다. 아니 오히려 우리 인생사를 남기는데 즐거울 때보다는 괴로울 때가 더 많을 것이다. 그래서 혹자는 이 세상을 고해라고 표현하기도 하였다.
　우리는 늙었거나 아니면 치료가 통하지 않는 암에 걸려 죽음을 앞에 두었을 때 자신의 지나온 발자취를 더듬어 보게 될 것이다.
　내가 초등학교 입학 전에 어머니에게 무엇을 사 달라고 아니면 무엇을 해 달라고 떼를 쓰며 어머니에게 보챘던 일과 너무 떼를 써서 엉덩이를 맞았던 생각이 난다. 그리고 초등학교 시절 수업료를 주십사고 졸라대다가 아버지에게 큰 꾸중을 듣던 일, 봄 소풍 때 보리밥에 김치 반찬을 싼 점심 도시락을 보고는 소풍을 가지 않겠다고 불평하다가 야단 듣던 일, 중학교 입학원서를 사서는 아버지께서는 진학을 반대하시는 터라 화목 삼촌께

달려가 의논하여 원서를 접수했던 일, 고등학교 입학 때도 외삼촌의 도움으로 부산에 있는 상고에 원서를 접수했던 일, 집안이 너무나 어려워 대학을 도저히 갈 수 없었는데도 같이 하숙하였던 윤일식 형님의 조언에 따라 대학을 가게 된 일 등이 죽음을 앞에 둔 나의 머리를 스치고 지나갔다.

학보병으로 군대에 입대하여 훈련소에서 같이 고생하였던 전우 이원호, 육홍만 그리고 그 전우들의 어머니께서 면회 오셨을 때 친구들 모두 우르르 면회장에 나가 마련해 온 음식을 나누어 배불리 먹었던 일이 생각나면서 이미 고인이 된 그 어머니들과 친구 육홍만 군의 모습이 떠오른다. 세월이 너무나 빨리 가는 것 같다.

1년 6개월의 전방 소총 소대의 고단한 군대 생활 속에서 오직 용기와 희망을 주었던 그대가 쓴 사랑의 편지와 취침시간 내무반에서 시인이 되어 사랑의 답장을 썼던 일, 페치카에 올려놓은 건빵을 먹고 허기진 배를 채웠던 일 등도 머리를 스치며 지나간다.

부산시 공무원 공채시험에 합격하여 수습공무원 자격으로 남부민 2동에 나가 파견 근무를 하면서 병역신고를 받던 일과 방출미 배급업무 그리고 서구청 세무과 징수계 근무 시절 정육점에 체납처분 갔다가 그 주인이 숫돌에 시퍼런 칼을 갈고 있어 체납처분을 하지 못하고 마음속으로 겁을 잔뜩 먹고는 매우 친절히 체납 사실과 납부해 줄 것을 말로 전했던 일들도 스치고 지나간다.

대학 시절 가정교사 일을 하면서 아침마다 정원에 샘물을 주던 일과 이른 새벽에 개 서너 마리 이상을 데리고 구덕산에 올라가 운동시켰던 일, 서울로 이사 왔던 일 등을 생각하면서 아픔을 잠깐 잊은 채 입가엔 미소를 머금는다. 그다음 지나간 일을 생각할 겨를도 없이 온몸에 진통이 일어나 도저히 견디기 어려운 고통이 나를 엄습한다. 아무것도 생각나지 않는다. 나의 머리와 몸에는 땀이 줄줄 흘러내린다.

　옆에서 간호하고 있는 엘리사벳이 간호실에 연락하여 의사 선생님께서 오셨다. 강한 진통제를 주시는 것 같았다. 아픔은 곧 사라지고 조용히 꿈나라로 갔다. 실컷 자고는 일어나 병원에서 주는 음식을 먹고는 또 과거를 돌이켜 본다.

　국세청 공무원 시절 본부에서 하나의 시정 안이 마련되어 산하 지방관서에 시달하면 전국적으로 시행되던 일과 그 시행으로 인한 부작용의 시정건의가 하부 관청에서 있어 이를 시정시켜 시행하였던 일이 매우 신통하기도 하고 나의 아이디어가 시행과정에서 비용을 줄이고 효과는 극대화되었음도 또한 신통하게 여기면서 국민에 대한 봉사에 만족을 느꼈던 일 그리고 공무원의 낮은 보수로 생활이 되지 않아 공직생활을 마감하고 상장법인으로 자리를 옮겨 보다 많은 규정(사규)을 이사회 결의 등 절차를 밟아 제정하고 시행하여 회사의 이익을 극대화하고 경영의 합리화를 기하였던 일 등도 스쳐 지나가고, 그 뒤 세무사 개업도 하고 나이 칠순이 넘어서는 수필가로 등단하여 아홉 권의 수필집을 출간하면서 나의 지나온 삶을 뒤돌아보게 되어 인생을 더 깊이 생각하게 되었던 일도 내 머릿속을 스쳐 지나갔다

이 세상에 태어나서 오늘에 이르기까지 인생에서 큰 후회는 별로 없는 것 같다. 그러나 다만 엘시사벳에 대한 나의 배려와 사랑은 부족함이 많았음을 느낀다. 또한 우리 아들 베드로, 바오로, 그레고리오에게도 아버지로서의 더욱 인자한 가르침을 주지 못하고 소통되지 않은 일방적 의사전달만 있었기에 지금 생각하니 많은 후회를 남기게 된다.

우리 인간은 죽음을 앞에 두고는 지난 삶에서 후회만 남는 것이 극히 일반적 현상이라 할 수 있다. 내 삶 중에서 후회가 되는 것은 남에 대한 배려가 부족하였다는 것이 가장 크고 가장 가슴 아프다. 배려는 가난하고 몸이 아픈 약자에게 자기가 할 수 있는 범위 내에서 최선을 다하여 물질을 베풀거나 심적으로 약하고 상처받은 이들에게는 마음을 다하여 위로하여 마음의 상처에서 치유되어 다시 이 세상을 돕는 훌륭한 일꾼이 될 수 있도록 하는 것이다. 이러한 정신은 내 주위의 식구들에게도 전하여 자비와 배려의 정신을 이어받도록 하는 것이 죽음을 앞에 둔 환자의 마지막 할 일이 아닌가 하고 생각해 본다.

죽음을 앞에 두고 살날이 얼마 남지 않은 사람들을 생각해 보면 매우 슬퍼진다. 그러나 죽음을 앞에 둔 자의 지나간 추억이 아름답고 그의 지나간 인생의 후회가 남아 있는 후손들에게 귀감이 된다면 얼마 남지 않은 그의 시간은 후손들에게 길이 이어져 끝남이 없을 것이다. 따라서 이 환자의 인생은 인간적으로 우리를 슬프게 하나 그 뜻을 음미해 보면 결코 슬퍼할 일만은 아니지 않겠는가? 하고 다시 긍정의 마침표를 찍어 본다.

내 속의 미움을 접고

학교에서나 사회에서 이유 없이 나를 해코지 하고 인격을 모독하고 나에게 금전적 손해를 끼치는 사람이 있다. 결국, 그 사람을 지독하리만큼 미워하게 되고, 그 미움이 자라면 복수하고 싶은 마음마저 들게 한다.

어렸을 때 까닭 없이 힘센 친구에게 맞거나 왕따를 당해도 도저히 그 아이를 힘으로 당할 수가 없었다. 해서 그 아이를 원망하며 미워하며, 더 크면 너에게 맞은 만큼 꼭 되돌려 주고 왕따를 당한 만큼 상처를 주겠다고 결심했었다.

군대 생활을 할 때 특별한 잘못 없이 학적 보유병(대학 재학 중 군에 입대한 경우 별도의 00 군번을 주고, 단기 복역하던 제도의 육군 병사) 이라는 이유만으로 군대 생활 내내 상사에게 별도의 육체적 기합을 받거나 정신적인 폭행으로 마음에 큰 상처를 받았다. 그러나 이것이 군대 생활이겠거니 하고 참고 견디면서도 때리고 기합을 준 상사가 몹시 미워서 사회에 나가 다시 만나게 되면 내가 당한 만큼 꼭 갚아주겠다고 마음먹었다.

그러나 아무 이유 없이 때리고 단체 기합을 주고 유독 학보병 단기복무자라고 괴롭힘을 준 그 상사보다 제대 특명을 먼저 받고 대대를 떠나올 때, 어제와 같이 아침 점호를 취하고 훈련에 임하고 있던 그 상사와 동료들을 보자 저 상사와 동료 병사들도 나와 같이 제대복을 입고 예비사단으로 떠났으면 얼마나 좋을까 하는 위로와 동정심이 생기면서 대대 막사를 떠나 연병장을 걸어 나오는 중에 그때까지의 미움이 용서로 변했다. 이런 갑작스러운 변화는 내 속에 미움이 있었기에 용서도 있었던 것이라 생각되어 그 미움을 고맙게 생각했다.

삼십 대 젊은 나이에 공직생활을 할 때 나는 객관적이고 정당하게 조사한 결과를 상사에게 결재를 올렸는데 재조사를 명령하면서 나를 괴롭히고 다음 날 결근을 하게 만들기도 했다. 그때 나는 그 직장을 그만두고 싶었다. 그러나 그럴 수도 없고 해서 그 상사를 원망하고 미워하다 못해 빨리 그 상사가 없는 곳으로 떠나고 싶었다. 그러다 전출로 근무지를 옮기게 되자 하늘을 나는 듯 시원한 기분이었다. 자신의 이익을 위해 정당하지 못한 생각을 가지고 나의 정당한 조사 서류에 결재를 미루며 심리적 고통을 몇 달간씩이나 주었던 그 사람이 나중에 소식을 들으니 일찍 이 세상을 떠났다고 한다. 겨우 그것밖에 살지 못할 것을 물질에 왜 그리도 욕심을 내면서 나를 괴롭혔나 하는 생각을 하니 오히려 불쌍했다. 그를 원망하는 많은 다른 사람을 보며 한때나마 그를 미워하고 원망하였던 내가 부끄러웠다.

　대학 졸업 후 첫 직장인 부산시청 서구청에 근무할 때 나의 먼 친척인 아가씨가 가난을 이겨 내지 못하고 아가씨들이 가면 안 되는 곳으로 가려고 한다는 말을 들었다. 그 아가씨를 불러 부모님을 확인하고 집안 형편 얘기를 듣고는 사회과에 얘기하여 비록 만족스러운 수입은 아니었지만, 하루 세끼 밥은 먹을 수 있는 일자리를 구해 준 일이 있다. 그리고는 한 여성을 구제하였다고 자부했다. 그때의 일이 생각날 때마다 그 아가씨가 지금은 잘살고 있는지 내가 소개해 준 일터에서 일하면서 생활은 조금 나아졌었는지 좋은 신랑을 만나 아들딸 낳고 잘 사는지 궁금해진다.

　그 당시 나는 결혼을 해서 생활비를 꽤 지출하는 형편에 박봉이라 그 아가씨를 경제적으로 도와주지 못했다. 그러나 박봉이더라도 생활고에 시달리는 친척 아가씨에게 자선을 베풀어야 했었는데, 그러지 못한 점에 대하여 지금도 미안하게 생각한다. 이러한 회개를 하게 해 준 딱한 아가씨의 생활고와 나의 박봉이 지금이라면 그렇게 하지 않았을 것이라는 깨달음을 있게 해 주니 모든 일이 그냥 얻어지는 것은 아닌 것 같다.

　이런 용서함과 회개를 있게 해준 내 속의 미움과 원망과 미안함을 감사로 되짚어보면서 내 속에 있는 미움을 접고 용서할 때 남도 나에 대한 미움을 접어주리라 믿는다.

제10부
쓰고 싶은 책을 쓰다

책을 쓰는 기쁨

우리가 사노라면 기쁨도 슬픔도 있게 마련이다. 나의 삶 중에서 슬펐던 때도 여러 번 있었지만, 기뻤던 때도 여러 번 있었다. 그중에서도 각종 시험에 합격했을 때는 무엇보다도 기뻤다.

맨 처음 시험이 중학교 입학시험이었다. 초등학교 입학 때는 사범부속 초등학교 같은 특별한 학교가 아니면, 어머니를 따라 학교에 가기만 하면 저절로 입학이 되었고, 별도의 입학시험은 없었다. 내가 1946년 초등학교에 입학해서 1950년 육이오 전쟁으로 4학년 때부터 우리가 다니던 초등학교는 피난민 수용소로 사용되어 수업을 할 수 없었고, 그 뒤 5학년이 되어 본교가 아닌 초전리에 있는 별관에서 수업하기도 했다. 그러나 서울 등 다른 지역에서는 1·4후퇴 등으로 남쪽으로 피난을 가게 되어 수업을 할 수 없는 형편이었다. 그래서 정부에서는 중학교 입학을 위한 국가고시를 전국적으로 시행하였다. 그 당시 국가고시에서 학생들의 성적이 별로 좋지 않았다. 모든 학생이 전쟁을 겪으면서 피난 등으로 수업을 할 수 없는 형편이었으므로 성적이 좋을 수가 없었다. 그러나 나의 국가고시 성적은 매우 우수해서 서울에 있는 일류 명문 중학까지 갈 수 있었다.

고등학교 입학시험, 대학교 입학시험에 합격해서 경제적인 사정으로 어렵게 졸업하고, 경영지도사의 국가고시 자격시험, 세무사고시 등에 응시하여 합격하게 되어 재무부 장관과 상공부 장관으로부터 합격증과 등록증을 받게 되었을 때 등 각종 시험에 합격했을 때 매우 기뻤다.

1994년 봄 석사 논문을 제출하여 통과되었을 때도 무척 기뻤던 순간이다. 석사 논문 내용은 판매수익 극대화와 판매비용의 극소화로 이익을 극대화하는 방안에 대하여 머리를 짜내어 기술하였으며, 당시 세무관리 즉 절세의 측면에서 학문적으로 접근하는 최초의 시기라고 볼 때 매우 보람 있고 잊을 수 없는 일이었다.

그리고 내가 쓰고 싶은 책을 써서 발표한 일도 내 생애에서 매우 기뻤던 일이다.

내가 쓴 책을 소개하자면, 1975년에 『소득세법 사례』(조세사)를 비롯하여 석사 논문을 출판한 『판매수익비용과 세무관리』(1993. 한국세정신문사), 『사례 중심 세무회계』(1993. 한국세정신문사) 세 권은 세무에 관한 전문 서적이며, 세금 문제를 아주 쉽게 접근할 수 있도록 쉽게 설명한 책인 『배 의사 가족의 여행과 세금 이야기』(2011. 푸른 향기)는 수필 형식을 가미한 세무에 관한 전문 서적이라 할 수 있다. 그 뒤로 칠순을 맞이하여 자서전으로 쓴 『바람 속에 세월 속에』(2008. 푸른 향기)가 있고, 수필집으로 문단에 등단한 작품 등을 포함한 『부족함이 희망을 부른다』(2012. 푸른 향기), 『내일의 태양은 더 밝고 뜨거우리』(푸른 향기), 『어제 오늘 그리고 내일』(2013. 문학신문사), 『행복은 만들어지는 것이기에』(2014. 문학신문사), 『내일의 하늘은 더 맑고 푸를 거야』(2015. 문학신문사), 『그대가 있어 내일은 밝을 거야』(2016. 문학신문사), 『내일이 있어 미소 짓다』(2017. 문학신문사) 가 있다.

내 나이 칠순에 자서전을 쓴 이후 수필로 '한국수필'에 등단하여 한국문인협회 회원이기도 하다.

수필집을 발표하면서 2013년에 '한글문학상', 2014년에는 '세종문학상'을 수상하였고, 2017년에는 '2017 우수작가상'을 수상하였다.

이제 팔순을 맞이한 인생의 마지막 계단에서 내가 걸어온 길을 뒤돌아보며 자손들과 인생의 후배들에게 하고 싶은 말을 전하기 위하여 조용히 서재에서 필을 드는 일 또한 잊지 못할 기뻤던 일이 될 것이다.

내가 쓴 전문 서적

1. 『판매수익비용과 세무관리』

1970년에 접어들면서 세무 관리에 대한 관심이 높아져 우리나라에서도 학문적 접근을 시도하려는 움직임이 활발히 일어나고 있었으며, 당시 경희대학교 경영대학 세무관리학과 이문재(李文宰) 교수께서 세무관리의 학문적 체계 정립에 몰두하였다.
　이때 시대적 요구가 왕성했던 점을 인식하고 이에 대한 첫걸음을 시도한 것이 판매수익비용과 세무관리란 주제로 석사 논문으로 채택하게 되었고, 1974년 한국세정신문사에서 처음 출간한 것을 그 후 1993년 7월경 같은 신문사에서 본 내용을 재출간하게 되었다.

　이때 판매수익비용이란 판매수익과 판매비용으로 나눌 수 있으며 판매수익이란 기업이 상품 제품 등을 구매자에게 대가를 받고 인도 시 발생하는 수익을 의미하며, 이에는 상품 제품의 판매수익 이외에 건설업 등의 도급금액 서비스업 등의 수입금액 등 수익을 일으키는 금액 모두를 이르는 의미이다.

판매비용이란 기업이 수익을 일으키는 데 필요한 직간접 경비를 의미한다. 이에는 판매할 제품 상품 등의 원가나 여비, 교통비, 교제비와 접대비, 광고 선전비, 기부금 등이 있겠다.

세무관리란 제품 상품 등의 판매 후 채권 보전조치나 대손금 등과 해외시장 개척비, 수출손실, 면세 영세율 등의 적용에 의한 부가가치세 부담의 최소화 등에 의거 기업의 수익을 극대화하고 비용을 극소화하여 기업 이익을 극대화하는 것이다.

이러한 세무관리에 대한 연구 분야가 세무회계의 새로운 연구 분야로 대두되면서 본서는 그에 대한 대책으로 교제, 접대비의 절약, 지출 증빙의 비치 철저, 부당행위 계산 대상 거래의 최소화, 성실한 장부 기장, 신고 의무의 충실, 가산세 부담의 최소화, 세무조사 시 소명 철저 등에 대하여 자세히 기술하여 세무관리에 많은 도움이 되는 책이다.

그 당시 세무관리 분야는 미국 일본과 같은 선진국에서는 이미 연구가 열심히 진행되고 있었으나 우리나라에서는 학문으로서의 체계 정립이 되어 있지 않은 시기에 그 필요성을 인정하면서 감히 판매수익과 판매비용 등에 대한 절세 대책인 세무관리를 시도한 것은 너무나 용기 있는 시도였다고 생각한다. 오늘날 각 기업체에 근무하는 경리 실무자와 관리자에게 절세의 필요성과 절세가 이익 극대화를 이룬다는 점 등을 인식시키기에 조금이나마 기여했으리라고 회고해 본다.

2. 『소득세법 사례』

1977년 우리나라는 서구의 세법인 부가가치세 제도를 도입하게 되었고, 1975년에 소득세법을 개정하여 일부 소득에 대하여 소득세를 분류 과세하던 것을 종합소득세제로 개정하여 1978년 5월에 종합소득세 신고 업무를 시작하게 되었다.

따라서 국세청은 1977년에는 너무나 할 일이 많았다. 1978년 5월부터 종합소득세 신고를 받으려면 신고 절차, 신고 준비를 위한 많은 훈령을 제정해야 하고, 국세공무원에 대한 교육과 방송 등을 통한 납세자에 대한 홍보 등을 해야 해서 할 일이 쌓여 있었다. 그럴 때 소득세법에 대한 이해와 계산 실례는 필수적 요소이었으므로 1974년 초부터 약 3개월간 집중하여 소득세법의 이론적 이해는 물론이고 구체적 계산 사례를 들어 기술한 『소득세법 사례』를 출간하게 되었다. 그 이듬해 이후 종합소득세의 이해와 세액 계산 등에 많은 도움이 되었다고 생각한다. 이 책을 쓸 때 소득세 이론 부분을 써 주신 고 김갑열 청장님의 열정과 노고에 감사를 드린다.

다시 말해서 1975년에 우리나라 소득세 제도가 전면적 소득세제도로 전환됨에 따라 종래의 분류소득세제하에서 소득금액의 일정액 이상을 한도로 종합과세하던 것을 종합과세가 되는 소득을 부동산 소득, 사업소득, 근로소득, 이자소득, 배당소득,

기타소득의 여섯 가지 소득 유형으로 확대하였다. 특히 양도소득의 신설과 산림소득과 퇴직소득을 분리 과세토록 규정하고 갑종 근로소득은 연말정산에 의하여 소득세 확정신고에 갈음토록 조치하였다. 그래서 소득세 제도는 우리 국민들의 일상생활에 깊이 관련되는 세목으로 등장하게 되었다.

그에 따라 본서는 첫째로 소득세 제도를 이해하는 데 참고가 될 이론적 개요와 우리들의 관심의 초점이 되고 있는 소득세 과세 단위와 소득공제 및 세액공제 제도 등을 기술함으로써 우리나라 소득세 제도의 변천 과정을 약술하였다.

둘째는 납세자 개개인이 소득세 확정신고서를 작성할 때 근본적으로 필요한 계산 사례를 중심으로 소득세법 전반에 걸쳐 예시하였다.

셋째로 현직 세무공무원의 교재용으로 집필된 계산 실무를 주축으로 하여 발간되었으므로 현행 소득세 제도 이해에 지름길이 되었을 것이다.

그해 국세청 교재 "소득세 계산 사례"를 전국 공무원에게 교육시키게 되어 본서가 세무공무원이나 납세자에게 종합소득세 계산과 신고에 많은 도움이 되었다고 본다.

3. 『사례 중심 세무회계』

본서는 내가 1975년부터 20여 년 동안 경영대학원 세무관리학과에서 case study(세무회계 사례 연구)란 과목으로 강의할 때의 강의 교재이기도 하였다.

강의 방법은 담당 교수가 사례 연구 문제를 제시하면 이 문제 해결을 위한 답으로 학생들은 갑설, 을설 등 많은 경우의 답을 이론과 함께 설명하게 된다. 수업 시간이 90분이었으므로 그 제한된 시간에 많은 각각의 답으로 설명하게 되며, 수업 시간이 약 10분 정도 남았을 때 담당 교수의 견해를 합리적 기준에 의거 표명하게 된다. 이러한 토론으로 결론을 도출하는 매우 재미있는 방식의 토론식 강의 수업이었다. 물론 담당 교수는 매우 합리적 해석에 의한 결론을 얘기하여야 한다.

20여 년이 넘는 강의 노트를 정리하여 책으로 쓴 것이 본서 『사례 중심 세무회계』이며, 이 사례 연구는 어떤 문제나 주제에 대하여 갑설, 을설, 병설 등 문제 인식에 따라 다른 답을 표현할 수 있어 수업 시간에 취급한 문제나 사례는 잊히지 않고 완전한 자기의 지식이 될 수 있다는 장점이 있다.

토론 도중 생각지도 않은 법 해석이 나오는 경우도 있고, 입법 취지의 차이에서 오는 해석 차이의 경우도 있고, 어떤 학생은 합리적 이론의 결핍이 있는데도 고집으로 이기려는 경우도 있어 매우 흥미진진한 과목이기도 하였다. 때로는 교수의 견해가 틀리는 경우도 있어, 후에 학생들에게 사과하는 일도 있었으며, 때로는 각 설의 이론이 명확하지 않을 때는 주장자 모두가 양보하거나 인정하지 않아 재무부 유권 해석을 구하는 경우도 있어 세법 지식을 깊이 익히는 데와 애매모호한 세법 규정을 명확히 하는 데 매우 좋은 과목이기도 하였다.

대학원 세미나에서

저자의 연보와 가계도

김호찬 연보(金昊讚 年譜)

1. 출신(出身)

- 생년월일: 1939년 7월 24일(음)
- 출생지: 경상남도 김해시 진례면 시례리 408-2

2. 학력(學歷)

1946. 4.~1952. 3.	진례초등학교 졸업
1952. 4.~1955. 3.	진영중학교 졸업
1955. 4.~1958. 3.	경남상업고등학교 졸업
1958. 4.~1964. 2.	부산대학교 상과대학교 상학과 졸업
1961. 4. 12.~1962. 10. 12.	육군입대 학적보유병으로 귀휴 제대 (군번 0028168 육군 제5368부대 제2대대 제5중대 화기소대 근무)
1972. 3.~1974. 2.	경희대학교 경영대학원 세무관리학과 석사과정 졸업

3. 경력(經歷)

1963. 5.~1966. 6.	부산시 서구청 근무
1966. 6. 20.~1977. 3. 10.	국세청 근무
1977. 3. 10.~1982. 11. 30.	동국무역주식회사 근무
1977. 3.~1997. 12.	경희대학교 경영대학원 세무관리학과 강사 역임
1982. 12. 01~현재	세무사업 경영

4. 자격(資格)

- 세무사: 제14회 세무사고시 합격 재정경제부 장관 수여
- 경영지도사: 제1회 경영지도사시험 합격 산업자원부 장관 수여

5. 저서(著書)

- 『소득세법 사례』 (1975. 조세사)
- 『판매수익비용과 세무관리』 (1993. 한국세정신문사)
- 『사례 중심 세무회계』 (1993. 한국세정신문사)
- 『배 의사 가족의 여행과 세금 이야기』 (2011. 푸른 향기)
- 『바람 속에 세월 속에』 (2008. 푸른 향기)
- 『부족함이 희망을 부른다』 (2012. 푸른 향기)
- 『내일의 태양은 더 밝고 뜨거우리』 (푸른 향기)
- 『어제 오늘 그리고 내일』 (2013. 문학신문사)
- 『행복은 만들어지는 것이기에』 (2014. 문학신문사)
- 『내일의 하늘은 더 맑고 푸를 거야』 (2015. 문학신문사)
- 『그대가 있어 내일은 밝을 거야』 (2016. 문학신문사)
- 『내일이 있어 미소 짓다』 (2017. 문학신문사)
- 『갈매기의 꿈』 (2018. 문학신문사)

6. 문학상 수상

- 한글문학상 수상(수필부문 2013년)
- 세종문학상 수상(수필부문 2014년)
- 2017 우수작가상 수상

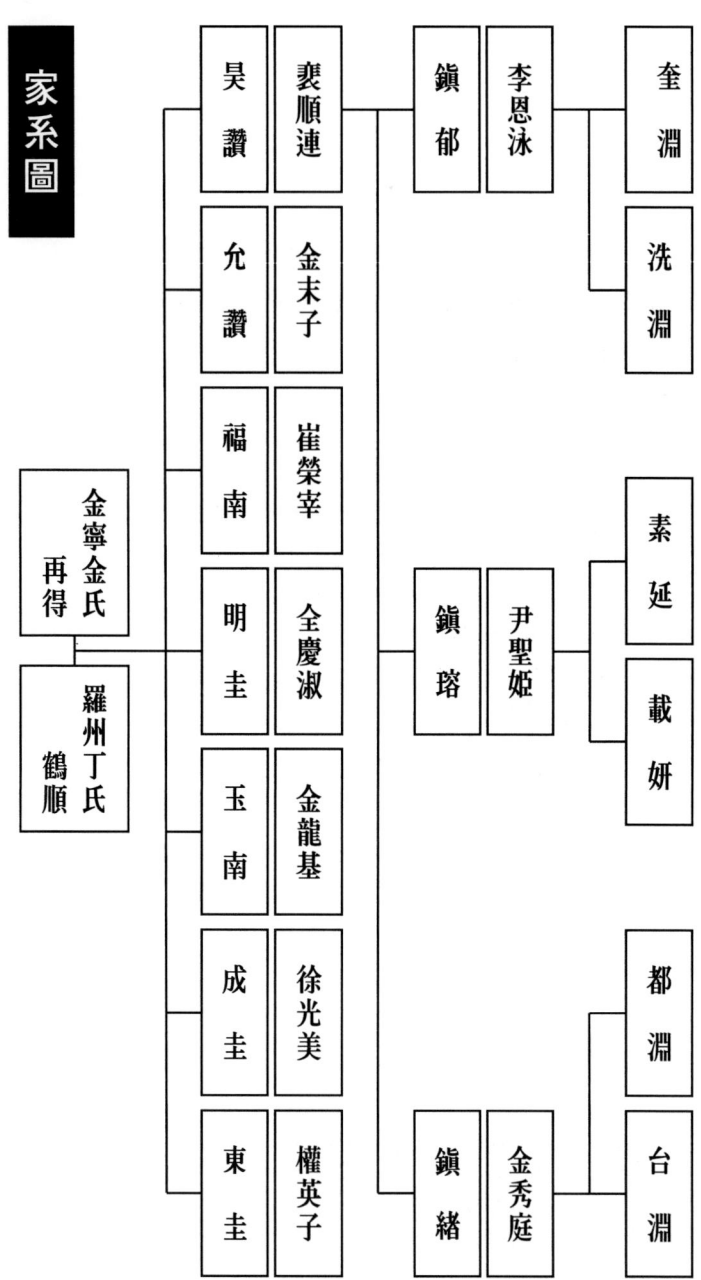

김호찬 자서전
갈매기의 꿈

지은이 · 김호찬
펴낸이 · 이종기
펴낸 곳 · 세종문화사
편집 주간 · 김월영

주소 · (03740)
　　　서울 서대문구 통일로 107-39, 223호
　　　E-mail : eds@kbnews.net
등록 · 1974년 2월 10일 제9-38호
전화 · (02)363-3345
팩스 · (02)363-9990

제1판 1쇄 발행 · 2018년 7월 20일

ISBN 978-89-7424-131-5　　03810

값 15,000원

「이 도서의 국립중앙도서관 출판예정 도서목록(CIP)은 서지정보유통지원시스템 홈페이지(http://seoji.nl.go.kr)와 국가자료공동목록시스템(http://www.nl.go.kr/kolisnet)에서 이용하실 수 있습니다.(CIP제어번호: CIP2018019895)」